知库

经济与管理

—

金融廉政文化研究

张绍红 吕新发 编著

吉林大学出版社

·长春·

图书在版编目（CIP）数据

金融廉政文化研究 / 张绍红，吕新发编著．—长春：吉林大学出版社，2021.10

ISBN 978－7－5692－9234－3

Ⅰ．①金… Ⅱ．①张… ②吕… Ⅲ．①金融业—廉政建设—研究—中国 Ⅳ．①F832.1②D630.9

中国版本图书馆 CIP 数据核字（2021）第 220689 号

书　　名　金融廉政文化研究
　　　　　JINRONG LIANZHENG WENHUA YANJIU
作　　者　张绍红　吕新发　编著
策划编辑　李潇潇
责任编辑　矫　正
责任校对　李潇潇
装帧设计　中联华文
出版发行　吉林大学出版社
社　　址　长春市人民大街 4059 号
邮政编码　130021
发行电话　0431－89580028/29/21
网　　址　http：//www.jlup.com.cn
电子邮箱　jdcbs@jlu.edu.cn
印　　刷　三河市华东印刷有限公司
开　　本　787mm×1092mm　1/16
印　　张　17.5
字　　数　304 千字
版　　次　2022 年 1 月第 1 版
印　　次　2022 年 1 月第 1 次
书　　号　ISBN 978－7－5692－9234－3
定　　价　98.00 元

前　言

踏过万千学子争相通过的独木桥，同学们成为高考的胜利者，并且拥有了一个金字招牌——金融学院和金融学专业。置身当下，想想当初为什么选择金融学院和金融财会类专业？

调查显示，大多数同学是因为感性使然，觉得金融学院这个名字响亮，金融学这个专业光鲜亮丽，毕业后可以进入金融系统，收入高、环境好、工作轻松。显而易见，大多数同学是奔着金融学院和金融专业这个金字招牌来的，本能地以为它是教你如何赚钱生利的专业，学了它就能更好更快地赚钱发家致富，所谓近水楼台先得月，向阳花木易为春。但凡事有一利必有一弊。中国有句古语说：常在河边走，哪有不湿鞋的。从事金融行业的人，最容易被金钱腐蚀污染。即便有强大的抗腐蚀定力，但大多数人可以抗一时很难抗一世。世易时移，时位之移人也。正如唐朝名相魏征所言，自古善始者实繁琐，而善终者盖寡。

那如何保证自己的金融职业生涯善始善终呢？“金融廉政文化概论”课程就具有这样的教育价值和文化功能，它集金融文化与廉政文化于一体，从政治高度和廉政视角全面阐释金融的政治意义和廉政必要性。它让人警钟长鸣、见利思义，始终保持金融敬畏和职业操守，让你的金融职业生涯善始善终。

一、“金融廉政文化概论”是一门什么课程？

“金融廉政文化概论”是专门为金融学子和金融员工量身定做的廉政文化课程，它是金融学子未来职业生涯的营养剂和清醒剂。它从政治高度和廉政层面阐释金融与政治、廉政的关系，全面科学分析金融本质和金融伦理，帮助同学们树立正确的金融职业初心和金融职业道德。它不是危言耸听地而是实事求是地阐明金融行业的高风险性、高危性、高腐败率、高犯罪率，不是若无其事地而是郑重其事地告诉同学们金融廉政就在身边，不是轻描淡写地而是痛彻心扉地告诉同学们一失足而成千古恨。

首先，这门课程科学阐释了金融的本质与目的。金融本质上是为生产生活服务，是成人达己，必须取之有道、取之有度。面对货币与金钱，必须正心诚意，正如《礼记·大学》所言："古之欲明明德于天下者，先治其国；欲治其国者，先齐其家；欲齐其家者，先修其身；欲修其身者，先正其心；欲正其心者，先诚其意；欲诚其意者，先致其知；致知在格物；物格而后知至；知至而后意诚；意诚而后心正；心正而后身修；身修而后家齐；家齐而后国治；国治而后天下平。"

其次，它阐明了金融的异化。金融是通过为生产生活服务而谋利的行业，服务性是第一位，营利性是第二位。这是金融的本质本源和应然意义。但随着金融的发展演化，现实中的金融行业开始本末倒置，以营利性为第一位，服务性为第二位。随着金融的逐渐异化，货币亦由流通手段和价值尺度异化为满足人的贪婪欲望的消费工具和财富代表。一些金融人为了获取货币财富，也不再通过合法劳动和诚实经营，而是依靠位高权重和职业便利。金融的异化带来了贪婪、无度、腐败、欺诈，它使人成为金钱的奴隶、俘虏，引发金融风险和金融危机，危及国家金融安全和经济社会稳定。

再次，它阐明了抵制金融异化的途径。这就是回归金融初心和本源。金融本质上是为生产生活服务，货币金钱本质上是工具，挣钱得薪本质上是为了平安稳定地生活——安居乐业。因而，金融不是以金融业为名利场，不是以金融职位为欲望工具，不是以金钱为职业目标，不是以腰缠万贯、奢侈享受、生色犬马为职业追求。那么，如何回归金融初心和本源呢？那就是义利兼顾、道食同谋。"金融廉政文化概论"从理论与实践、历史与现实多重结合视角，深入浅出地阐明，无论是金融工作还是社会生活，都必须在利义之间和道食之间实现平衡：既要重利又要重义，不能见利忘义、舍义取利；既要谋食又要谋道，不能要食不要道，为食舍道。道法自然，平衡是自然界存在与发展的基本规律，也是人类社会存在与发展的客观规律。利义平衡和道食平衡是人们实现事业发展和家庭和睦的稳定器。但在利义之间和道食之间，人们最易犯的错误是重利轻义、见利忘义、谋食不谋道、为食不择手段，从而使利义失衡、道食失均。因为失衡失均，所得即所失，其结果可能是一无所获。因此，利义平衡是最大的利，也是最大的义，为义就是在为利，且是在为大利；道食同谋是最大的食，也是最大的道，谋道就是在谋食，且是在谋大食。它教给人们这样的道理：君子爱财，取之有道，修德而有得；事从金融，取之有度，知止而有得。

总之，“金融廉政文化概论”课是对专业金融的超越和升华，是对传统金融的否定与扬弃，是对世俗金融的正本清源，是金融行业健康发展的文化渊薮，是金融业员工保持清正廉洁的思想基础和廉政警示。

二、为什么要开设“金融廉政文化概论”课程?

（一）课程开设的必要性

1. 从金融业本身看：金融具有多元性

（1）金融业具有显著政治性，是国家治理的重点领域和重要手段

马克思主义认为，经济是政治的基础，政治是经济的集中表现，经济与政治不可分割。作为市场经济核心的金融，与政治的关系更为紧密。2017 年 7 月，在全国金融工作会议上，习近平强调，金融是国家重要的核心竞争力，金融安全是国家安全的重要组成部分，金融制度是经济社会发展重要的基础性制度。这段话集中阐述了金融的政治性。同时也表明促进金融发展、维护金融安全是国家政治工作和治国理政的一件大事，加强金融监管、健全金融法治是实现国家治理体系和治理能力现代化的重要内容和重要体现。由此可见，金融不仅具有经济属性和产业属性，而且具有重要的政治属性，是政治与经济非常集中的交汇区。事实上，从金融产生发展的历史看，金融从来都不是一种简单的产业和生意，它关乎国家和民族的兴衰成败，是大国竞争的重要领域和重要工具，是国之重器和民之基业。金融业的成长兴盛，是国家经济崛起的重要标志。无论是从近代英国经济史、美国经济史和日本经济史来看，概莫能外。近代英国的崛起就伴随着英格兰银行的鼎盛和英镑成为世界主要货币；美国取代英国世界霸主地位成为全球最发达国家，与美国银行系统的崛起和美元成为世界主要货币不可分割。二战后日本经济的腾飞也与日本银行系统的快速发展、日元国际地位的提升和东京成为世界主要金融中

心相伴相生。改革开放以来，我国经济的快速发展也是与本国银行系统的发展、金融实力的增长、人民币国际地位的提升和上海国际金融中心的形成密不可分。

货币是金融的化身，也可以说是金融的前身或本身。货币对人类经济发展进步居功至伟，因为它发挥着流通手段、价值尺度、支付手段、储藏手段和世界货币的功能。没有货币，世界经济就运转不畅。但货币不惹祸则已，一旦惹了祸，惹的都是大祸。对于一个经济体来说，并不是货币越多越好。一旦货币发行量超过商品的总价格就会出现通货膨胀，使社会经济产生动荡。特别是当发生恶性通货膨胀时，货币大幅度贬值，商品价格持续飞速上涨。这时整个社会金融体系就会处于一片混乱之中，正常的社会经济关系遭到破坏，进而导致社会崩溃，政府垮台。例如1975年美国经济危机导致卡特政府的下台，1929—1933年从美国开始的金融危机导致整个资本主义世界的经济大萧条，1990—2011年的日本资产泡沫破裂导致日本经济长期陷于增长停滞状态，被学界称为“失去的20年”。

利率是金融的逻辑前提、重要内容和核心工具，也是宏观经济调控的重要手段和重要杠杆。从历史和现实来看，以利率为支点，你可以撬动整个国家经济。国家经济发展受投资、储蓄、就业、消费等多种因素影响。而作为一种影响面极为宽广的经济杠杆，利率的变动会牵一发而动全身，不仅影响市场企业部门和居民家庭，而且影响投资、储蓄、就业、消费、通货膨胀，进而影响整个国民经济发展。所以，利率是国家维持国民经济稳定、协调、健康发展的重要宏观调控工具，也是国家实施金融治理的重要政策手段。

汇率是国际贸易的重要产物，也是国际贸易中最重要的调节杠杆。货币兑换是现代金融的重要内容和基本业务。汇率的高低不仅由货币的供求决定，同时与国家间的金融实力密切相关，是国际经济竞争和金融争霸的重要领域。“汇率风云变幻，关系国家兴衰。”① 汇率是一国货币对其他国家货币的兑换率，汇率的高低直接影响进出口商品的国际竞争力。一国货币升值会降低本国出口商品竞争力，还会反过来刺激商品进口；一国货币贬值则会增强本国出口商品竞争力，并抑制商品进口。汇率主要由不同国家货币的购买力决定，

---

① 庞忠甲，陈进思. 货币的逻辑［M］. 北京：中国友谊出版公司，2014：61.

除此之外，国际收支及外汇储备、利率、通货膨胀、政治局势、外汇市场投机等因素都对汇率具有影响。在国际经济全球化和区域经济一体化背景下，汇率对国家的国际贸易、经济发展、货币供求的影响越来越大，甚至关系国家政局的稳定。汇率已经成为当代国际经济斗争和政治斗争的重要焦点。

美国前国务卿、著名战略学家基辛格博士曾指出，谁控制了石油，就控制了所有国家；谁控制了粮食，就控制了人类；谁控制了货币，谁就控制了全球经济。石油、粮食和美元是美国统御全球的三大战略。实际上，美国的国际战略布局基本都是围绕这三大战略而展开。可见，货币金融不仅关乎本国经济政治发展，也关乎区域和国际贸易、经济竞争和政治斗争。

（2）金融的重要性与脆弱性并存

金融一方面极为重要，关乎经济发展、民生保障和政局稳定，另一方面因其自身的特性而极为脆弱。

金融的重要性表现在三个方面。

①金融具有显著的政治性。如前所述，金融是现代市场经济的中心、枢纽，不仅具有服务实体经济和促进实体经济发展的功能，更关系国计民生和国家经济命脉，关系国家经济安全和金融安全，关系国家核心竞争力，具有显著的政治性。特别是货币发行权和国际金融中心的竞争，更是关乎世界经济主导权的归属。从历史上来看，统一货币和垄断铸币权，历来是国家主权和政治改革的重要内容，也是国家统一的重要象征。而在当下的经济全球化和一体化趋势下，更是得金融者得经济，得经济者得政治，得政治者得天下。

此外，推动政治变革和组织社会革命，金融与金钱都是必不可少的撬动工具和经济基础。金融与金钱是政治变革的重要杠杆。从中国革命来看，无论是孙中山领导的资产阶级革命还是中国共产党领导的新民主主义革命，都离不开金融和金钱的支撑。孙中山领导的资产阶级民主革命之所以能屡败屡战、愈挫愈奋，从经济方面来说主要源于以张静江、宋嘉树、虞洽卿等资本家和海外华侨的金融支持。中国共产党领导的新民主主义革命之所以能历经多次失败和挫折取得胜利，也离不开中国共产党开创的红色金融事业。同样，欧美资产阶级革命也离不开以新贵族和新兴工商资本家为代表的资产阶级的经济金融支持。“打天下”需要金融和金钱的支持，“坐天下”同样也需要金融的稳定和金融的清廉。因为金融危机极有可能引发政治危机，从而导致政权的更迭。

②金融关乎国民经济发展，是实体经济发展的重要服务器和推进器，是国民经济发展的血脉和源头活水。金融业发达、金融市场稳定，则实体经济能够获得源源不断的资本支持，居民部门也能获得更多投资渠道和较高资产收益率。金融可以增加企业投资，可以拉动居民消费，从增加生产、促进消费、拉动就业等多个方面推动实体经济发展和民生稳定。同时金融可以增加政府税收和财政收入，进而增加政府公共支出，提高公共产品供给和公共服务水平，从而拉动整个国民经济发展。正所谓，“金融催活经济，信贷改变历史”①。反之，金融业不发达、不稳定，则会使实体经济失去资本保障，导致资金链断裂和企业倒闭，引发经济危机。金融业不仅为实体经济服务，而且本身就是GDP的重要内容，金融业所创造的服务产值构成GDP的重要来源，并占有越来越高的比重。2019年我国金融业增加值为77077亿元，较上年增长7.2%，占GDP比重为7.8%，接近于第一产业即农业产值所占比重，是国民经济的重要组成部分。

需要强调的是，在我国全部金融资本中，国有金融企业和国有金融资本占很大比重。国有金融企业和国有金融资本是推进国家现代化、维护国家金融安全的重要保障，是我们党和国家事业发展的重要物质基础和政治基础。国有金融机构是服务实体经济、防控金融风险、深化金融改革的重要支柱，是促进经济和金融良性循环健康发展的重要力量。近年来，我国国有金融资本规模稳步增长，实力日益壮大，管理体制机制不断健全，国有金融机构改革持续推进，运营效益明显提升，为促进社会主义市场经济平稳健康发展作出了重要贡献。

③金融关乎民生和社会稳定，是民生保障的重要渠道和社会稳定的基石。金融与老百姓的生活息息相关。因为金融业的存在，居民就有了储蓄渠道、保险渠道和投资渠道，对于闲散资金可以在金融机构零存整取、闲存用取；可以通过金融理财，实现个人财富的增长；可以通过按揭贷款，实现有车有房的梦想，提升个人和家庭的生活水平与人生幸福感；还可以购买各种商业保险和进行投资，一方面应对各种自然风险和社会风险，保障家庭生活的稳

① 庞忠甲，陈进思. 货币的逻辑［M］. 北京：中国友谊出版公司，2014：73.

定，另一方面获得更多财产性收益。金融能带给人们诸多好处与便利。当然，因为金融业涉及千家万户的利益，金融业的动荡，如通货膨胀、金融危机，也会导致家庭生活的不稳定，甚至引发社会性恐慌。

与此同时，金融还具有脆弱性。一是受实体经济影响，具有波动性。金融是为实体经济服务的，依附于实体经济而存在。一旦实体经济发展出现波动，金融也会随之而波动。而实体经济的发展存在市场风险、自然风险，受环境和资源约束，不确定性有很多，容易产生经济危机。实体经济的危机必然传导到金融领域，从而使金融产生波动，甚至引发金融危机。如房地产行业的波动就极易引发金融危机。事实上2008年美国的次贷危机就是由房地产危机引发的。二是金融业具有心理性和连锁性。金融业关乎供给与需求、生产与消费，关乎资金链、供给链、产业链，关乎社会信用和社会心理。金融的敏感性和传染性很强，一旦某一金融机构出现问题，极易引发挤兑风潮和倒闭破产风潮，进而导致连锁效应和多米诺骨牌效应，从而引发系统性金融危机和整个社会的恐慌。有时候，对于金融业而言，信心比黄金还重要。而一旦信心受创、信用丢失就很难恢复。三是受逐利性、投机性影响，易于发生金融危机。金融是以借贷收息、中间业务收费和投资生利为生的行业，利润最大化始终是其根本目标。为了实现这一目标，金融机构或其员工易于低估风险、授信过度或违规操作，甚至欺骗客户，从而为金融危机埋下隐患。一旦遇到导火索就会爆发金融危机。二战以来，国际上仅较大规模的金融危机就爆发过三次，分别是1975年的美国滞胀危机、1997年的东南亚金融危机、2008年的美国次贷危机，小的金融危机就更频密了。四是受“理性经济人”的影响，金融业易于产生金融腐败。所谓“理性经济人”，就是指每个人都具有实现个人利益最大化的利己性。“理性经济人”是西方经济学术语，说的是人的唯利是图本性，其实就是我国西汉史学家司马迁在《史记·货殖列传》中所说的“天下熙熙，皆为利来；天下攘攘，皆为利往”。金融业是人与金钱打交道的行业，是以钱生钱的行当，其最重要的两个要素就是人与货币。金融业员工如果放任“理性经济人”本性，极易利用职务权力或职业之便，贪污受贿、以权谋私，甚至侵吞公款、中饱私囊。历史和现实都表明，金融业是各国腐败高发频发之地，也是腐败大案要案集中之地。金融腐败不仅损害金融业的社会形象，更严重的是危及金融安全和金融稳定，极易导致金融危机。

(3) 金融的作用具有双面性

金融是把双刃剑，一方面具有进步性，对经济发展具有推动作用；另一方面具有腐蚀性、逐利性、投机性和虚拟性，对经济发展具有破坏性作用。“货币和银行是人造的制度，是创新、繁荣和物质进步的重要来源，同时也是滋生贪婪、腐败和危机的温床。不论是好是坏，它们都必然对人类的福祉造成实质性影响。”① 就金融的作用这一问题，本书将在第一章详尽论述，这里就简述至此。

2. 从我国金融业看：我国金融业具有鲜明中国特色

从国民经济的构成来看，金融业是我国国民经济的重要部门，是社会主义经济体系和产业体系的重要组成部分，关系国家经济命脉，关系国计民生。金融业既是我国 GDP 增长的重要源泉，也在 GDP 中占有相当比重。2019 年我国金融业增加值为 77077 亿元，较上年增长 7.2%，占 GDP 比重达 7.8%。

从金融业的所有制结构来看，我国的金融业是以公有制金融企业为主体的产业部门，国有企业在金融行业中占比达 90% 以上。为社会主义经济建设服务，为实体经济发展服务，维护国家金融安全稳定，防范系统性金融风险，是我国金融业的主要功能。保持国有经济在金融业的主体地位，发挥国有金融企业的主导作用，建设具有中国特色的社会主义财政金融行业，是我国金融业发展的重要目标；坚持党对金融业的全面领导，坚持以习近平新时代中国特色社会主义思想为理论指导，全面贯彻落实党和国家关于金融发展的路线方针政策，是我国金融业的根本方针和基本遵循。

从金融业的功能来看，金融业是为社会主义国民经济和社会发展服务的部门。因此，金融业必须以服务实体经济为本，以服务国家经济改革为要，加强金融供给侧结构性改革，重点发展普惠金融、绿色金融、互联网金融和农村金融，为国家转变经济发展方式、调整经济结构、转换经济发展动能、提高经济发展质量提供助力和支持。

从国家宏观调控和国家治理来看，金融是国家对市场经济进行宏观调控

① 周琼. 金融的善、恶与度 [EB/OL]. (2018-06-15) [2021-03-24]. https://www.financialnews.com.cn/cul/whdt/201806/t20180615_140250.html.

的重要政策手段和经济杠杆，也是实现国家治理体系和治理能力现代化的重要领域。建设社会主义市场经济体制，必须充分发挥市场在资源配置中的决定性作用，同时要发挥政府的宏观调控作用，将有效市场与有为政府结合起来。发挥政府的作用，就要注重运用宏观货币政策，发挥货币政策在调控经济运行中的杠杆作用。同时，金融也是国家治理的重要领域，实现国家治理体系和治理能力现代化，必须实现国家金融治理体系和治理能力的现代化。

从社会主义事业来看，金融事业是中国特色社会主义事业的重要组成部分，金融业员工是中国特色社会主义事业的重要建设者，是中国特色社会主义事业的重要依靠力量，是党和国家财政金融事业的重要人才资源。建设中国特色社会主义事业、实现中华民族伟大复兴中国梦，离不开金融业及其广大员工的贡献、支持与服务。

中国共产党是我国财政金融事业的领导核心和领导力量，任何时候都要坚持党对金融事业的全面领导。要把党的领导与金融业现代企业制度及其公司治理结构有机结合起来，要坚决贯彻落实党和国家的金融工作方针政策，为民服务、为国理财。

我国金融行业的中国特色，要求金融行业特别是领导干部必须讲政治，必须牢树“四个意识”、坚定“四个自信”、坚持“两个维护”。金融行业必须坚持党的集中统一领导，贯彻落实党的路线方针政策，要把党的领导与金融事业发展有机统一起来。反对腐败、建设廉洁政治，保持党的肌体健康，始终是党一贯坚持的鲜明政治立场。因此，金融领域也必须加强党风廉政建设，金融廉政是我国党风廉政建设的重要组成部分和重要阵地。金融业必须落实全面从严治党要求，加强国有金融机构党的领导和党的建设，推动管资本与管党建相结合，保证党的路线方针政策和重大决策部署不折不扣贯彻落实。

要加强党对国有金融机构的领导，强化国有金融机构党的建设，巩固党委（党组）在公司治理中的法定地位，发挥党委（党组）的领导作用，为国有金融资本管理提供坚强有力的政治保证、组织保证和人才支撑。

要压紧压实国有金融机构党委（党组）主体责任和纪检监察机构监督责任。健全国有金融机构领导人员职业道德约束制度，加强党性教育、法治教育、警示教育，引导国有金融机构领导人员坚定理想信念，正确履职行权，廉洁从业，勤勉敬业。依法依规规范金融管理部门工作人员到金融机构从业行为，相关部门要制定实施细则，严格监督执行，限制金融管理部门工作人员离职后到原任职务管辖业务范围内的金融机构、原工作业务直接相关的金融机构工作，规范国有金融机构工作人员离职后到与原工作业务相关单位从业行为，完善国有金融管理部门和国有金融机构工作人员任职回避制度，杜绝里应外合、利益输送行为，防范道德风险。坚持运用法治思维和法治方式反腐败，完善标本兼治的制度体系，加强纪检监察、巡视监督和日常监管，严格落实中央八项规定及其实施细则精神，深入推进党风廉政建设和反腐败斗争，努力构筑国有金融机构领导人员不敢腐、不能腐、不想腐的有效机制。

3. 从金融安全看：金融廉政是降低金融风险、实现国家金融安全的重要保障

金融安全是国家安全的重要组成部分，也是保证金融业为社会主义经济服务的根本要求。由于金融的虚拟性、投机性和国际化，金融业的安全存在很多漏洞和隐患。比如易于受到国外投机资金的冲击和反华势力的滋扰破坏，易于受国际金融危机的牵连，易于受国外或周边国家金融政策影响，易于受业内金融腐败和金融犯罪的损伤，易于受社会心理的左右，因此，金融安全较为脆弱，风险隐患不易觉察，危机爆发较为突然。堡垒常破于内部。为了保证金融安全，防范系统性金融风险，就必须加强金融廉政文化建设，提高金融机构的安全意识和抵御风险的能力，坚决打击和惩治金融腐败、金融犯罪，引导金融员工树立清廉为官、廉洁从业、奉公守法、取之有道、义利并重的价值观和职业道德，从根本上消除金融安全的隐患。

4. 从财经院校本质属性和学科专业特点看：学校性质与专业教育存在矛盾

从我国财经院校的本质属性来看，财经院校是中国共产党领导下的社会主义公办大学，坚持党的全面领导、为社会主义经济建设培养优秀人才，是财经院校的基本方针，立德树人是财经院校的根本任务。从财经院校的学科专业特点看，财经院校普遍以经济管理学科为基础，以经济、贸易、财会、金融教育为特色和优势，经管学科优势和财经教育传统是院校的立校之本、成校之基，为党和国家培养中国特色社会主义经济金融事业的可靠接班人和合格建设者是财经院校的任务目标。从学生就业取向和职业选择来看，大多数学生毕业后会选择和从事经济、贸易、财会、金融工作。这些毕业生既是

所在企业员工，又是社会主义经济金融事业的建设者和接班人。金融既是他们养家糊口、自食其力的职业和工作，也是他们建设社会主义的工作平台和社会分工。如果说社会主义建设是一座工厂，那他们所在的企业就是金融车间。他们的工作既要向社会提供金融产品和金融服务，又不能脱离建设社会主义这个大目标、大产品。

基于财经院校的本质属性和学科专业特点，让学生接受系统的经济、管理学科知识和金融、财会专业教育，使之掌握深厚的专业理论、具备扎实的专业基本功，成为经济金融领域的“合格建设者”，即具备专业知识和专业能力，能胜任金融工作的高素质专业人才，专业上合格的人，是财经院校大学教育的重要职责。但更为重要的是，首先让学生成为爱党爱国爱社会主义制度、德才兼备、廉洁奉公、清正为本的“可靠接班人”，即具有“四个自信”和“四个意识”、坚持“四项基本原则”的人，政治上可靠合格的人。只有首先成为中国特色社会主义财政金融事业的“可靠接班人”，继而才能成为“合格建设者”。否则，如果只是专业上成才而政治上不合格不可靠，那绝非“合格建设者”，而是“掘墓人”、“颠覆者”和“蠹虫”，因此，必须先传道立德，涂好底色，然后才能授业育材，加工成型。这就需要在进行经济金融专业知识教育的同时，加强思想政治理论教育和金融廉政文化教育，以使学生德才兼备、又红又专。

其次，纯粹专业认知和工具理性认知存在重大缺陷。当前我国经济、管理学科或金融、财会类专业教育，其教育教学内容多以西方主流经济学理论为圭臬，以西方经济学经典论著为教材，这难免使西方的利己主义、个人主义价值观潜移默化地影响学生，从而使学生成为单纯的理性经济人或精致利己主义者。不可否认，西方经济学理论有其精华之处，但也有其糟粕。其一，在人性认知上存在“斯密悖论”，割裂人的社会性与经济性的联系，不能让人全面深刻的理解金融，只会让人把金融当成牟利工具，从而忘掉金融的价值理性。西方经济学理论以“理性经济人”假设为基础，认为人都是自私的、利己的，都追求个人利益最大化。且正是在这种利己性的经济理性推动之下，人才会利用市场机制对资源进行精准配置和最佳组合，人才会追求科技创新和科技进步，从而推动经济发展。如此简单地将人性定性为利己自私，无形中会引导学生为了个人利益而不择手段，从而使人将“假设”变为“现实”，成为精致的利己主义者、不法商人、赚钱工具、唯利是图者。其二，西方经济学理论具有鲜明的阶级性属性，其资产阶级立场会使之理论观点片面、极端，导致一叶障目、不见森林的缺陷。西方经济理论倡导所谓自由化、市场化、私有化，认为西方资本主义制度是人类有史以来最美好的制度，并从不同角度为西方资本主义制度辩护、论证和张目，从而沦为为资产阶级利益服务的理论工具和政治斗争工具。总之，单纯的西方经济金融理论教育存在重大缺陷。弥补这些缺陷，一方面要引导学生树立和秉持学习借鉴、批判吸收的科学态度，另一方面要用社会主义思想政治理论教育和金融廉政文化教育给予调和、纠偏和校正，从政治高度和廉政角度全方位透视和剖析金融，使学生在全面立体认知金融基础上树立“君子爱财、取之有道”的价值观，在“为民谋利、为国理财”中实现个人利益追求。

5. 从廉政角度看：金融业是高危职业，“毁人不倦”

从表面看，金融业是一个光鲜亮丽的行业，不仅工作地点富丽堂皇，工作环境优雅，而且薪酬水平普遍较高，社会地位较为显赫，是大众眼中典型的“高大上”“白富美”行业，其员工是令人羡慕的白领人士和高薪阶层。事实上，金融业也的确名副其实。有统计显示，改革开放以来，我国金融业职工的平均薪酬在主要行业平均薪酬中长期位居第一位，只是近年才被 IT 行业超越，退居次席。即便如此，金融业员工的薪酬依旧被其他行业所艳羡。

但与此同时，金融行业也是我国腐败现象高发频发、大案要案不断的主要领域，也是我国党风廉政建设和反腐败斗争的重点战场。从金融腐败的涉案人员看，“不仅有监管部门‘高官’和金融机构的‘高管’，也有一般干部和普通员工”。据不完全统计，“从 2013 年 5 月到 2017 年 5 月，四年间，仅在中央纪委网站通报的金融监管官员和国有金融机构工作人员就有 35 人，其中，包括原保监会主席项俊波，原证监会主席助理张育军，以及此次通报的银监会主席助理杨家才在内的监管层官员有 12 人，银行 10 人，保险公司 4 人，投资机构 7 人，其他相关政府部门 2 人”①。到了 2018 年更是爆出华融资产管理集团董事长赖小民近 18 亿元的贪腐大案，令人触目惊心、令社会瞠目

---

① 贺斌．金融领域成腐败高发区如何从制度上补齐监管短板？［EB/OL］．（2017 - 06 - 08）［2021 - 03 - 24］．https：//www. sohu. com/a/147073402_ 123753.

结舌。从2019年金融领域反腐工作来看，又有中国中信集团有限公司执行董事赵景文、国家开发银行董事长胡怀邦两名中管干部落马，20余名金融领域中央一级党和国家机关、国企和金融单位干部被通报，其中15人被查。与近年金融领域的落马干部相比，2019年呈现增加趋势。① 虽然众多贪腐分子不断被查出，但贪腐现象仍然“前腐后继”。2020年又爆出青海银行原董事长王丽的“奢侈品”人生：用一处私人住所，专门藏匿赃款赃物，包括一柜子的爱马仕丝巾和40多个名包，其贪腐程度令人咋舌。贪污受贿、挪用公款、内幕交易等金融腐败案件不仅给金融业带来巨大损失，在很大程度上形成了局部金融风险，危及国家金融安全稳定，而且严重损坏了党和国家形象，给国家的长治久安带来隐患。② 人祸永远大于天灾。消除金融领域的腐败现象，遏制金融腐败之风，必须高扬金融廉政这把反腐利剑，同时要加强金融领域的金融廉政文化建设。金融廉政文化既包括文化软实力，也包括廉政硬实力。金融廉政文化软实力可以以文化人、以理服人、以情动人，赋予金融员工价值理性和政治意识，引导广大员工树立义利并重、道食同谋、取之有道、知止有得、成人达己的价值观。金融廉政文化的硬实力可以通过依法治人、以制约人、以惩戒人，通过纪律、制度、法律惩恶扬善、猛药治疴、刮骨疗毒。总之，消除金融领域的各种腐败现象、实现金融业的健康发展和清正廉洁，需要金融廉政价值观念的春风化雨和润物无声，也需要金融廉政制度和法律的利剑去魔和保驾护航。

6. “廉政文化进校园进课堂”的要求

廉洁文化既是中华民族优秀的传统文化，也是党和国家的社会主义先进文化，是实现和保持党和国家干部及公职人员为官清正、从业清廉、廉洁奉公的文化土壤，是建设清廉政治、廉洁政府的文化保障。青年大学生是党最为宝贵的人才资源，是国家的希望、民族的未来，是中国特色社会主义事业的建设者和接班人，是党和国家干部队伍的后备军。因此，党和国家未来的政治是否清明、政府是否廉洁、官员是否清正，都取决于青年大学生的廉政

① 扶婧颖. 巡视、“拔伞”、“猎狐”……回顾2019反腐“成绩单”[EB/OL].（2020-01-02）[2021-3-24]. http://fanfu.people.com.cn/n1/2020/0102/c64371-31531424.html?spm=C73544894212.P59511941341.0.0.

② 郭树清. 坚定不移打好防范化解金融风险攻坚战 [J]. 中国保险，2020（09）：4.

底色和廉政素质。

廉政观念和素质不是天生的，需要文化熏陶和教育培养。大学时期正值人生“拔节孕穗时期”，系好人生的第一颗纽扣至关重要。因此，必须推进廉洁文化进校园进头脑，从学生时代就要对青少年进行廉政思想文化教育，从小引导学生树立廉洁光荣、贪腐可耻的价值观，阐明廉洁对于个人成功、家庭幸福、国家发展和民族复兴的重要性和必要性。“廉洁文化进校园”是党风廉政建设和反腐败斗争的“希望工程”和“基础工程”，是学校党的建设、思想政治工作和纪检监察工作的重要内容，是学校推进立德树人根本任务、培养中国特色社会主义事业合格建设者和可靠接班人的客观需要。总之，“廉洁文化进校园”活动对于加强学校的党风廉政建设和思想政治工作，推进学校的清正廉明，保证学校领导班子廉洁从政、教师廉洁从教，帮助广大青年学生树立“敬廉崇洁”的价值观念和“廉洁奉公”的职业道德，具有重大而深远的意义。

“金融廉政文化概论”课既是财经院校“廉政文化进校园”的鲜明体现和有效载体，也是财经院校“廉政文化进校园”工作的理论研究成果和课程创新产物。这门课程及其教材之所以能够历尽艰辛而产生和发展，一方面离不开学校党委和纪委对党风廉政建设及金融廉政文化研究的高度重视和大力支持，另一方面离不开马克思主义学院教师的辛勤劳动与学术成果。把廉政教育的普遍性要求与财经院校具体实际相结合，通过课程改革或课程建设的形式，实现金融文化与廉政文化的有机融合，打造“金融廉政文化概论”课程，并以之为载体推进“廉政文化进校园”活动，是财经院校加强党风廉政建设、推进廉政文化教育的重要创新。

7. 金融廉政的现实紧迫性与红色金融历史的启迪

当前金融领域腐败现象和违法行为频发，影响极其恶劣，是党风廉政建设和反腐败斗争的重点领域。很多金融腐败分子利用金融专业优势和金融国际便利化优势，“把配偶子女移民到国外、钱存在国外，给自己‘留后路’，随时准备‘跳船’，有的心为物役，信奉金钱至上、名利至上、享乐至上，心里没有任何敬畏，行为没有任何底线”①。一些金融腐败分子贪腐胃口之大、

① 中共中央纪律检查委员会，中共中央文献研究室．习近平关于党风廉政建设和反腐败斗争论述摘编［M］．北京：中央文献出版社，2015：17.

数额之巨、时间之长、情节之恶劣，令人触目惊心！金融腐败高发频发，屡禁不止、前仆后继，金融廉政形势严峻，归根结底是因为金融廉政文化的缺失。

在我们的日常认知当中，廉政建设主要是纪委、监察、审计、司法等部门的工作内容和重要职责，在实践中更多地依靠制度建设和政治纪律约束。但“徒法不足以自行”，从根本上讲，廉政建设还是要靠教育和自律，正如孔子所言：“道之以政，齐之以刑，民免而无耻；道之以德，齐之以礼，有耻且格。”

2014 年我校时任党委书记汤生玲教授和纪委书记张绍红在探讨学校党风廉政建设和反腐败工作时，一致认为财经院校，特别是金融学院更应该打造廉政文化教育这个特色，因为金融院校的大多数学生毕业后要进入金融行业，天天跟经济、金融打交道。如果学校在学生求学期间只是向其灌输西方经济学理论，必将使学生成为单纯的理性经济人，也就是人们常说的精致的利己主义者。由此学校党委认为，越是金融财经院校，越要对学生进行金融廉政教育，使之既具备经济理性，又要具备社会理性、政治理性和廉政理性，让学生知道“君子爱财、取之有道”和“得其大者兼其小”的道理，树立正确的金融观、金钱观、权利观和义利观。

有感于当前的金融腐败现象，汤书记满怀敬佩地谈起我党早期红色金融的历史。2011 年他刚来学校的时候，去北京印钞厂拜访校友，顺便参观了北京印钞厂廉政馆。廉政馆展示了老一辈无产阶级革命家、中国共产党老一代金融家毛泽民和董必武的事迹。红色金融家们在新中国成立前无比艰苦卓绝的战争环境中和新中国成立初期国家经济极为困难的条件下，为党理财、为革命筹钱、廉洁奉公、艰苦奋斗的事迹给他们一行人很大感触。当时汤书记就想一定要好好研究一下董必武、毛泽民，看看他们在为党和国家掌管红军银行和人民银行、掌握那么多资金、大权在握时，为什么还能做到廉洁自律？他们年轻时候的价值观、金钱观是什么样的？受此启发，汤书记认为红色金融历史是当代金融廉政教育的最好教科书，需要深入挖掘、科学开发和系统研究。“金融廉政文化概论”课程便发轫于此。

大学生的世界观、价值观的形成大概是在 18 至 20 多岁的大学时代，这一人生阶段对世界观的养成非常非常重要，所以，必须在这一阶段进行金融廉政文化教育。“好雨知时节，当春乃发生。”在大学时代筑牢拒腐防变的价值观基础，是人一生平安的基础。万丈高楼平地起，没有这个基础，廉政大厦是建不起来的。这是廉政教育的大势与大道。顺应了这一大势，明白了这一大道，廉政文化教育就会“长风破浪会有时，直挂云帆济沧海。”

8. 落实习近平总书记关于金融工作重要论述的要求

金融事业是建设中国特色社会主义事业的重要组成部分，金融工作是党和国家工作的重要组成部分。党和国家历来高度重视金融工作。党的十八大以来，习近平总书记围绕做好金融工作发表许多重要论述。其论述的主要思想包括如下几方面。

第一，深刻阐述了金融及金融工作的重要性。习近平强调：“金融是国家重要的核心竞争力，金融安全是国家安全的重要组成部分，金融制度是经济社会发展中重要的基础性制度，金融是实体经济的血脉。”① 这些观点从国家核心竞争力、国家安全、国家制度和实体经济视角分别阐明了金融的重要性，为加强金融工作提供了理论基础与逻辑前提。

第二，明确了加强金融工作的总基调、根本任务和主要目标。习近平强调，必须加强党对金融工作的领导，坚持稳中求进工作总基调，遵循金融发展规律，紧紧围绕服务实体经济、防控金融风险、深化金融改革三项任务，创新和完善金融调控，健全现代金融企业制度，完善金融市场体系，推进构建现代金融监管框架，加快转变金融发展方式，健全金融法治，保障国家金融安全，促进经济和金融良性循环、健康发展。

第三，提出了做好金融工作的重要原则。一是回归本源，服从服务于经济社会发展。金融要把为实体经济服务作为出发点和落脚点，全面提升服务效率和水平。二是优化结构，完善金融市场、金融机构、金融产品体系。三是强化监管，提高防范化解金融风险能力。要以强化金融监管为重点，以防范系统性金融风险为底线。四是市场导向，发挥市场在金融资源配置中的决定性作用。要坚持社会主义市场经济改革方向，处理好政府与市场关系。

第四，提出了加强党对金融工作领导的总要求和具体举措。习近平强调，做好新形势下的金融工作，必须坚持党中央对金融工作的集中统一领导，确保金融改革正确方向，确保国家金融安全。这是加强党对金融工作领导的总要求。为落实这一总要求，习近平提出三条具体举措。一是落实全面从严治

① 何德旭．深刻认识稳金融健全金融风险应对机制［J］．财经界，2019（10）：46－48.

党要求，建好金融系统领导班子，强化对关键岗位、重要人员特别是一把手的监督。二是要扎扎实实抓好企业党的建设，加强理想信念教育，加强党性教育，加强纪律教育，加强党风廉政建设。三是大力培养、选拔、使用政治过硬、作风优良、业务精通的金融人才，特别是要注意培养金融高端人才，努力建设一支宏大的德才兼备的高素质金融人才队伍。

习近平总书记关于金融工作的重要论述，阐明了金融的重要性和加强党对金融工作领导的必要性，提出了强化党对金融工作领导的总基调、重点任务、根本目标、重要原则、总要求和具体举措，是新时期做好金融工作的根本遵循和重要指导，也是新时期改革和优化金融教育的理论依据。“金融廉政文化概论”① 课程就是河北金融学院党委积极落实习近平总书记关于金融工作重要论述的具体体现和教学创新成果，特别是主动回应习近平总书记“抓好企业党建、加强理想信念教育、加强党风廉政建设、培养金融高端人才”具体要求的课程创新产物。

总之，开设这门课就是为了让同学更加全面、深刻地、多元地认识金融，避免一孔之见、一己之见，避免一叶障目、不见泰山，避免只见树木、不见森林，避免一失足成千古恨，避免悔之晚矣、罪孽难逃，避免善始恶终、前是后非，使学生牢记“蠹众而木折，隙大而墙坏”的道理，借用司马光的话说就是：“鉴前世之兴衰，考当今之得失，嘉善矜恶，取是舍非。”

（二）“金融廉政文化概论”课程的意义

1. 金融员工职业生涯的清醒剂和营养剂。金融行业以货币资本为核心工具的经济部门，其业务种类繁多、业务流程漫长、客户关系密集、金融业务创新频繁，尽管岗位分工清晰紧密、业务办理环环相扣、监管制度健全完善。但百密一疏，再健全的制度、再严密的监管，不可能做到滴水不漏、固若金汤。金融员工天天作业务，最清楚制度漏洞所在、最明白监管缺位所在。因此，制度不是万能的，所谓防君子不防小人；法纪也不是万能的，所谓徒法不足以自行。一旦金融员工起了贪心私欲，走上腐败犯罪道路，早晚会东窗事发，则势必会毁掉事业、丢掉工作，葬送整个职业生涯。而金融廉政文化，

① 中共中央纪律检查委员会，中共中央文献研究室．习近平关于党风廉政建设和反腐败斗争论述摘编［M］．北京：中央文献出版社，2015：17.

一方面会内化于心、以文化人，使人去恶从善、见贤思齐；另一方面会以各种理念、价值观、制度形态、器物形态时时提醒警示自己，从而让人不断自省，始终对金融充满敬畏之心。所以，金融廉政文化就金融业员工职业生涯的保姆保安一样，会以其博大的爱滋养熏陶人的内心，使人保持善良清廉本性；同时还会以其严格严厉惩恶扬善、长善救失，使人防微杜渐、不越雷池。通过金融廉政文化教育的教化、引导和提醒、警示，使金融业员工具备拒腐防变的文化软实力和法治硬实力，既不愿也不想还不能更不敢贪腐，从而实现职业生涯的功得圆满。

2. 金融行业健康发展的保证。金融行业是国民经济的重要部门，为国家创造大量税收和经济增长。金融行业包括银行、保险、证券等众多金融企业、机构和员工，金融行业和金融市场的健康稳定发展，是这些金融企业、机构健康发展的行业环境和市场条件，也是金融员工安身立命、安居乐业的前提和基础。但金融行业一方面具有逐利性和腐蚀性，易受人性、价值观和金钱观影响，易于滋生金融腐败、金融诈骗和金融犯罪；另一方面具有脆弱性和高风险性，对实体经济波动敏感，易于产生和遭遇呆账、死账、赖账、逾期、短缺、失信、跑路、三角债、资金断裂、非法集资、道德风险等现象，容易引发连锁反应和蝴蝶效应，进而引发金融危机、经济危机、社会危机和政治危机。那么，要保证金融行业的健康稳定发展，金融行业员工就必须具有金融廉政文化素养，一方面严格自律，抱朴守真、清廉为本，不想贪腐；另一方面强化他律，严防死守、惩前毖后，使之不能腐，从而将“善”与“法”有机结合起来，由此保证金融行业的健康稳定发展。

3. 社会稳定和民生安全的保证。金融行业包括银行、保险、证券等众多机构，关联企业、个人、家庭更是不计其数。作为经济发展的枢纽和核心，金融行业关系国计民生，关系社会稳定，关系每个家庭的钱袋子。金融行业一旦出现风吹草动，必将引致一系列连锁反应，从而导致系统性金融风险。因此，实现社会稳定和民生安全，必须保证金融行业的健康稳定发展。而要保证金融行业的健康稳定发展，除了实现实体经济的稳定发展之外，一个重要的途径就是金融行业自身的自律自清。“物必先腐而后虫生”，金融行业自身的严格自律和积极自清，是金融行业健康发展的重要前提与保证。金融行业如何做到严格自律和积极自清呢？这取决于金融行业员工的价值观和职业道德，或者取决于金融行业的廉政文化素养。金融廉政文化以文化人、以制约人，从内外兼修两个方面保证金融行业的自律和自清，由此实现金融行业的健康稳定发展。

4. 国民经济稳定发展的保证。金融行业是国民经济的重要组成部分。金融行业的健康发展是国民经济发展的重要内容和重要体现。促进金融行业的健康发展就是推动国民经济发展。此外，金融行业还是推动国民经济发展的源头活水。金融行业的健康发展和稳健运行对国民经济发展具有重要指标性意义。因此，要保证国民经济的稳定发展，必须保证金融行业的稳定发展。而要保证金融行业的稳定发展，金融行业自身的自律自清至关重要。堡垒最容易从内部攻破。如果金融行业自身腐败严重、欺诈盛行、漏洞百出、信誉尽失，金融行业的健康稳定就无法实现，因为其他因素毕竟是外因。如前所述，要保证金融行业的健康稳定发展，金融行业需要金融廉政文化的熏陶、滋养和冶炼，通过金融廉政文化的内外兼修——内修为善、外修为法，长善救失、去恶扬善，保持金融行业的自律自清，实现全行业的健康稳定发展，进而实现国民经济的健康稳定发展。

5. 国家金融安全的保障。金融安全是国家安全的重要保证和重要组成部分。自古以来，金融问题就不是单纯的经济问题，而是涉及国家经济主权和财税安全的重要政治问题。特别是货币发行权和定价权问题，属于国家主权、综合国力、核心竞争力范畴，也关系国家在国际上的经济地位和经济主导权。因此，实现国家安全必须保证金融安全，防止发生系统性金融风险。在经济全球化推动下，世界金融市场高度一体化，纽约一感冒，东京就会打喷嚏。在全球金融行业联系如此紧密情况下，要保持国家金融安全，除了要防范国际投机资本的冲击和国际金融危机的输入外，最重要的是保持国内金融行业的稳定。打铁尚需自身硬，只要国内金融行业和金融市场能够规范运行，克服过度投机化、虚拟化、逐利性，不断消除金融腐败和金融犯罪现象。由此，为国家整体安全贡献力量。

三、“金融廉政文化概论”课程的教学目标

（一）政治目标和思想目标

1. 政治目标：培养中国特色社会主义金融事业的可靠接班人

2017 年 6 月 28 日，中共中央政治局召开会议，审议《关于巡视 31 所中

管高校党委情况的专题报告》。习近平总书记主持会议并强调指出："我国高校肩负着培养社会主义事业建设者和接班人的重大任务，是巩固和发展马克思主义的重要阵地。"作为河北金融学院的一门校本特色课程，"金融廉政文化概论"就是为履行这一职能而生，因此，它首先是一门政治课，必须坚持马克思主义指导地位，贯彻落实新时代中国特色社会主义思想，坚持社会主义办学方向，落实立德树人根本任务，坚持教育为人民服务、为中国共产党治国理政服务、为巩固和发展中国特色社会主义制度服务、为改革开放和社会主义现代化建设服务，以努力培养担当民族复兴大任的经济管理领域的时代新人和政治可靠、思想过硬、行为廉洁、专业精湛的社会主义金融财会事业的接班人为最高目标。

2. 思想目标：培育社会主义核心价值观

墨子有云："德为才之帅，才为德之资。德器深厚，所就必大，德器浅薄，虽成亦小。"立德树人是"金融廉政文化概论"课程的根本任务和首要任务。具体来说，就是培育学生建树和引导学生践行社会主义核心价值观。通过红色金融文化教育学生要以为人民谋幸福、为民族谋复兴为己任，以实现国家富强、民主、文明、和谐为奋斗目标和人生追求，在"得其大"中实现"兼其小"；通过廉政文化和金融职业道德教育学生要以清正廉明和合规合法的职业操守推进社会的自由、平等、公正和法治；通过金融的政治性、职业伦理和反腐肃贪教育学生要金融报国、敬畏职业、诚信经营、友善服务。总之，要通过思想启迪、价值引领、文化熏陶、实践养成、案例剖析、法制教育等多元内容和多样形式，将"金融廉政文化概论"打造成一门集政治课、思想课、价值课、廉政课、法治课和金融课于一体，融社会主义核心价值观于一体，汇传道、立德、授业、育才、培廉于一渠的综合性课程，以实现正本清源、立德树人、价值导向的教育目标。

（二）从业目标：培育社会主义金融廉政观

1835 年秋，马克思在中学毕业考试中写了一篇题为"青年在选择职业时的考虑"的文章，阐述了青年选择职业时应该坚持的基本原则，即应该求得人类的幸福和自身的完美。在他看来，只有这样，才能得到真正的幸福，才能成为人人敬仰的伟大人物。这其实是马克思的高尚职业观。正是因为有了这样的职业观，马克思才能把其一生奉献给实现人类解放的伟大事业。现在，同学们选择了经济、管理学科和金融、财会专业；未来，同学们将进入金融行业和财税部门。但好的职业和工作往往具有较高风险，金融行业和财税部门就易于滋生利己主义和拜金主义，如果没有正确的价值观、职业观、金融观和过硬的金融廉政观，从业人员很可能就会利用职权之便贪污腐败。

有鉴于此，《金融廉政文化概论》在科学阐释金融的本质和金融文化内涵的基础上，重点论述金融的高风险性、腐败高发性和廉政教育的必要性，深入剖析金融腐败的人性根源、制度根源和文化根源，通过理论分析与案例警示的结合和金融文化与廉政文化的融合，帮助同学们树立正确的职业观和金融廉政观。金融表面上是以钱生钱，但实质上是以服务为本，即先给人便利、让人得利，然后才能获取收益，往大处说，就是为人民谋利、为国家理财。所以，金融员工必须以服务为本、为民谋利；其次，通过优质服务、诚实经营获取劳动报酬，是金融员工的基本职业伦理。金融是现代经济的核心，相比其他行业的从业人员，金融员工具有获取利益的职业便利和知识优势。如果金融员工总是想把这种职业便利和知识优势“变现”为非法收入，其结果必然是“近水楼台先溺亡”。因此，为民服务、为国理财、清正为官、廉洁从业的职业观和金融廉政观，是金融人职业生涯的安全网。

3. 知识目标：廉政观、金融观及金融廉政文化

《金融廉政文化概论》以习近平总书记关于廉政工作的重要论述、关于金融工作的重要论述为指导思想，重点讲述金融廉政文化的历史及其丰富内涵、金融廉政文化的重要意义及其建构之道。

通过本课程学习，首先要掌握党和国家关于廉政工作和金融工作的重要论述、主要思想和核心观点，这是金融廉政文化的核心要义，也是做好新时代金融廉政工作的指导思想和根本遵循。其次要全面了解金融廉政文化的历史发展、作用影响和内在关系，从历史沿革中认知金钱的本质，把握其现实与未来。再次要系统掌握金融廉政文化的理论内涵、知识体系、现实意义和建构之道，自觉地加强金融廉政文化修养，筑牢拒腐防贪的文化软实力和法治硬实力，为今后从事金融工作涂好永保清廉的底色和扎好永保清廉的篱笆。

4. 能力目标

（1）政治能力。通过本课程的学习，要培养学生从政治高度和廉政视角分析和认识金融行业和金融工作的能力，提高学生的金融政治能力。要引导

学生充分认识金融行业对国民经济、社会发展、民生保障和政治稳定的重要性，充分认识金融业在国家富强和民族复兴中的角色功能，教育学生自觉地维护国家金融稳定与金融安全，防范系统性金融风险；要引导学生从政治上认知金融腐败对国家金融安全、治国理政、人民安居乐业的巨大破坏作用，深刻理解党和国家加强金融领域党风廉政建设和反腐败斗争的坚定政治决心。

（2）防腐能力。提高学生未来从业的清廉自守和防腐拒贪的能力是“金融廉政文化概论”课的最直接目标，也是检验这门课程教学效果的重要标准。通过课程教学，首先要帮助学生树立不想贪、不愿贪的价值观，筑牢清正廉洁的第一个关口。物必先腐而后虫生，只要心中树立“不义之财不可取”的价值观，就可以出淤泥而不染、举世皆浊而独清。其次要帮助学生树立不能贪、贪不了的制度观，筑牢清正廉洁的第二个关口。制度是反腐的重要手段，只要心中有了“莫伸手，伸手必被捉”、“天网恢恢、疏而不漏”的制度观，人们就不会也不能贪污腐化、堕落变质。再次要帮助学生树立不敢贪、不敢腐的法治观，筑牢清正廉洁的第三个关口。法治是惩治腐败的利器，只要高扬反腐败的法治利剑，有贪必查、有腐必治，无论高低贵贱，只要贪赃枉法一律绳之以法，严重者处以极刑，人们势必望而生畏、不敢贪腐。

目　录

第1章 多学科视角下的金融

1.1 何为金融

对于这一问题，本书试从正反两面对金融进行详尽解释和全面说明。正面金融是指从金融学的角度对金融进行专业解释，这既是人们认知金融的首要选择，也是人们对金融的一般认识，因而称为正面。反面金融是指从伦理学、廉政学和历史学几个视角逐一进行分析和解释。因为这并非人们认识金融的通常视角，因而称其为反面。总之，只有通过全方位解读才能全面审视、正确认知金融。

1.1.1 正面金融：金融的金融学解释

这是从金融学专业视角对金融做出的解释与定义。实际上是抛开好坏善恶这些价值判断，从纯粹客观的、专业的角度审视到底什么是金融？这是一种工具理性分析，也是所谓的学科专业分析。黑格尔说过，存在的就是合理的，所谓存在即合理。（合）理性又分为工具（合）理性和价值（合）理性，这又是德国社会学家马克斯·韦伯说的。简单地讲，工具理性就有用性，研究的是“有没有用”？价值理性就是有德性，研究的是“好不好”？只有既有用又有德的事物才具有长期存在的合理性。通俗地说就是德才兼备。

1.1.1.1 印象金融

(1) 观察法

观察是认识事物的重要方法。通过观察可以发现，所谓金融就是指银行、保险公司、证券交易所等企业和机构，它们以货币、汇票、股票、债券、保单为工具通过存取款、贷款、支付、投资、融资、理财等业务收取服务费用，获取经营利润和投资收益。这是通过观察得出的对金融的感性认识。

(2) 归纳法

归纳是在观察的基础上对事物性质的高度概括，通过归纳可以揭示事物的本质。通过对各种金融机构、人员、业务的观察，可以将金融归纳如下：金融是经济发展的中介、桥梁、杠杆和枢纽中心。通过金融的杠杆和周转作用，需要资金的生产者和消费者可以通过空手套白狼、借鸡下蛋的方式筹措到资金，也可以通过寅吃卯粮、拆东墙补西墙的方式提前消费或缓解资金紧张，当然也可以通过购买基金、股票等投资方式赚取收益。当然，基于观察立场及所得的不同，归纳的结论就不一样。如果从制度经济学的角度概括，"金融简单地说，就是一种制度安排。它帮助资金融通，让项目能找到钱，让钱能投到合适的项目中，让百姓生活更加便利，让企业家能够自主创业"①。此外，基于金融不生产物质产品和价值增值的原因，还可以将之归纳为与实体经济相对应的虚拟经济——为实体经济服务并反映实体经济的资产价格系统。

(3) 复杂化

金融是人类经济发展过程中的一种复杂现象和制度安排，它的出现源自货币的产生和人类在货币占有和使用上出现的时空结构性矛盾，是经济发展的客观要求，它的产生与发展的确解决了人类经济发展中许多的矛盾与困难，为人类社会的生产生活提供了极大便利。但它同时又使人类经济活动复杂化。伴随着金融深化，人类经济就变成了两张皮，一是实体经济，一是虚拟经济，两张皮若即若离，关系微妙而复杂。搞不好就会出现金融危机，动辄引发国

---

① 王巍. 金融可以颠覆历史 [M]. 北京：中国友谊出版公司，2013：3.

能说“金”、“融”两字相连组成的词“不见于任何古籍”。古籍中“金融”组词连用虽不常见，也不算罕见，只是与现在的词义无关而已。唐代僧人澄观《贞元新译华严经疏》卷二说，“如金师子一切皆金，以金融故”，“金融”义指“黄金融制而成”。李峤《洛州昭觉寺释迦牟尼佛金铜瑞像碑》的铭文说佛像“毫文玉洁，额理金融”，也是此义。宋代张耒的诗《六月八日苦暑二首》说，“三伏方肇序，金融未能完”，则形容天热得能把金属融化。

其次，要弄清“金融”的确切含义，就要溯本求源。既然“金融”来自明治维新后的日本，就需要查考“金融”一词在日本演变、传入中国及早期流传使用的情况。

日本在明治四年（1871）年5月10日颁布《新货币条例》，统一币制，确定金本位，次年颁布《国立银行条例》，开始建立效仿西方的近代银行体系，但这两部条例中未出现“金融”字样。先后在大藏省担任要职（先为大藏大辅，后为大藏卿）的大隈重信（1838—1922）是这一进程的重要推动者，保留下很多当时有关此事的档案文献。大隈重信的档案后来捐赠给他创办的早稻田大学图书馆，称为“大隈文书”。现在看，明治早期的大隈文书中已出现了“金融”一词。

明治八年（1875）年九月，三野村利左卫门所上《金融ニ关スル建言书》的封面即出现“金融”二字。这个建议书中多次出现“金钱融通”一词。在第十页，作者略谓一国的“金钱之融通”如同人的血液流动运转，一旦停止流动就会危害脏腑和健康，必须百方医治。当时日本国内“金融壅塞”，恰如人体血液运行停滞。这个“金融”二字连用之词，显然是“金钱融通”的缩写。

稍晚，明治八年十月七日由吉原重俊写给大隈重信的《金融蔽塞百业不振ニ关スル建议书》，开篇即言“方今金融蔽塞百业不振”，其“金融”也是“金钱融通”的缩写。

以上二书都是写本。在明治时期的印刷出版物中，明治十年（1877）牧山耕平译《初学经济论》的第三十八章“金融壅塞”、第三十九章“金融壅塞的恢复”中，“金融”一词多次出现，并且不再借助“金钱融通”而独立使用，说明它在日语中已经很流行了。《初学经济论》的原本是1875年在美国出版的由 Alfred Bishop Mason 和 John Joseph Lalor 编写的经济学初级教科书

The Primer of Political Economy，其第 38 章为 *A commercial crisis is caused by the destruction, the unproductive consumption of wealth*，意为“由财富的破坏，亦即财富的非生产性消费引发的商业危机”；第 39 章为 *The effects of a commercial crisis can be removed only by the production of wealth*，意为“财富的生产可以消除商业危机的影响”。日译“金融壅塞”对应的大致是“a commercial crisis（商业危机）”。从这些用例看，早期的“金融”基本上与“壅塞”、“蔽塞”等词连用，词义偏窄，与今日用来对译的英语词“finance”意义相差较大。

在此后 10 年间，日本书籍报刊中“金融”一词爆发性使用，词义也开始转变，被用来指称与货币和信用有关的交易与经济活动，并组成金融机构、金融制度等新词。如明治十六年（1883）出版的小池精一讲述、杉中利平次笔记的《英国金融事情》，其“金融”仍为“金钱融通”的缩写，但已脱离“壅塞”、“蔽塞”等情景，用来表示整个货币市场，包括货币运行、交易以及银行等信用机构的活动。这本书的原作是英国经济学家 Walter Bagehot 所著 *Lombard Street: a Description of the Money Market*（《朗伯德街：货币市场纪实》，初版于 1873），朗伯德街是当时伦敦银行机构和货币交易集中的区域，即今天的所谓“金融街”，作者以此入手，介绍英国货币市场的基本情况。日译本“金融”对应的英语名词是“money market”，也不是“finance”，但与我们今天使用的意义已基本相当了。

1.1.1.3 金融的学理阐释

(1) 金融含义

金，原指用作货币的贵金属黄金，即有一定计量单位的用作商品流通媒介和价值尺度的金币，后引申为资金，实则就是货币；融，就是融会贯通、流动流通。因此，金融就是指货币、资金、资本、银行票据或有价证券在不同权利主体间的流通融通。“融”这个词有化解、聚合之意，意指化解货币、资金、资本在不同权利主体使用和占有上的时空结构性矛盾，实现资金的互通有无和聚合增长，由此提高资金的使用效率。因而“融”这个词比“流”或“通”意义更丰富。有鉴于此，“融”这个词胜出，与“金”这个字共同组成“金融”这个词。当然，现代金融与信用不可分割，也就是说，资金在不同权利主体的流通是基于对货币发行方的信任和借贷双方彼此间的信任，即货币发行方有金属货币为保证，借贷双方人品人性诚实守信：到期还本付息。所以，简单来看，金融是指货币的发行、流通和回笼，贷款的发放和收回，存款的存入和提取，汇兑的往来等经济活动。但实质上，金融是与信用紧密相连的，是“货币流通和信用活动以及与之相联系的经济活动的总称”①。

金融是货币和信用的交换活动。理解和认识金融离不开三个关键词：货币、信用和交换。首先，金融与货币密不可分。货币是金融的最重要的实现工具和最主要的物质载体，金融是以货币为商品的交换。没有货币，金融就是空洞的。同时货币特别是纸币又与信用不可分割，纸币又称信用货币，是基于信任（等同并能兑换等量贵金属货币）而使用的货币。货币交换也是信用的交换，没有信用——货币信用和交易主体的信用，金融就不会产生。货币的交换其实就是货币的流动，因而货币又被称为流动性，货币只有在流动中才能产生效益，流动性就是金融的生命。因而，学界通常把研究货币、银行、信用、资本等要素及其相互关系的学问统称为“货币金融学”，只是为了使用上的便利或因为习惯，才简称为“金融学”。

（2）金融本质

金融的本质是价值流通。金融行业的种类有很多，其中主要包括银行业、证券业、保险业、信托业等。金融所涉及的学术领域很广，其中主要包括会计学、财务学、投资学、银行学、证券学、保险学、信托学等等。

传统的金融概念是指货币资金的流通。而现代的金融本质就是经营活动的资本化过程。《新帕尔·格雷夫经济学大字典》将金融定义为资本市场的运营，资产的供给与定价。其基本内容包括有效率的市场，风险与收益，替代与套利，期权定价和公司金融。

现代意义上的金融，其含“金”量越来越少，但其作为价值的流动性却越来越强。金融已经成为整个经济的“血脉”，渗透到社会的方方面面。人体的活动会带动血液的流动，同样，所有经济活动都会带动金融（资金和价值）的流动。离开了流通性，金融就变成“一潭死水”，价值就无法转换；价值无法转换，经济就无法运转；经济无法运转，新的价值也无法产生；新的价值

① 庞忠甲，陈进思. 货币的逻辑［M］. 北京：中国友谊出版公司，2014：6.

无法产生，人类社会就无法发展。所以，金融以货币或其他有价证券的流动性为本质。

（3）金融构成要素

金融的构成要素有5个方面。（1）金融对象，即货币（资金），具有流通手段、价值尺度、支付手段、贮藏手段和世界货币功能。（2）金融方式：以借贷为主的信用方式为代表。金融市场上交易的对象，一般是信用关系的书面证明、债权债务的契约文书等。（3）金融机构：通常区分为银行和非银行金融机构。非银行金融机构主要指各类保险公司、证券公司、信托公司、基金公司等。（4）金融场所：即金融市场，包括资本市场、货币市场、外汇市场、保险市场、衍生性金融工具市场等等。（5）金融制度和调控机制：对金融活动进行规范、监督和调控的制度与机制。如中央银行制度、商业银行制度、一行两会制度等。金融各要素之间既有一定独立性，又密切相连、协同运转，从而使金融成为一个有机系统，即金融机构以信用工具为载体，并通过信用工具的交易，在金融市场中发挥作用来实现货币资金使用权的转移，金融制度和调控机制在其中发挥规范、监督和调控作用。

1.1.1.4 金融的通俗解释

通俗地讲，金融不外乎三种功能：支付结算、资金融通、货币创造。

（1）支付结算

支付结算可以简单地理解为三类。

①汇款，将款项由A地汇往B地或由张三汇给李四，就像傻根希望的那样从拉萨将钱汇往老家。

②兑换，变换货币的币种，如将人民币换成美元、美元换成英镑。

③支付，就是伴随着交易债权清偿的资金在张三、李四间的转移，如你在淘宝买东西的同时，支付宝将款项由你的账户划转给销售方。或者单位给付职工工资、支付劳动报酬。

现在互联网金融在第三方支付方面取得了辉煌的战绩，只是政府为了保护消费者的资金安全不让他们提供汇款和兑换业务。在可见的未来，资金在地区间、币种间、居民间的转换需求是不会消失的，这就是支付的本质。

（2）资金融通

按照望文生义、说文解字的角度看，“金融”的解释就是“资金融通”。金融解决的是在“有钱人”和“缺钱人”间建立一架桥梁，完成资金的互通有无，提高资金的使用效率，进而向经济发展中注入“血液”。

①功能上看

金融通过金额错配、期限错配和地区错配三个方面问题的解决，实现金融企业生产的目的。

②活动参与方

很简单，金融活动的参与方就是“缺钱的”、“有钱的”和金融机构。

③金融机构在资金融通中的作用

在金融圈有个词叫“全牌照”，也有人叫“7大牌照”，即银行、证券、保险、期货、信托、基金、租赁等。坊间有这么一句话，“集齐7大牌照，可以召唤神龙”。因此，我们就从7大牌照金融机构来揭示资金融通的本质。

a）银行

银行体系是金融第一大板块。核心要点：“有钱的”把钱存在银行，交易对手是银行；“缺钱的”向银行借钱，交易对手是银行；银行注册资金很大，在我们的印象里是非常安全的；间接融资，即“有钱的”和“缺钱的”不见面，也没有关系。

b）证券

证券体系是“权益凭证”的交易市场，核心要点：直接融资，即“有钱的”将钱直接给“缺钱的”，所有的金融机构仅提供服务；发行市场，又叫初级市场，即IPO市场，帮助资金从“有钱的”流向“缺钱的”，两者形成直接的资金关系，证券公司帮助整个发行过程的实现；二级市场，“权益凭证”的持有者可以将将“权益凭证”在二级市场进行转让，转让过程和“缺钱的”没有关系，是帮助“权益凭证”的持有人找到新的“有钱的”并进行转让；权益凭证包括股权和债权；

证券公司在交易中只是帮忙的，对债权债务关系并不承担任何责任。投资者可以通过股票价格的变化获得收益。

c）保险

保险是一种特殊的金融业务，核心特征包括：只有投保人和保险公司两个参与方；在投保前，投保人和保险公司都不知道谁会发生损失事件，只知道危害发生的概率；保险是一种损失分担机制，即根据事件大家发生损失的金额来汇集资金，用于发生损失者的损失补偿；保险公司，作为保险金归集金融机构，在金融市场上会以“有钱人”的身份，参与一般性金融活动；保险理财，保险公司也会提供一些理财产品，将保险和理财进行结合，“购买人”的交易对手是保险公司，资金很安全，但利率低、且期限很长，“10”年期产品很常见，考虑到通货膨胀和可支配收入的上升，很难说是否会有正收益。

保险的本质还是对未来可能发生损失的保障服务。

d）期货

目前，一谈到期货（future）还会谈到期权（option），其核心要点是：期货和期权是一种在交易所交易的标准化产品；可以提前约定未来交易的价格；投资者既可以通过交易进行风险规避，也可以通过价格的波动来获得收益；对于商品期货或期权，投资者有最终选择在制定仓库进行实物交割的权利；期货是未来必须交割，期权是一种买卖的权利。期货和期权的本质是考验投资者对标的物未来价格的判断能力。

e）信托

信托是一种理财方式，按照定义，信托包含三个参与方，即委托人、受托人和受益人。按照咱老百姓的说法，就是出钱的、信托公司、收钱的，也可以理解为出钱的和收钱的是一个人，一般现在的信托合同都是这样。从信托业务来讲，还有一个参与方，就是资金使用对象，一般是“缺钱的”或者是“证券资产”。

信托的核心要点是：信托公司是业务撮合者，负责“有钱的”和“缺钱的”之间的业务撮合，收取手续费，但如果资产出现问题，不承担责任，损失由“有钱的”投资者承担，这是信托的核心要义；信托业务是直接融资，资金由“有钱的”流向“缺钱的”，信托公司只是起到资金归集的作用。

f）基金

基金是通过募集的方式筹集资金，其核心点是：募集资金的发起方只负责按照基金设立的目的代理进行投资，收取管理费，但不承担投资损失，投资损失由投资者承担；基金分为公募和私募，公募公开投资策略，私募不公开投资策略。通俗的说法就是，基金公司帮助我们投资，输出投资技术，但责任由投资者自负。

g）租赁

租赁以一定的费用借贷实物。其核心点是：有租赁实物为纽带；承租人资金短缺，由出租人提前购买租赁物或出租人从承租人手中购买租赁物，然后将实物出租给承租人；承租人将一次性的大额资金支出转变成多次小额支出，缓解资金压力。租赁企业没有什么不良名声，因为她的客户是“缺钱的”，发生不还钱的事，“缺钱的”也不会到处去抱怨。

（3）货币创造

货币创造与咱老百姓的直接关系不大，但却是现在经济体系的重要组成部分，是政府宏观经济政策的左膀右臂，即货币政策和财政政策。所以这里简单说明。

货币创造的过程：①假设“有钱的”存了 100 元在银行；②假设存款准备金率为 20%，则“缺钱的”只能借到 80 元；③“缺钱的”借到钱后，会把钱存到商业银行；④这样商业银行就又有了 80 元存款，可以放贷 64 元……；⑤如此下去，商业银行体系最终会形成 500 元存款。这就是商业银行对经济的造血机制。也就是为什么当我们的经济出现不好时，就有人说，我们要降低存款准备金率，目的就是让银行创造更多的货币来刺激经济发展。

以上分析只是工具理性分析，从专业角度对金融的解释：金融究竟是什么？这一分析不包含“好坏、善恶、是非”等价值判断，旨在求真求实，以阐明金融的客观实在性。通过以上分析可以得出如下结论：所谓金融，其实就是人们追求利益的一种经济工具和产业形式。追求利益本身并无好坏、善恶、对错、是非之分野，不能说追求利益就不好，就是坏的。但在社会的价值观念里货币往往带有道德贬义，好像金融、金钱、货币天然带有一种“原罪”。事实上，金融本身并无“原罪”。虽然追求利益本身没有原罪，但在追求利益和实现利益的方式上以及金融的作用上，却有好坏、善恶、对错、是非之分。这也就是开篇说“金融是一把双刃剑”的原因。对金融的认知，任何单一界定都是片面的、不完全的。

1.1.2 另面金融：金融的非金融学解释

从伦理学、廉政学以及历史学视角进一步认知金融，是对金融认知的深化与广化，有助于全方位、立体式理解金融。鉴于金融关联广泛、影响深远、内涵复杂，仅仅从金融学单一视角去认知，难免一叶障目、不见泰山。所以有必要从更广的视角全面分析，唯有如此才能发现金融的“另一面”。

1.1.2.1 金融的伦理学分析

何为伦理学？简单地说就是研究道德现象的学科，再通俗地说，就是研究何为好何为坏、何为善何为恶的学科，表现为人类社会生产生活和人际关系中的行为规范和道德准则。

这一问题其实是对金融认知的深化。因为要全面了解何为金融，不能仅仅知道它是什么、有没有作用、作用是大是小，还要知道它应该是什么、作用是好是坏。前者是工具理性分析、实证分析，是事实判断，形成金融的世界观、真理观；后者是价值理性分析、规范分析，是价值判断和道德判断，形成金融的善恶观、是非观、荣辱观。只有认清这样两个方面，才算真知真懂；只有认清这样两个方面，金融才能为你所用，在用的过程中兴利除弊、扬长避短、长善救失。

金融（finance）源自拉丁语，其意义就是“目标”。“金融并非‘为了赚钱而赚钱’，金融的存在是为了帮助实现其他的目标，即社会的目标，如职业抱负、家庭希望、生意雄心、文化发展。”① 从金融的词源来看，其本意是为善。人类金融发展史也表明，金融“将人类从迟滞的封建社会中解放出来，并且促使充满活力的市场开始运作，使得人们可以进行长期投资，也就是为经济的长期发展提供了必要支持”②。具体来说，像银行存款、结算服务、贷款服务、商业保险、上市融资、期货交易等，都便利了人们的工作和生活，一定程度上抵御了市场风险和自然风险，满足了人们美好生活需要，促进了

---

① 周琼．金融的善、恶与度［EB/OL］．（2018－06－15）［2021－03－24］．https：//www.financialnews.com.cn/cul/whdt/201806/t20180615_140250.html.

② 周琼．金融的善、恶与度［EB/OL］．（2018－06－15）［2021－03－24］．https：//www.financialnews.com.cn/cul/whdt/201806/t20180615_140250.html.

实体经济发展。金融及其业务是在解决人类社会生活和经济发展中面临的资金占有和使用上的结构性矛盾基础上产生和发展的。如果不能解决上述矛盾，金融业既不可能产生，更不可能得到发展。而其产生和发展的历史，已经证明了其进步性和合理性，即善的方面。由此可以认为，“金融是一种制度，是一种生活方式，是一种价值的取舍，更是一种充满激情的朗朗大道”①。这一定义和认知实际上已经将金融的工具理性和价值理性合二为一了。

但仅仅为善，既不现实，也不符合人性，更不可能可持续发展。在为善的同时，即在“帮助客户实现目标的时候自己也赚钱”是金融业得以快速发展的重要根源，也是其长期存在进而发展为一种以服务实体经济和社会生活为赚钱方式和谋生手段的重要产业的基础。否则，仅为善，只是短期的、分散的、偶然性行为，不可能长期持续发展。而金融业一旦有了通过服务赚钱和以钱生钱的双重目标，其距离为恶就已经很近了。一旦超出合理的边界，金融的本善就会异化为本恶，善恶就颠倒了。

金融既可为善，也能为恶。这是金融伦理产生的逻辑前提和基本判断。“货币和银行是人造的制度，是创新、繁荣和物质进步的重要来源，同时也是滋生贪婪、腐败和危机的温床。不论是好是坏，它们都必然对人类的福祉造成实质性影响。”② 当金融机构把服务当作手段而非目标，或者将服务目标忘却而只是“为了赚钱而赚钱”时，金融就会偏离善的初心而开始为恶，如过度授信、盲目投资、内幕交易、欺骗客户，甚至以权谋私、贪污公款、内外勾结等，不仅损害民众利益、为害社会，还有可能引发金融危机，导致经济动荡。

自利是金融业的立足之本。自利本身并无对错之分，只有为了自利而损人的行为，或者过度自利而不讲道义和社会责任的行为，才是恶的、可耻的。自利并不等于贪婪无度和贪得无厌，但很多金融业员工把贪得无厌和贪婪无度视同为自利和追求利益最大化，由此而心安理得、或觉得合情合理。也就是说，他们很难区分自利与贪婪，或者不愿意恪守二者的度和边界，甚至会引用电影《华尔街》中那句著名的台词“贪婪是好的”为自己寻找开脱和借

---

① 王巍．金融可以颠覆历史［M］．北京：中国友谊出版公司，2013：3.

② 周琼．金融的善、恶与度［EB/OL］．（2018-06-15）［2021-03-24］．https：//www.financialnews.com.cn/cul/whdt/201806/t20180615_140250.html.

口。德国前财政部部长，现联邦议院议长朔伊布勒指出：“利己是一种强大的动力。我们有着很好的理由，可以将这塑成一种经济制度抑或社会制度的基石。然而，利己一旦过度，便是贪婪，这就十分危险：贪欲会损害乃至摧毁一个合理的制度。”① 但依靠过度受专业教育影响的金融业的人自觉遵守自利与贪婪的边界，显然无异于缘木求鱼。

在《金融的哲学》一书的结尾部分，② 周洛华得出一个结论：金融的边界是美德，由此出发，他进一步思考“什么是金融业符合人性的美德?”他的观点是：“就是让那些优质好公司得到回报，让其他投机分子得到惩罚；然后鼓励人们更加坚定地奉行美德并共同面向更美好的下一次不确定性的尝试和随机性的挑战；建立一种可靠的货币体系来鼓励大家通过提高技术水平而不是提高杠杆水平来获得回报”；“为符合人性的事情提供价值方面的激励机制，这才是金融的要义”。显然，在这里进一步将金融定义为实现美德、鼓励美德的货币体系，或者是实现美德和真诚人性的激励机制。这一定义更加简洁而深刻，不仅是对金融认知的深化，还是对金融认知的升华。唯有这样的金融，才是美的金融，才是应然的金融。

1.1.2.2 金融的廉政学分析

金融产生之后，金融腐败现象就如影随形、不离不散。为了保持金融的善性、发挥金融的正面作用，人类就开始了与金融腐败的不懈斗争。自此金融与廉政就不可分割。廉政犹如金融的啄木鸟、除虫剂、护卫舰，不断地把金融腐败分子、金融蠹虫清除出去；同时又犹如修理匠、缝补匠一样不断地为金融亡羊补牢、添砖加瓦，密织金融的制度规范，以防腐败行为再度发生。因而，廉政最了解金融，从廉政学角度分析金融，是认知金融的极好视角。

廉政概念及其思想观念、制度规范古已有之，但廉政学是一门新兴交叉学科，是一门以廉政及其对立面——腐败现象为研究对象的系统化学问，它揭示了廉政产生发展的历史、廉政在人类经济发展与社会进步中的必要性、重要性与积极作用，阐明了廉政的定义、价值观念、制度规范；同时从反面

---

① 周琼．金融的善、恶与度［EB/OL］．（2018－06－15）［2021－03－24］．https：//www.financialnews.com.cn/cul/whdt/201806/t20180615_140250.html.

② 周洛华．金融的哲学［M］．四川：西南财经大学出版社，2014：11.

揭示了腐败的社会危害性、产生根源、主要形式，阐明了廉政与腐败的关系，从多方面探讨了保持廉洁、反对腐败的途径举措，为社会各界反腐倡廉、防腐拒贪提供了思想理论指导。从廉政学的角度看金融，可以得出如下判断。

（1）金融是一个“毁人不倦”的高危行业

自从金融产生以来，金融腐败就层出不穷，且花样不断翻新。诸如金融诈骗、侵吞公款、以权谋私、贪污受贿、过度授信、违规放贷、内外勾结、内幕交易、过度炒作、弄虚作假等等腐败行为，屡禁不止，大大小小的金融贪腐分子前赴后继。一部金融史，其实就是一部贪腐史，无数人在金融业中毁掉了事业、名誉、家庭，有的丢官失业，有的锒铛入狱，有的还被判处极刑、丢掉了性命。客观地说，金融已成为一个“毁人不倦”的高危行业。仅从 2015 年来看，出事的金融圈高管就达 10 位，包括民生银行原行长毛晓峰、华夏银行原副行长王耀庭、北京农商行原董事长乔瑞、北京银行股东董事陆海军、内蒙古银行副行长延城、龙江银行副行长王贵彬、宁夏黄河农村商业银行原副行长郑新平、河南农村信用联合社副主任杨清、云南农村信用社联合社主任罗敏、国信证券总裁陈鸿桥。2019 年，中央纪委国家监委网站与《咬文嚼字》编辑部利用大数据搜索，联合发布 2019 年度十大反腐热词，金融领域反腐就位列其中。这一方面反映了人民群众对金融领域反腐的关注，同时也反映出金融腐败的严重性。如果从腐败引致的职业高危性上评判，金融领域的职业高危性仅次于官场和仕途。有人借用《北京人在纽约》中一段台词——如果你想上天堂，请你去纽约；如果你想去地狱，请你去纽约——来形容现在的金融：如果你想上天堂，请学金融，如果你想去地狱，请学金融。

（2）金融和权力的结合是腐败的催化剂

从一定程度上看，金融控制着资金、资本或财产的配置与分配，具有强大的货币资本、财富财产控制力和再分配功能。面对着唾手可得的金钱财富，人的自制力是很难抵御的。当金融、金钱、货币遇到权力的时候，特别是遇到没有有效监督的权力的时候，权力之恶、金融之恶和人性之恶就会充分暴露出来，而且会成百倍地暴露出来，由此给金融行业、国民经济和社会发展造成巨大风险与危机。法国著名启蒙思想家孟德斯鸠说，一切有权力的人都容易滥用权力，这是一条万古不变的经验。当掌控金融的人与掌控权力的人合二为一时，人的欲望就极有可能被无限制地放大，变得贪婪无度、贪得无厌，会将一切道德、制度、法律抛之脑后，铤而走险、为所欲为，从而在贪腐道路上越陷越深以至于不可自拔。

(3) 人之自利天性和金融的结合是金融腐败的根本原因

金融腐败之所以屡禁不止，源于人的自利天性越过合理边界。人都有利己性，但利己如果不越过“损人”或“损非己”的边界，或不以损人或损非己为要件，就不会产生恶或腐败。利己不以“损人”或“损非己”为不可或缺的必要条件，经济发展中有很多帕累托改进和互利共赢。但当人的利己性遇到金融时，人的利己性很容易被放大，以至于越过不损人或不损非己的边界、底线，由此导致金融之恶和金融腐败。人的利己性为什么会被金融放大呢？就是因为金融具有逐利性、投机性、腐蚀性和贪腐的便利性，正所谓近朱者赤、近墨者黑。长期从事金融工作、天天与金钱和有钱人打交道，人的价值观念很容易被改变。一旦有了靠山吃山、靠水吃水的想法，就会从吃拿卡要和贪小便宜等“小腐败”一步步走向数额巨大的贪污受贿、以权谋私等“大腐败”，由“苍蝇”变成“老虎”。一旦“上下交征利”，腐败窝案就会形成。

(4) 廉政已经成为现代金融不可或缺的部分

现代金融自欧洲中世纪的美第奇家族和佛罗伦萨的银行业开始，发展到今天已有一千多年的历史。在这一千多年中，大大小小的金融危机和各式各样的金融腐败现象不计其数、层出不穷。金融之所以能克服各种风险、危机与腐败，成长为市场经济的核心，就是因为有廉政的清理、滋养和保卫。廉政就像一个清洁工一样，不断铲除金融中的腐败分子，保持金融的清洁健康肌体；又像一个布道者一样，不断用善的理念文化感染教育金融员工，长善救失、嘉善矜恶，使金融业者去恶从善；还像一个修理工一样，不断完善金融制度和金融法规，一方面把权力关进笼子里，另一方面亡羊补牢不给人以可乘之机；更像一个检察官一样，不断地将腐败分子绳之以法、诉诸于刑，惩前毖后、警钟长鸣。失去廉政的涵养与护卫，金融就难以为继。

1.1.2.3 金融的历史学分析

俗话说，要想了解一个人，先从他的过去开始。对于金融而言，亦是如此。“凯恩斯讲过，如果以货币的角度发掘历史，整个历史将会被颠覆。”①只是“历史常常留下伟大的人物和战争传奇，加入神话和民族意识形态的密码，但刻意洗清背后操控和支撑的一个重要因素——金钱”。王巍的《金融可以颠覆历史》一书详尽讲述了金融与人类历史、国家兴亡的密切关系，诸如古代地中海三个帝国争霸的金融动力、古罗马帝国兴衰与通货膨胀的关系、美第奇家族银行对文艺复兴的哺育、苦难深重的犹太民族命运与金融的关系、中英鸦片战争背后的金融因素、中国洋务运动失败与中日甲午战争战败背后的金融跛脚，等等。该书深刻揭示出金融对人类社会发展进步、国家兴衰成败的重要影响：得金融者得天下。详述金融的历史并非本书的主旨，这里撷取几个片段以揭示金融与人类历史的关系。

在经济史上，美第奇家族是现代金融业的开山鼻祖。而从一开始，金融业就与文艺结下了不解之缘。闻名于世的欧洲文艺复兴诞生了众多人们耳熟能详的伟大艺术家。每个伟大艺术家都开创了历史，而“哺育”这些伟大艺术的则是美第奇家族的金融业。广而言之，“欧洲工业文明之所以如火如荼在300年间根本解构了封建制度，建立了市场规则，意大利佛罗伦萨的美第奇家族以及各国同样的银行家们真是居功至伟”②。

高利贷是金融业始终无法摆脱的不道德的道德符号。但在欧洲中世纪，“在宗教与世俗的双重挤压之下，高利贷者顽强地发展出现代金融，为工业革命提供了润滑剂”。依照传统教义，任何成果必须出于劳作，不劳而获是罪恶的。有钱人通过贷款收取利息是基于贪婪、欺骗，是不道德的。因此，罗马教皇颁布法律禁止高利贷。只有到处受排斥的犹太人才从事放贷、受托收税这些不道德的营生。而犹太人以其聪明和顽强、合作的精神，在夹缝中一点点将这一营生做大做强，并将佛罗伦萨打造成现代银行业中心。始于高利贷的金融业成为日后欧洲工业革命的重要推动力。

---

① 王巍．金融可以颠覆历史［M］．北京：中国友谊出版公司，2013：4.

② 王巍．金融可以颠覆历史［M］．北京：中国友谊出版公司，2013：203.

意大利的佛罗伦萨地区是近代银行的发源地，银行这个词汇就源于拥有从事货币兑换的板凳柜台的专门机构。1580 年意大利创立了近代最早的威尼斯银行，随后的米兰、阿姆斯特丹、纽伦堡、汉堡相继建立银行。最早按资本主义原则组织起来的股份制银行则是 1694 年成立的英格兰银行。1844 年英格兰银行改组，成为国家中央银行的鼻祖。而正是英格兰银行的稳定发展及其在金融领域中确立的主导地位，为英国发动工业革命进而称霸全球提供了强大经济金融支持。

1894 年中日爆发了甲午海战。甲午海战不仅是两国综合国力和工业实力的比拼，也是对中国洋务运动和日本明治维新成果的检验，同时也是对两国金融实力和金融能力的比拼。尽管当时的中国在综合国力上远超日本，但还是以北洋水师的全军覆没而宣告战败。甲午海战的失败宣告了洋务运动的破产，但隐藏在战败背后的一个原因就是于中日两国金融能力的差距。“据日本学者著述，日清战争的融资主要是依赖发行了 1.16 亿日元的政府公债，其中民间公募 9000 多万，国库存款 2500 多万。”① 正是这种较强的战争融资使日本海军获得较为充足的建设经费。相比之下，清朝海军建设经费则因慈禧举办大寿而捉襟见肘，原订购英国的两艘巡洋舰也由于经费不足而被日本购去改成“吉野”号和“浪速”号，成为日本海军的主力战舰，并在甲午战争中重创北洋水师。“如果当时中国人懂得债券融资，完成海军建设，打败日本海军，就有可能趁热打铁，一举改变中国的制度演化方向。”可见，“小的金融技巧足可以使整个制度倾覆”。②

1911 年 10 月 10 日，中国爆发了辛亥革命。辛亥革命爆发的根本原因在于清政府的封建专制、腐败无能和资产阶级民主革命思想的传播。但其导火索和助产士则是四川的保路运动。保路运动的兴起又源于清政府强制将民营铁路国有化政策，一面将民间股票换成官办股票，一面以铁路收益权为抵押向外国银行发行铁路债券。正是保路运动的风起云涌，或者说是近代中国铁路建设的融资渠道引发了这场结束中国 2000 多年封建帝制的辛亥革命。“金融的力量终于破土而出，成为使新旧制度更替的最重要的因素。”③

---

① 王巍．金融可以颠覆历史［M］．北京：中国友谊出版公司，2013：183.

② 王巍．金融可以颠覆历史［M］．北京：中国友谊出版公司，2013：192.

③ 王巍．金融可以颠覆历史［M］．北京：中国友谊出版公司，2013：203.

1.2　金融的作用分析

金融的作用，本身就是何为金融的一部分。只不过前者为用，后者为体。任何事物都是体用合一，而认识事物也必须既知其体，也要知其用。这个用不仅仅指的是金融对经济社会发展的作用，也指它对人生道路、人性修养、职业发展和家庭生活的作用。所以，这个用大大超出了专业范畴，变成了谋道与谋食的关系。中国古人讲，君子谋道不谋食，小人谋食不谋道。这两种观点都把“谋道”与“谋食”绝对对立起来，显然是形而上学的观点。正确的说，谋道与谋食可以结合起来。如何结合呢？这就是中国古人讲的：“君子爱财，取之有道。”

那么，金融有何作用呢？这是一个仁者见仁、智者见智的问题，可能公说公有理、婆说婆有理，各执一端，莫衷一是。因此，分析金融的作用需要找对科学的方法。根据唯物辩证法一分为二的哲学方法论，对金融的作用的分析应从两个方面展开，既要看其正向积极作用，也要看其负向消极作用。

1.2.1　金融的积极作用

就金融的积极作用而言，金融犹如经济发展和社会进步的血液、蓄水池、杠杆、发动机。失去金融的资助和支持，经济发展和社会进步就会犹如一潭死水，失去活力和动力；金融是社会稳定、民生保障、和国家安全、政局稳定的稳定器、压舱石。若是金融发展稳定，则政府财政资金充实，人民能够安居乐业，对政府满意度提升，政府执政业绩突出，政治基础就会稳固。一句话，金融稳则天下定。具体来说，主要表现在如下方面。

（1）金融是经济发展和社会进步的蓄水池

有了金融，企业和居民就可以将生活消费的剩余作“无用存之、有用取之，化零为整、积少成多”的处理，不仅方便企业和居存取款、理财投资，而且提高资金的社会使用效率，从而产生源头活水效应、蝴蝶效应、集聚效应，为经济发展和社会进步提供资金供给。

（2）金融是经济发展和社会进步的杠杆、加油站、助推器

有了金融，企业和居民就能凭借信用实现筹资融资便利化，可以“化无为有，化缺为盈，化少为多、空手套狼”，经济发展的灵活性、周转性和弹性明显增强，并导致经济发展的驱动效应、乘数放大效应。

（3）金融是经济发展和社会进步的周转器

有了发达的金融业，企业和居民在解决资金占有和使用上的时空结构性矛盾方面，就拥有了更多手段和措施，能够更好地克服经济发展中遇到的暂时性困难，如继往开来、寅吃卯粮、卯吃寅粮、拆东墙补西墙等做法，可以为经济发展赢得缓冲时间和调节空间。

（4）金融是经济发展和社会进步的投资器

有了发达成熟的金融业，企业和个人就拥有了更多融资和投资渠道，比如可以通过银行间接融资投资；可以通过股市直接融资投资；可以购买国债、企业债券；可以购买商业保险，为未来和健康投资。企业和居民由此可以获得利息、分红、股息、理赔等收入。

（5）金融是经济发展、社会进步和政治局势的稳定器

金融是经济的核心。如果金融发展稳定，企业就能获得资金，运转就顺利，居民就能获得就业机会，就能安居乐业地生活。同时企业和居民也能够放心地把积蓄存入金融机构。有了各种存款、保险和理财，居民家庭就有了可靠保障，社会就能稳定。经济发展、社会稳定和人民满意，是政府执政的政绩，也是政治局势稳定的保障。

（6）金融是经济发展的调控器

市场经济发展主要依靠市场在资源配置中的决定性作用。但市场不是万能的，在存在垄断、信息不对称不完全、外部性的情况下，以及在公共产品供给和收入分配领域，市场存在失灵。这时候就需要国家发挥“看得见的手”的宏观调控作用，对市场机制进行纠偏校正。而国家宏观调控的一个重要政策手段就是货币金融政策，包括适度宽松、适度从紧、稳健中性的货币政策选项，包括利率、汇率、存款准备金率、公开市场操作等政策工具。货币金融是国家宏观调控的重要政策手段，具有重要的宏观调控作用和政策导向

作用。

(7) 金融的积极作用由金融的性质、地位决定

首先，金融是市场经济的核心。现代经济是市场经济，市场经济从本质上讲就是一种发达的货币信用经济或金融经济，它的运行表现为价值流导向实物流，货币资金运动导向物质资源运动。金融运行得正常有效，则货币资金的筹集、融通和使用充分而有效，社会资源的配置也就合理，对国民经济走向良性循环所起的作用也就明显。

其次，金融是调节宏观经济的重要杠杆。现代经济是由市场机制对资源配置起决定性作用的经济，其显著特征之一是宏观调控的间接化。而金融在建立和完善国家宏观调控体系中具有十分重要的地位。金融业是联结国民经济各方面的纽带，它能够比较深入、全面地反映成千上万个企事业单位的经济活动，同时，利率、汇率、信贷、结算等金融手段又对微观经济主体有着直接的影响，国家可以根据宏观经济政策的需求，通过中央银行制定货币政策，运用各种金融调控手段，适时地调控货币供应的数量、结构和利率，从而调节经济发展的规模、速度和结构，在稳定物价的基础上，促进经济发展。

最后，在现代经济生活中，货币资金作为重要的经济资源和财富，成为沟通整个社会经济生活的命脉、媒介和纽带。现代一切经济活动几乎都离不开货币资金运动。从国内看，金融连接着各部门、各行业、各单位的生产经营，联系每个社会成员和千家万户，成为国家管理、监督和调控国民经济运行的重要杠杆和手段；从国际看，金融成为国际政治经济文化交往，实现国际贸易、引进外资、加强国际间经济技术合作的纽带。

1.2.2 金融的消极破坏性作用

就金融的消极破坏性作用而言，主要是因其金本性、逐利性、投机性、垄断性、风险性、泡沫性而对人性的腐蚀和侵蚀，使人成为金钱的奴隶，进而利用其职务权力和职业便利，以权谋私、贪污受贿、侵吞公款、坑蒙拐骗、过度授信、内外勾结等引发的资本亏空、呆账死账、通货膨胀、金融危机、金融腐败和金融犯罪，从而给经济发展、社会进步、人民生活和政治治理带来的政治动荡、社会危机、经济停滞、工人失业、企业倒闭等。金融动荡与

危机犹如海啸，冲击力和影响力极大，会给经济发展和社会进步带来巨大损伤。

概括地说，金融的消极破坏性作用主要表现为易于引发金融危机和产生金融腐败，损害国家金融安全和经济稳定。具体来说，金融的消极破坏性作用主要表现在如下方面。

(1) 金融对人性和社会的腐蚀性与侵蚀性

金融生于仁善与服务，但随着金融的异化，转而成为以钱生钱、以钱谋利的产业。金融的这种以货币为工具、以利润为本位的特征会进一步强化人的经济理性，从而扩大人的逐利性、投机性，抑制人的利他性、道义性，甚至会改变人的价值观、金钱观和权力观，从而使人成为金融的俘虏，由商品拜物教升级为货币拜物教即拜金主义。随着金融的发展壮大，进而成为市场经济体制的核心和枢纽，金融业所内在包含着的、裹挟着的利己性、逐利性、投机性会像水银泻地一样，无孔不入地渗入到社会的政治、经济、文化、科技各个领域，以及各个部门、机关、企业、学校，从而使整个社会充满铜臭味儿，使个体滋生投机主义、拜金主义、功利主义、利己主义。金融对人性和社会的腐蚀性、侵蚀性，是金融腐败高发频发、易发多发的重要原因。

(2) 金融行业盛行丛林法则

所谓丛林法则，就是弱肉强食、适者生存，是一种不讲社会道义的竞争。为了竞争的胜利或在竞争中占据有利地位，各个金融机构往往无所不用其极，甚至不择手段，突破道德和法律底线，做出违规违法的事情。金融行业的生存法则、激烈竞争和行业垄断，也会放大利己主义和拜金主义，从而使之上升为贪婪无度、贪得无厌，同时也会因各种违规操作、暗箱操作、不当竞争、急功近利而提升金融行业的市场风险和道德风险，为金融危机的爆发埋下隐患。在世界金融史上，“从西方的‘南海泡沫’、‘郁金香泡沫’、‘旁氏泡沫’到当下的麦道夫案件和中国的各种集资与投机，都是资本市场的内生现象，并非传媒宣传的和法律宣判所简化的异象”①。“贪似火，无制则燎原；欲如水，不遏必滔天。”金融的贪婪与反贪婪，此起彼伏、此长彼消，似乎始终是

① 王巍．金融可以颠覆历史［M］．北京：中国友谊出版公司，2013：180.

金融发展史的永恒主题。

货币与金融，因应社会进步而诞生发展，但除了造福人类而外，还会带来种种人祸。金钱既是人类社会发展进步必需的基本工具，也是人世数不尽丑恶邪行的重要渊薮。金融的双面作用，在美国华尔街身上得到了淋漓尽致的展现。美国能够超越英国迅速崛起，得益于金融事业的发达为其提供了丰足的资金流。作为执美国金融业牛耳的华尔街，居功至伟。而美国经济实力的不断增长，反过来又强化了华尔街的地位。以华尔街为代表的资本市场不仅是美国的，也是当代世界市场经济体系的核心架构。它的一举一动、一起一落都会对各国经济发展产生重要影响。事实上，每当华尔街风光一时，几乎总是祸必随之，出现了或大或小、甚至惊天动地的金融危机，于是又视华尔街为罪恶之源，危机制造者。1987 年美国一部经典商战电影《华尔街》里的主角股市大享戈登有一句台词：贪婪不好听，却是好东西。由此揭示了金融的本性：贪婪。事实上，金融危机并非是华尔街导致的，而是人类的贪婪本性使然，华尔街不过是贪婪的代名词。

（3）金融具有垄断性

金融业以服务和信用为基础，资本实力雄厚的金融公司在市场经济中往往具有比较优势，能赢得更多大企业的信赖。随着金融市场竞争，中小金融机构纷纷破产倒闭，少数大的金融公司逐渐控制了金融业，形成金融垄断资本。这些金融垄断资本与实体经济有着千丝万缕的联系，特别是与行业巨头联系紧密。当金融垄断资本与实体行业巨头都不满足于在各自领域的垄断地位，纷纷向对方领域延伸拓展时，金融垄断资本就会和工业垄断资本融合而形成金融寡头。通用电气首席财务官在 2014 年说，“我们需要决定自己到底是想成为一家解决世界上最大问题的技术公司，还是一家顺便制造东西的金融公司”①。垄断滋生权力，“权力导致腐败，绝对的权力导致绝对的腐败。”随着产融一体化和金融寡头的产生，原本为产业服务、助力的金融企业，反客为主控制了实体经济。进而，金融寡头会利用其强大的金融资本操纵国计民生和国家经济命脉。随着垄断地位的形成和对国家经济命脉的掌控，金融

① 周琼．金融的善、恶与度［EB/OL］．（2018－06－15）［2021－03－24］．https：//www. financialnews. com. cn/cul/whdt/201806/t20180615_ 140250. html.

寡头为了利益会有恃无恐、为所欲为，从而为国家经济发展和社会稳定埋下巨大安全隐患。所以，金融业需要反垄断以保持金融业的正当竞争，也需求金融廉政以抑制金融业的过度逐利。

（4）金融具有逐利性

大家都知道，西方经济学有两个基本假设，所有经济学的理论大厦都是建立在这样两个假设基础之上。没有这两个假设，西方经济学全部庞大的理论大厦瞬间就会倒塌。这两个假设就是“理性经济人”和“资源稀缺性”。前者是西方经济学的鼻祖亚当·斯密在《国富论》这本书里提出来的。他认为每一个人都具有实现自我利益最大化的本性，即利己性。正是因为利己，每一个人都会追求资源配置最优化，由此推动经济发展。但世人只知其一，往往遗忘了其二：他在《道德情操论》一书中还提出了社会人即利他性的假设。这两个假设是矛盾的，被称为“斯密悖论”：人的经济理性与社会理性、利己性与利他性的矛盾。斯密一生都被这样两个假设困扰，以至于临终去世时还想把《国富论》烧掉，他害怕这本书犹如打开的潘多拉盒子，为害世界。很庆幸，他没舍得烧，要不然西方经济学的产生至少会推后许多年。但在金融业领域，人人天天逐利、以钱生钱，渐渐地把“斯密悖论”忘得一干二净，人性天秤完全倒向了利己性。

过度逐利是金融的惯性，由此会给金融本身和社会经济带来重大破坏。中国历史上也是世界历史上最早的纸币——“交子”的兴衰就是证明。纸币的出现是货币发展中的重大进步，在经济史上具有划时代的意义。我国北宋时期四川成都首倡的“交子”，是真正纸币的开端。宋代商品经济发达，货币需求量大而铜钱短缺，且大额交易使用金属货币极为不便。于是四川民间逐渐开发出一种代替铁钱的凭证——“交子”，一种用楮纸制作的存取款的代金券凭证。因其制作精良，使用铺户恪守信用，逐渐成为代表铸币的信用纸币。1023 年“交子”得到宋朝官方认可，并由民间商业信用凭证转为官方法定货币，由官方主持发行，严禁民间私造，“交子”由此成为由中央政府主持发行的纸币——“官交子”。自宋仁宗时官办“交子”算起，到南宋亡国的250 多年里，宋朝官方先后发行了“交子”、“钱引”、“小钞”、“会子”、“关子”等多种纸币。但由于政府无限制地增印，宋朝纸币不断贬值，到南宋度宗咸淳初年，宋朝纸币通货膨胀达到高峰，信誉扫地，南宋的国运也随之走到尽头。随着金兵南下，“会子”、“关子”便与宋皆亡。即便没有金兵南下，随着宋朝纸币的一再贬值也会自取灭亡。正所谓，“‘交子’名声久远，终于贪婪”。

（5）金融具有投机性

金融讲求瞅准机会用钱生钱、短期炒作套现，这无疑易于滋生机会主义。而当机会来临之时，人就会不顾一切。所谓香饵之下必有悬鱼。时时靠投机生存的人，难免就会走火入魔、走向歪门邪道，甚至产生“近水楼台先得月”、“靠山吃山、靠水吃水”的想法。而即便犯了错、贪污腐化了，也不以为然，甚至认为理所应当。所谓“入枝兰之室，久而不闻其香；入鲍鱼之市，久而不闻其臭。”金融投机易于让人失去理智、让人贪婪无度。所以说，金融就类似赌博，沉浸于此时间久了，大家就都成赌徒了！

（6）金融具有虚拟性和泡沫性

金融本身不制造产品和创造价值，因而被称为虚拟经济。价值都是实体经济创造的，金融只是为实体经济服务的部门，为价值实现、价值转移和价值流通服务。但金融自成体系，有一定程度的相对独立性。当金融不以为实体经济服务为本，而是脱离实体经济，自玩儿自的时候，如通过炒作、投机、发布虚假信息、内部违规操等手段人为地抬升股市指数，导致股市的虚高；或银行资金大量流向房地产导致房地产投机过度、房地产价格虚高。此时，金融的各种指标、指数、数据已不再反映实体经济的发展状况，股市的经济晴雨表功能就会失灵，金融服务实体经济的功能就会丧失，由此必然导致实体经济缺少资金，进而损害实体经济发展。这就是金融的虚拟性。

在投机和逐利的推动下，银行和居民的大量资金不断投向股市和房地产，导致股市指数和房地产价格不断攀升，给人一种经济发展一片繁荣兴旺的印象。但实际上是金融严重脱离实体经济的发展状况、资产的实际价值和居民收入水平，从而造成虚假繁荣，就像给经济发展注入了水分或制造了泡沫，这样的经济被称为泡沫经济。一旦泡沫破裂，就会出现股灾和房地产崩盘，进而引发金融危机和经济动荡。仅欧洲近代史上就曾发生过三次金融泡沫：荷兰的郁金香炒作、法国的密西西比公司泡沫、英国的南海公司泡沫。“1636年，一棵价值3000荷兰盾的郁金香可以交换8头肥猪、4头肥公牛、2吨奶油、1000磅乳酪、一个银质杯子、一包衣服、一张附有床垫的床外加一条船。”显然，这样的市场无法维持长久。当泡沫破灭之后，剩下的就是一地鸡毛。与单纯的郁金香商品市场炒作不同，法国的密西西比公司泡沫，不仅仅是一次纯粹意义上的交易市场大崩盘，更是一次货币体系大崩溃。南海公司泡沫也是基于英国政府的国策制造出来的。它再次将人们的贪婪和疯狂推向高潮，以至于大科学家牛顿在事后不得不感叹：“我能计算出天体的运行轨迹，却难以预料到人们如此疯狂。”①

以上就是金融的负面属性和对经济社会发展的消极破坏作用。如果不对它进行一分为二的辩证分析，就难以发现依附于金融光鲜外表后面的这些负面属性对人性、经济和社会造成的腐蚀与破坏。由此不难理解金融圈里最流行的一句话：人性是不能考验的。要考验的话，就会得出这样的结论：胡作非为！据此，我们可以用《桃花扇》中的一段唱词来概括让人欢喜让人忧的金融。清代戏曲家孔尚任所作《桃花扇》中有一段唱词，为套曲《哀江南》中的第七段。用这段话来概括金融最恰当不过：

“俺曾见金陵玉殿莺啼晓，秦淮水榭花开早，谁知道容易冰消！眼看他起朱楼，眼看他宴宾客，眼看他楼塌了！这青苔碧瓦堆，俺曾睡风流觉，将五十年兴亡看饱。那乌衣巷不姓王，莫愁湖鬼夜哭，凤凰台栖枭鸟。残山梦最真，旧境丢难掉，不信这舆图换稿！诌一套《哀江南》，放悲声唱到老。”

1.3 政治与历史视野中的金融

以上论述表明，金融远非一种产业那么简单，也远非为实体经济服务那么功能单一。

1.3.1 货币金融的逻辑就是世界运行的逻辑

货币金融为人类经济社会发展提供了强大支持，为人们的日常生活带来了极大便利。当货币金融体系正常的时候，人们都对货币金融不以为然，但

① 王巍．金融可以颠覆历史［M］．北京：中国友谊出版公司，2013：102.

当货币体系失控，引发金融危机和经济危机的时候，人们才会突然发现，“负面效应为害之烈，影响之广，任何人间其他发明物难以与之比拟”①。货币主义者、诺贝尔经济学奖获得者弗里德曼曾说：“自远古以来，当权者——无论是国王、皇帝，还是议会——都试图用增加货币数量的办法作为进行战争所需资源的手段，或建立不朽功绩或达到其他目的的手段。他们经常受到这种诱惑，每当他们真的这样做时，通货膨胀就会接踵而至。”② “古往今来，货币金融体系风云变幻，跌宕起伏，引发了人类史上不计其数的动荡巨变。2008 年爆发的本轮金融危机以及绵延不绝的后续强震，更加坐实了全球化时代货币金融超乎寻常的重要性。”

1.3.2　近代世界就是一部货币金融史

古代货币金融史，是从实物货币到金属货币的历史。这段历史与其说是货币金融史，还不如说是货币史。因为金融还没有真正产生。现代金融史则是从信用纸币到证券融资和各种金融工具创新的历史。这一时期的货币金融超脱了原始朴素的信贷体制局限性，功能手段突飞猛进，支持西方列强轰然崛起，进而争夺世界霸权。世界由此进入西方列强主导的历史进程中。

1688 年英国爆发“光荣革命”，信奉新教的荷兰亲王威廉三世入主英国，引进荷兰阿姆斯特丹先进的金融经验，创办英格兰银行，大力发展国债市场、股票市场、外汇市场、商品市场，并借助发达的金融市场体系催生了机器大工业，进而凭借先进的工业实力和军事实力征服了世界。与之相伴随，英国的金融业也称霸世界，伦敦成为世界金融中心，英镑成为世界主要储备货币。法国史学家布罗代尔在其名著《15 – 18 世纪的物质文明、经济和资本主义》中，详细论述了金融创新如何助推荷兰和英国成为世界强国。而英国在欧洲大陆的主要竞争对手法国，是在英国金融霸权开始崛起 100 年后，才开始醒悟到金融创新对大国崛起的极端重要性。

美国的崛起也与货币金融不无关系。美国建国初期就认识到货币金融的重要性。美国开国元勋汉密而顿在出任财政部部长之前，就总结了英国崛起

---

① 庞忠甲，陈进思．货币的逻辑［M］．北京：中国友谊出版公司，2014：1.
② 同上。

的历史经验。他认为英国之所以能缔造强大皇家海军、赢得全球战争的胜利、维持全球商业帝国地位，就在于英国创建了英格兰银行、税收体系和国债市场。由此他得出如下结论："为了美国的繁荣富强，为了从根本上摆脱美国对英国和欧洲资金和资本市场的依赖，美国就必须迅速建立自己的国债市场和金融体系。"

美国著名战略学家布热津斯基和著名学者亨廷顿分别在其名著《大棋局》和《文明的冲突和世界秩序的重建》中分析了美国霸权和西方文明的诸多"战略制高点"，其中相同的观点就是金融战略制高点。美国的金融战略制高点包括美元本位制和美联储支配了全球货币政策和金融市场、美国凭借军事力量和金融力量控制了以石油为核心的全球大部分战略资源、全球货币金融体系和国际主要货币金融机构基本上由美国人掌控。西方文明的金融战略制高点包括拥有和操纵着国际金融系统、控制着所有的硬通货、主宰着国际资本市场。

1.3.3 国家竞争包括金融竞争

金融是国家核心竞争力的重要内容。2008 年美国爆发金融危机后持续推出量化宽松政策。所谓量化宽松，简单地说就是增发钞票，由中央银行大量印钞，通过公开市场操作向市场注入超额资金，以降低市场利率、刺激经济增长。量化宽松政策实质上是美国在危机情况下维持其世界经济霸主和金融霸权的一种货币政策。但这种政策是以损人为利己的以邻为壑的政策。2010 年 11 月诺贝尔经济学奖得主斯蒂格利茨在亚洲国际地产投资交易大会上公开批评说，美联储推出的量化宽松政策是一种以邻为壑的货币贬值政策，这种政策或许会刺激美国经济实现增长，但是别的国家却可能因此付出代价。

"金融的伟力，可以造福人类，也会成为另类'大规模杀伤性武器'。"① 正如英国著名哲学家和经济学家约翰·斯图尔特·密勒所说："简言之，就本质上来说，在社会经济中没有比货币更无关紧要的东西了，只是具有意图节省时间与劳动的特性而已。它是一种可以更快、更方便地办事的机制，少了它会缓慢而不便，只是像许多机器设备那样，当它失常时，会发挥自身特有

① 庞忠甲，陈进思．货币的逻辑［M］．北京：中国友谊出版公司，2014：246.

的独立的影响。”换句话讲，金融货币就像阳光、空气、水一样平常无奇，但无比重要。而金融货币之所以会失常，并非金钱万恶，而是从事金融业的人往往忘记货币金融的本质，或者明知故犯地背离货币金融的本质。

1.4　对待金融的正确态度

通过对金融的全方位的解剖透视，我们每个人心中都应该建立两本金融学：一是她可以让我们挣大钱，成为金融精英、娇子、大鳄，过上体面而有尊严的生活；一是她也可以让我们成为金钱的奴隶、金融的蛀虫，让我们贪赌成性、纸醉金迷，终有一日会锒铛入狱。这是一个好专业也是一个坏专业。正如狄更斯在《双城记》中所写：“我们面前应有尽有，我们面前一无所有；我们都将直上天堂，我们都将直下地狱。”

以上是本书对金融的基本认知。那么，我们如何在这样水深火热、欲壑难填的金融业里独善其身呢？针对这一问题，本节只作简要概述，详尽的论述是本书后边相关章节的任务。

1.4.1　自律是金融员工立业的根基

1.4.1.1 自律的作用与定义

马克思曾说：“道德的基础是人类精神的自律。”没有自律，人类道德就不可能建立。人都有善性与恶性，正如恩格斯所说：“人的一半是天使，一半是野兽。”人的善性与恶性在经济发展和社会生活中，特别是面临利益纷争、利义矛盾、个人与集体和国家矛盾、个人与他人和社会矛盾时会进行激烈的斗争，这时严格的自律、自我约束就成为向善弃恶的第一关。如果自律这一关起了作用，不义之财就不会取，制度漏洞就不会钻，人就能做到独善其身、立业成事，社会就能路不拾遗、夜不闭户。这其实就是中国儒家所讲的正心诚意、修身齐家，然后才能治国平天下。所谓自律，就是一种非受迫性的源自本能、本心和自觉的自我约束、自我控制，旨在完成特定任务和实现特定目标。

那么，人如何才能做到自律呢？自律有两种，一是“非自觉”的自律，这是受自身文化理念、道德修养、价值引领的使然，这需要从小进行长期的文化熏染和道德养成，以至于把自律修炼成本能本性。二是自觉的自律，即有意识的自我控制、自我约束。《孟子·告子上》讲，“食、色，性也”，意思是人都爱好吃喝和美好的事物，这是人的本性。孔子讲，吾未见好德如好色者也。可见，人都有七情六欲、都食人间烟火。但面对金钱美色的诱惑，不同的人会做出不同的选择。有的人善恶分明、是非清楚，知道荣辱对错，虽也喜好金钱美色，但能够依靠强大的自控力、自制力，见贤思齐、从善如流，能够抵制住诱惑，经受住考验，不去做有违职业道德和违法乱纪之事，能够保持清廉清正的品格。这就是自觉的自律。自觉的自律，意味着舍弃和抑制本性中具有的不良嗜好和欲望，爱而不能得、能得而不得，这是一个痛苦的抉择过程，需要强大的自控力、自制力。本节主要简略论述“自觉的自律”的养成。

1.4.1.2 “自觉的自律”的养成

（1）心存敬畏

心存敬畏，行有所止。金融是一个白富美、高大上的行业。我们进入这一行业也是寒窗苦读、历尽艰辛。金融让我们衣食无忧，让我们能够过上体面而有尊严的生活。金融已经给予我们很多，我们一定要尊重和敬畏这一职业。如果我们不尊重、不敬畏这一职业，肆意妄为、为所欲为，以权谋私、以职谋利、贪赃枉法、监守自盗，早晚会东窗事发而被清除金融行业。金融能够成全你，也能够毁掉你。

所以，我们对金融这一职业一定要心存敬畏。唯有心存敬畏，才能行有所止。万事万物都有规矩，都有法度。逾越规矩、超越法度，必然会受到应有的惩处和制裁。规矩和法度虽然不会说话，但一旦违背它们，就会自动启动追索机制。正所谓天网恢恢、疏而不漏。所以我们一定要心存敬畏，要知道“天地有大美而不言，四时有明法而不议，万物有成理而不说”。要时时刻刻把金融的职业道德、纪律法规放在心中。“金融是制度安排，也是生活态度。”① 过度

① ［晋］郭象注，［唐］成玄英疏．庄子注疏［M］．北京：中华书局，2011．01：392．

的利用金融就转化为对金融以及利用者的摧毁。

如何谦卑敬畏呢？用孔子的话就是：战战兢兢，如临深渊，如履薄冰！用康德的话说，就是把金融当作“头上的灿烂星空和心中的道德律”，时时仰望、时时思考，就会心生敬畏、愈觉神圣。用习近平总书记引用过的中国经典名言来说，就是：“一命而偻（lǚ），再命而伛（yǔ），三命而俯。循墙而走，亦莫余敢侮。饘（zhān）于是，鬻（yù）于是，以糊余口。”

只要我们对金融行业和金融工作能保持这样谦卑、敬畏的态度，我们就会“出淤泥而不染、濯清涟而不妖”，就能独善其身、善始善终！唐朝名相魏征有句名言，“有善始者实繁，能克终者盖寡”，但只要我们能始终保持谦卑敬畏的心理，就能够打破这一“人格周期率”，成为金融业里的那些克终者！

（2）知止知足

知止是中国传统文化中的重要理念，也是人生修养的基本法则。知止，一是指孔子所讲的“大学之道，在明明德、在亲民，在止于至善”、“知止而后有定，定而后能静”，意谓志在达到至善的境地。二是指孙子所讲的“谋定而后动，知止而有得”，意谓懂得适可而止，知足知满，懂得收敛，不过度索取、不贪得无厌。前者是教人为善、不达善不停止，要以为善为目标，好人要做到底，好事要做到全，就是以善为始、至善为止；后者是教人不要过度索取，要取之有道、取之有度。要适可而止，过犹不及。

知止的这两个含义，对于金融从业人员而言至关重要。一是要以服务为出发点，为人解忧疏困、经世济民；二是要取之有道、取之有度，不能贪得无厌、贪婪无度。有了这样的知止理念，就不会利令智昏、利欲熏心，更不会以权谋私、以职谋利。面对金融之恶，弗洛哈尔认为要使其弃恶扬善、长善救失，就要从教育改革开始，而改革的关键是改革经济学教育，摆脱金融导向的思维。这一观点极为难能可贵，因为他看到了单纯的西方经济学教育的弊端，把人变成了精致利己主义者。但弗洛哈尔虽然找到了改革的方向，但没有找对答案。与弗洛哈尔相比，朔伊布勒则接近正确答案，他强调，“我们不应将增长本身作为目标去追求，不应人为地制造增长，进而危险地吹大泡沫”①。朔伊布

---

① 沃尔夫冈·朔伊布勒．未来必须节制我们从金融危机中学到什么［M］．北京：商务印书馆，2017：6．

勒的观点与“金融廉政文化概论”所要表达的思想不谋而合。实际上，以“金融廉政文化概论”这门课程来平衡和调和西方经济学教育是最好的选择，由此破解“斯密悖论”，实现理性经济人和理性社会人的有机结合，达到“君子爱财，取之有道，取之有度，取之有法”的金融美德，是金融“去恶”的重要路径。事实上，也唯有节制适度和知止知足，人才能从职业生涯中获得幸福，因为幸福 = 满足/欲望。欲望越高越大的人，幸福指数就越低越小；而满足感越强的人，幸福指数就越大。

（3）义利并重，兼爱交利

义利并重、兼爱交利是中国传统文化的重要理念，也是对待职业和工作的人生态度和职业守则。这其实就是现在人们常说的互信互爱、互利共赢。职业是民生之本、衣食之源。人们从事某一职业，其直接目标是获得收入和酬劳，以自食其力和养家湖口。因而重视报酬和收入无可厚非，这也是人的正当权利。但是不能重利轻义，不能舍义取利。即便不能做到重义轻利、舍生取义，但至少要做到义利并重、兼爱互利。

事实上，只要人们追求的是正当利益，很多时候是可以实现义利兼得。比如爱岗敬业、勤奋工作，就能在得到报酬的同时为国家和社会做出贡献，所谓“善其小者兼其大”。也就是说，对待职业和工作，要公私兼顾、义利并重，不能私心太重，不能只想不劳而获，更不能投机取巧、以职权谋取不当得利。

清朝时期，全国有十大商帮，晋商为首。晋商之所以能取得巨大成功，最根本的一条就是遵循了“利以义制，名以清修”的经营理念和处世原则。

（4）成人达己、成己为人

成人达己、成己为人，是中国古代成语，也是中国传统文化中的社会道德规范和人生价值理念，对于成人成事、立业立家具有重要的积极意义。金融因服务而生，并因服务而获利。金融的使命就是成人达己、成己为人。如果金融机构只想着自身利益，不以服务为本，脱实向虚，只知炒作投机，那金融业离崩溃也就不远了。同样道理，如果金融从业人员只想着自身利益，不想如何提高服务水平和服务能力，不以客户为上帝，那金融从业人员极有可能走向歪门邪道和违法乱纪，以至于一事无成、甚至毁人毁已。

中国历史上有一个管鲍之交的典故，说的是春秋时期齐国的鲍叔牙与管仲的故事。管仲与鲍叔牙都是春秋时期齐国的政治家，两人从青年时期就是朋友，并合伙做生意。管仲家比较穷，出的本钱少，鲍叔牙家较为富有，出的本钱较多。但做生意赚了钱分红时，管仲还要多分。鲍叔牙手下人觉得管仲这个人太贪婪，爱占小便宜，不可交，就让鲍叔牙跟管仲散伙另找他人。鲍叔牙说，管仲并非爱占小便宜，只是他家里穷，要赡养老母，所以才会多占。后来，二人一同入仕为官，管仲总是成事不足。而每次遇到失败，鲍叔牙总是为管仲开脱，说管仲没有遇到明主。正是在鲍叔牙的多次举荐和不计前嫌之下，管仲终于遇到了齐桓公，得以施展才华和抱负，帮助齐桓公九合诸侯、一匡天下，成为春秋五霸之首。鲍叔牙去世时，管仲说道，生我者父母也，知我者鲍子也。鲍叔牙与管仲就是伯乐与千里马的关系，管鲍之交成为互利共赢、成人达己的典范。

(5) 道食同谋，大小兼得

中国古代有“君子谋道不谋食、小人谋食不谋道”的说法。这一说法除了包含阶层歧视之外，实际上还割裂了谋道与谋食的关系。民以食为天，无论是高贵之人还是平凡之辈，都得既谋道又谋食。所谓君子谋道，归根结底也是为了谋食谋禄。而谋食也不能不谋道，因为如果食不合道，食即为非法，用今天的话讲就是来源不明；如果数额巨大，就属于巨额财产来源不明罪，早晚要被收公归公。实际上，无论道大道小、食大食小，每一个人在谋食谋道的时候，都想实现“取之有道和合道之取”，即道食兼得，唯有如此，人的职业生涯才是安全的、稳定的，人也才能在工作中获得职业成就感和职业荣誉感。当然，人的职位和思想境界有高低之分，谋道谋食的分量轻重就不同。职位高的人、权力大的人，更应该先谋道，提升思想境界，在得其大者中兼其小。而职位低的人、权力小的人，可以考虑谋食为先，但一定要取之有道，在善其小中兼其大。

金融业以服务为本、以营利为目标。服务就是金融的大道，营利就是金融的谋食。大道做好了，谋食就不成其问题了。但如果不考虑谋道，只考虑谋食，可能食不可得。因此，金融必须把提高服务与增加营利有机结合起来。特别是对于金融高管，更应该以谋道为重，以为民服务、为国理财为追求，在“得大中兼小”。普通金融业员工也不应该只知道谋食，也应该提升思想境界，在爱岗敬业、无私奉献中“善小兼大”。道食同谋、大小兼顾，是金融业员工安身立业的根本。

（6）契约精神，重信守诺

金融是一种信用经济，即以诚实守信为基础的经济。经济学上的信用是指以偿还为条件的借贷活动。也就是说，借贷活动之所以能发生，是因为借入方承诺且贷出方相信借入方到期一定会连本付息偿还。因此，维持金融业长久发展的基础是合同双方的契约精神和重信守诺的人品。

有鉴于此，金融从业人员必须重信守诺。一是要合法经营、诚信经营，不能为了一己之私欺骗客户。诚信是金融服务之本。失去诚信，金融就失去了生命。因为金融是跨时间、跨空间、跨主体的价值交换。如果交换中的一方没有诚信，比如赖账、跑路、欠钱不还，则这种生意就会中断。二是要信守契约。所谓契约就是合同。合同是各方在自由平等基础上自愿签订、共同认可的规定各方权利义务的法律文本，是经济活动的法律依据和根本保证。简单地说，就是各方在自由平等基础上的守信精神。金融是一种合同经济，是在合同即契约基础上开展的借贷、投资活动。要保证金融稳定运行，就要保证金融合同的合法。合同必须是在各方充分知情、完全合意的情况下签订合同，金融机构不能利用信息不对称欺骗、蒙蔽、糊弄客户，更不能利用职权利诱、威胁客户，使之签订不平等合同。合同一经签订，金融机构就必须遵守合同的约定，按期履行合约规定义务。

（7）防微杜渐，慎微戒小

很多同志都有一个思想，利用职权吃点喝点收点捞点，即不上纲也不犯法，顶多算是生活小节、人之常情。殊不知，祸患生于乎微，针尖大的孔能透过斗大的风，“小腐败”滋生“大腐败”。一旦打开贪腐的潘多拉盒子，腐败就一发而不可收拾。随着小腐败的增多，人就会成为温水里的青蛙，不知不觉中被腐败俘虏。其实，“千里之堤，溃于蚁穴”、“勿以恶小而为之”的道理，许多人都懂，就是很难做到防微杜渐、慎微戒小。

随着现代市场经济的发展，金融业规模越来越大、业务种类越来越多元多样。而每一种业务都可能带来或多或少的额外利益，如银行代卖保险、基金，拉存款、开银行卡，为客户办理贷款等等，都可能收到保险公司、客户的小恩小惠；上市公司或证券公司，发布虚假信息、故意炒作、搞内幕交易、故意操纵市场，或者在风险控制、账户管理方面违规，以获取不当得利。这些附带在金融业务、工作职位上的小恩小惠、不当得利，在金融行业里可能时时存在、处处都有。如果没有防微杜渐、慎微戒小的心理素质，势必就会从贪图小利的“苍蝇”一步步发展为贪心不足的“老虎”。相反，如果我们具备防微杜渐、慎微戒小的意识，就能做到“心不动于微利之诱，目不眩于五色之惑”，从而洁身自好、独善其身。

（8）修身齐家

中国人自古就有修齐治平的社会理想。其中，修身齐家是治国平天下的道德基础与逻辑前提。如果未能修好身，道德败坏、品质恶劣，这样的人不能为官入仕，即便通过关系当了官，也会是一个贪官恶官。因为“上有所好，下必甚焉，上有不好，下必效焉”。修好身心，才能为下属做出表率，才能以德服人，“修己以敬，修己以安人，修己以安百姓。”所以，“君子为政之道，以修身为本”。此外，还要管好身边人、家属子女，不仅自己不能搞“封妻荫子”、“一人得道，鸡犬升天”，而且不能让家人和身边人仗势欺人、飞扬跋扈、借权渔利、违法乱纪，因此，管好家人、树立良好家风，也是保持清廉清正的重要条件。否则，就可能导致“全家齐上阵、贪污父子兵”的家族式腐败，进而导致“一人败落，满门抄斩“的家庭结局，既害了自己，也毁了家人。

金融业与金钱、货币关系最密切，人与钱的距离也最近，很多时候钱财可以唾手可得。这时候修身养性、淡泊名利就极为重要。如果思想上和道德上具有“名利如过眼烟云、衣食无忧便是福、贪字头上一把刀、利字边上一把剑”这样的认识和修行，就能打造拒绝贪腐的“铁布衫、金钟罩”，就成为与腐败不沾边的“不粘锅”。对于金融界的高管而言，除了严于律已、严于修身、严于用权之外，还要严格管家、严格律家、公私分明，去除优亲厚友、光宗耀祖的封建思想。否则，有可能被家人“带下水”、为亲情所累所害。

（9）坚定理想信念

坚定理想信念，坚守共产党人精神追求，始终是共产党人安身立命的根本。对马克思主义的信仰，对社会主义和共产主义的信念，是共产党人的政治灵魂，是共产党人经受住任何考验的精神支柱。形象地说，理想信念就是共产党人精神上的‘钙’，没有理想信念，理想信念不坚定，精神上就会‘缺钙’，就会得‘软骨病’。

“石可破也，而不可夺坚；丹可磨也，而不可夺赤。”高尚的理想信念，是人的精神支柱和力量源泉，对于成人成事、成家立业尤为可贵。我国金融业以国有企业为主体，金融业的干部员工多为共产党员。坚定共产主义理想信念，不仅是全面加强党对金融事业集中统一领导的要求，也是整个金融行业拒腐防贪、保持清正廉洁品格的思想基础。如果有了共产主义的远大理想和高尚追求，人们的眼里就不会有金钱名利，只剩星辰大海了。

1.4.2 他律是金融员工立业的保障

1.4.2.1 他律的定义

很多时候，仅有自律是远远不够的。因为人们常说，人的一半是天使、一半是野兽。人本身具有动物的本能属性，特别是对于满足本能欲望的需求，人的理性是很难约束的。这个时候，他律就成为让人克己奉公、善始善终的法宝和高压线。他律，指的是源自主体本能和自觉因素之外的一种受迫性自我约束、自我控制，是外界为防止主体偏离目标任务而对主体施加的批判性和惩罚性措施，主要包括道德规范、工作纪律、政治规矩、党风廉政守则和国家法律法规等内容。

1.4.2.2 他律的必要性和作用

有美国宪法之父之称的麦迪逊认为，“如果每个人都是天使，法律就没有存在的必要的。”他的意思是说，并非人人都是天使，所以还是要有法律存在的必要性。相对于自律而言，他律最重要的是其批判性、惩罚性和震慑性，即外部的强制性力量要对违规违纪者进行调查审察，要依制度规定、组织纪律、政治规矩和法律规范进行处理、处分、惩罚，触犯法律的要依法审判和定罪量刑。他律不仅可以中止和清除腐败，而且给予腐败分子严厉惩处，使之身败名裂、名利皆失，有的还被处以极刑，因而具有强大的震慑力，让有贪腐之心的人心惊胆颤、缩手收心。

1.4.3　自律与他律的结合

自律与他律是金融人立业成业、善始善终的法宝。但二者各有利弊，仅靠一方很难奏效。自律具有根本性，正如孔子所说："道之以德，齐之以礼，有耻且格"，且通过自律反腐倡廉的社会成本较低，但自律也有脆弱性、非可靠性和不平衡性，不是每个人都是视金钱如粪土的善人，更不是每个人一生一世都是视金钱如粪土的完人。他律具有强制性和震慑力，但也有漏洞性、高成本性和非治本性，正如孔子所说："道之以政，齐之以刑，民免而无耻"。因而必须将自律与他律结合起来，充分发挥自律和他律的合力，德法并施、标本兼治。

现实的人总是处在名利场上，很多时候会利欲熏心、心存侥幸、自以为聪明，常常被私欲和利益蒙蔽双眼，成为温水里的青蛙，直至身陷囹圄才会幡然醒悟，只是悔之晚矣。所以，人类总是上演"后人哀之而不鉴之，亦复使后人复哀后人也"的悲剧。正如黑格尔所说，"人类从历史当中吸取的唯一教训是，人类从未从历史中吸取任何教训。"在这种情况下，实现金融业的清明廉洁，只有自律还是远远不够的。正如孟子所说"徒善不足以为政"，自律的同时还需要强有力的他律。

但只有他律也不行。孟子还说过，徒法不足以自行。只有将善与法结合起来，即将自律与他律结合起来，才能达到见贤思齐、见不善如探汤的效果，才能保证人们守身如玉、守心如冰。事实上，就是将孔子所说的"道之以政，齐之以刑"与"道之以德，齐之以礼"结合起来，以达至"民免而有耻且格"。而这其实就是"金融廉政文化概论"课的核心观点：德主刑辅、德法共治、以文化人、依法律人。

本章小结

1943 年，著名民主人士黄炎培先生参观访问延安，看到延安的风清气正和共产党人的廉洁奉公，既钦佩又不无忧虑地提出"其兴也勃焉，其亡也乎焉"的历史周期率。而早在一千多年前的唐代，唐朝名相魏征就提出自古

“善始者实繁，克终者盖寡”的命题，这一命题实质上是“人性周期率”。“兴勃亡乎、人亡政息”的历史周期率与“善始难终、始繁终寡”的“人性周期率”具有重要因果关系。历史周期率谈的是国家大事、政权更迭，“人性周期率”谈的是人性飘忽、终善至难。一定程度上讲，正因为人无法摆脱“人性周期率”，国家、历史和政权就无法跳出历史周期率。而金融，及小关大、连业带家，既涉及“人性周期率”问题，又关联历史周期率问题。金融从业者要想在金融领域立业安家、建功报国，首先就得修身齐家，突破“人性周期率”；然后才能实现为国理财、金融报国的宏大志向和人生理想，为破解历史周期率做出金融贡献。

总之，金融水很深，一失足成千古恨。切莫忘初心，平淡是本真，弱水有三千，只需一瓢饮！苦口与婆心，且行且谨慎！金融是各种职业里的王冠，“欲戴王冠，必承其重！”这句话有一种舍我其谁的霸气，有一种当仁不让的豪气！希望同学们不要戴着王冠，却怨其沉重。古往今来，唯能承其重者，方能戴其王冠！

第2章　金融与腐败犯罪

2.1　金融腐败与金融犯罪

2.1.1　金融腐败

金融腐败的概念一般情况下是指金融领域内包括交易和监管两方面的腐败行为，即把涵盖各类金融机构的“非规范融资交易”的交易性腐败行为，建立在“拥有稀缺资源配置权”的分析框架内，金融腐败研究的范围包括金融业的资金交易腐败现象及金融监管腐败。由于金融监管部门人员流动性大，集中培训方案不能有效实施，尤其是新进人员思想意识淡薄，防范意识薄弱，容易出现工作漏洞，让一些金融腐败人员渔翁得利，极易造成金融腐败现象。

2.1.1.1 金融腐败的表现形式

利用审批特权的寻租行为。在中国的经济体制转轨期，金融系统的管理部门权力会比较大，尤其是市场准入标准和机构的业务范围，此时掌握这些权力的高管人员就有可能利用手中的权力对申请者进行刁难，比如提高进入门槛，又比如提一些不合理要求，又或者拖后申请者的审批时间等方式，来达到收取腐败租金的目的。

以信息换收入的行为。中国作为一个发展中国家，正处在转轨时期，所以对于国家而言非常重要的金融行业，一方面金融市场本身竞争很激烈，另一方面我们又必须严格控制金融，这就导致核心信息就有可操作的空间，信息市场价格昂贵。为谋取个人收益，金融领域掌握核心信息的高管和员工可能会在行使职权过程中将自己手中的核心信息通过非法渠道转卖出去，利用所掌握的信息，进行不正当交易，获取非法收入。

有些金融人员利用职务之便谋取私利。在金融机构中有些掌握重要岗位的高级管理人员，利用职务之便，做出一些诸如侵吞、窃取本机构的公共财产的行为，或收受对方各种用非法交易行贿的现金或实物，如伪造各类单据，或透支非自己账户上的存款和利息，储户账户上收入不入账，或贪污挪用公款，为自己的亲戚朋友等提供资金上的便利等等。一般这些金融人员都会以家人的名义注册公司，表面上是为了增加收入，实质上是为了分赃受贿财产。例如，党组成员周连军，是一名高级经济学家，原任长沙市政府金融办副主任，以妻子的名义注册了一家投资咨询中心，为一些小额贷款公司提供咨询服务，利用自己职位的便利，包括优先获取的一些政策性消息，高额收取咨询费，存在索要巨额财物现象，利用自己职权，违规收取非上市股份，违法获取巨额收益。此外，其还利用自己职权，对一些担保公司在办理业务方面给予便利，以妻子名义获得股权。中国证监会发行三处处长刘书帆，利用职权，伪造公文印章、受贿，谋取不正当利益，被依法采取行政措施。相关部门经过对资金往来情况和商业架构的仔细剖析，终于查清了冯小树“知法犯法，严重扰乱了资本市场管理秩序”的事实，手法可谓“含金量高”，但天网恢恢疏而不漏，抽丝剥茧，必能查处。

利用现有职权获取腐败未来“期权期货”回报的行为。在职期间的权利被用作为未来的收益的手段，某些金融机构高管用其在位期间手中掌握的权力，为企业发放贷款、逃避债务等提供方便。金融投资存在着诸多不确定因素，有些因素是金融高管也无法控制的，但是，即使无法控制风险，为了利用职权，获取不正当收益，依然向企业发放贷款，采用还贷周期长、扩大放贷的额度增收客户。为逃避纪检部门的查处，他们在位时并不会索取回报，而是和企业签订所谓“君子协议”，让企业许诺当他们辞职下海经商或到企业谋职时，给他们提供高额的薪资或者高额的股份分红，或者在事前谈好利益分成，例如，五五分、三七分等，或者以一名与自己毫无关联的人的名义办卡，会不定时打钱，一般在这个过程中，一些金融高管都会索要高额的腐败收益。有的金融高管会明目张胆地贪污，利用公款吃喝，肆意消费，也有的金融高管属于内敛型，平时不显示，拿就拿大的，扰乱了金融市场秩序。

2.1.1.2 金融腐败的特点

金融是将现有资源进行整合后实现价值和利润的等效流通。随着经济建设不断提高，国际金融行业迅速发展，经济逐步实现全球化，通过货币的发行、流通，物品的交换、企业的贷款及存款的存入，使国家经济持续增长，推动国际经济发展。自古至今，中国金融行业是最高风险的行业，在腐败事件中，金融行业人员所占比例较大，金融行业处于社会食物链的最高端，担任金融高管的人员每天都要面临着形形色色的金钱利益的诱惑，面对各种利益的诱惑，难免会冲动，由小贪大，如此循环，这种腐败是无底洞的存在，由此造成重大腐败事件。因此，要建立健全监督制度，纪检部门要加大力度监督，严格按照法律法规制度实施检查，加快经济市场制度的完善和优化，做到切实落实金融政策，防患于未然。金融腐败一般有以下特点：

金额大，损失重，影响恶劣。金融部门因掌握巨大的现金流，因而一旦发生腐败渎职或犯罪，涉及金额多数动辄几十万甚至几百万上千万，而且不干好事，而是将公款用于满足个人私欲的各种高消费，吃喝嫖赌抽等非法活动，导致公款没办法收回，造成巨大的国家损失，极大的社会危害，极其恶劣的社会影响。比如曾任中国华融资产管理股份有限公司党委书记、董事长赖小民受贿在任职期间利用职务之便收受贿赂，所收受金额高达约 18 亿人民币，这是目前受贿数额最高的事件。自 1949 年新中国成立以来，此次收受贿赂事件所涉及的金额是最大的，也是受贿犯罪事件中影响最为恶劣的。此次案件受贿过程的持续时间久，受贿犯罪行为案件量大，在受贿犯罪事件中独占鳌头。由于赖小民此次受贿金额较大、行为极其恶劣，导致国家的经济利益受到严重损失。同时，也破坏了人民群众的利益，他以权谋私，擅自用自己的权利谋取各种不当权益，拿着本应属于国家和人民群众的钱满足自己私欲，贪污受贿。该行为严重扰乱了金融市场的经营秩序，对经济运行造成了极其恶劣的影响，使党和国家的形象严重受损。我国是社会主义法治国家，贪污受贿、金融犯罪现象严重阻碍着法制社会的建设。贪污人员为了获取巨款，提高正常审批手续，降低国家工作人员办事效率。与此同时，该案件严重影响了国家公务人员的廉洁形象，在全国范围内都造成了相当恶劣的影响。

低成本，高收益。如果腐败案发，成本极其巨大，涉案人员会面临法律制裁和经济制裁；但是，如果腐败行为没有被发现，“腐败成本”与其“腐败收益”相比腐败成本就显得微乎其微了。

目前，犯罪主体的年龄差异较大，呈现了两极化的现象，并且涉及的犯罪主体往往都是专业知识丰富，专业素养较高的人，犯罪目的明确，手段高明。犯罪主体的年龄出现两极化的趋势，犯罪主体年龄较大的高达五十九岁，年龄较小的只有三十岁左右，三十岁的年龄正是而立之年、春秋鼎盛的年龄，却走向了犯罪的道路。近年来，根据涉嫌金融腐败案例数据得出，百分之八十的涉案主体年龄在三十岁左右，并且职级多是中层以上干部，充分说明职业道德教育和金融廉政文化教育在金融从业人员再教育过程中的重要作用。集银行官员、审计官、剧作家等身份于一身的原保监会主席项俊波、具有博士高学位的省部级官员姚刚，作为证监会副主席，富有高超的才华及智商，最后也都变成了犯罪主体。冯小树，曾在原深圳证券交易所技术保障部门工作，毕业于世界一流大学，具有硕士学位，因为鱼跃医疗事件，误入歧途，耽误了自己前程，还牵涉了很多人。曾被2005年全国城市商业银行评为年度优秀人物的杨家才，作为一名党委委员，不遵守党纪，利用职务便利谋取不正当利益，最终被立案侦查。江作良，较早地进入了资本主义市场，并享有基金“教父”的荣誉称号，在基金领域有着较高的威望，但由于贪污腐败，从此基金领域失去了一位人才，对中国基金造成了极大的不良影响。原中国进出口银行行长助理戴春宁的贪污、受贿问题已构成犯罪。以上这些都是一些拥有高学历、社会威望较高、具有一定专业学术的公职人员，但在行使自己权利时，抵挡不住利益的诱惑，以权谋私，贪污受贿数额较大，由此造成金融腐败，构成了犯罪。

《中国金融机构从业人员犯罪问题研究白皮书》一书显示，从众多金融腐败案件及大数据分析可以看出，银行贪污腐败案件最多，自然人的普通职工所占比例最大，高达百分之九十，其次，较多的犯罪主体则是一些基层岗位人员，并且年龄普遍在三十到四十岁之间，都具有较高的文凭，专业素养也比较高，由于外界诸多因素的干扰，葬送了自己的前程，不能再继续行使民主权利。

犯罪主体的岗位多层次化。在犯罪人员中，不仅有高级管理人员利用职权谋取私利，基层岗位也会存在金融犯罪现象，这些人员普遍学历较高，利用科技手段不断谋取私利。高级管理人员往往运用职权为自己谋取私利，基层要害部门诸如掌管信贷、财务、人事、采购和基建等部门或人员违规操作，都可以产生腐败问题。

随着经济社会的高速发展，高科技技术越来越强大，因此，腐败手段越来越多、越来越高明，利用高科技做得天衣无缝，不漏出任何破绽，腐败现象已从国内走向国际，腐败范围越来越广。随着经济全球化尤其是以金融全球化为核心的经济全球化的加深，金融业信息化的程度日益加快，犯罪分子借助信息技术网络进行跨国境划转资金，往往这种行为很难察觉，而且当犯罪分子达到目的或即将败露之时多数会携款外逃，以躲避本国法律的制裁。这种情况下的腐败现象的国际化和高智能化特征越来越明显。

2. 1. 1. 3 金融腐败的经济危害

因为金融领域涉及资金配置，而资金又是目前社会中稀缺资源，也是经济运行的载体，因而金融领域一旦发生腐败就会比其他领域的官员腐败对经济产生的影响和危害要大，对经济的负面连锁影响也更大，主要表现在以下几个方面：

破坏金融运行环境，影响金融稳定。金融腐败就像一粒老鼠屎毁坏一锅汤一样，污染金融运行环境，使环境内的投融资者产生逼良为娼同流合污的恶性效应，从而整个投融资环境进入恶性循环之中。在落后国家和地区，金融机构不良资产之所以不断产生，主要就是因为金融腐败。时间久了，还可能引起金融资本析出从而使经济陷入资金流动多但实际产出很少的贫困陷阱，这样会严重威胁到一国的金融稳定，从而引发经济危机。

影响金融市场的发育。良性发展的金融市场需要有合法的基于质量、价值、价格、劳动生产率、时间效率的市场竞争环境和有效的资金运转交易规则，但金融腐败破坏了良性竞争和有效的交易规则，使得良性竞争原则遭到破坏，使价格和供求信息双向制约和影响的机制难以再对市场资源配置起导向作用，从而严重阻碍金融市场的良好发育。

提高融资成本，造成信用低下。金融腐败的实质是金融机构或监管部门直接或间接攫取实体经济的产出收益，减少了经济实体的储蓄和投资，这种资金短缺又进一步提高了融资利率，使其高于实体经济需求而进一步抬高融资成本，进而增加融资风险。在这种情况下，融资成本提高，一些愿意接受这一高利率的债务人往往不具备偿还能力却得到了资金，而一些好的借款人反而被挤出市场，导致经济实体信用降低。

2.1.2 金融犯罪

根据我国《刑法》中的第 13 条对金融犯罪的明确规定，金融犯罪也属于犯罪，本章将从犯罪学及金融学两方面进行分析。

首先站在犯罪学的视角谈金融犯罪，金融犯罪是指在金融活动中，职员违反金融管理法律法规、扰乱金融市场秩序，危及金融市场安定，由以上行为所导致的金融混乱要依法受刑法的制裁。

在金融学的角度研究金融犯罪。金融犯罪是指在正常运转期间，破坏了国家资金的分配体系，使我国资金无法聚集，由以上因素导致货币无法正常流通。无论是哪种形式的金融犯罪，都能影响到金融市场的正常运行，使国有资产大量流失，降低了金融市场的信用。但是随着互联网的普及，互联网金融也发展很快，以互联网为基础的互联网支付、小额贷、校园贷等网络借贷、众筹等形式迅猛发展，因互联网金融有虚拟性、跨地域性等特征，更容易被犯罪分子利用而犯罪，如利用互联网 P2P 平台进行集资诈骗和非法吸收公众存款案件频发，或利用手机绑定微信、支付宝等第三方支付软件实施的信用卡诈骗等案件也越来越多。因此，国家要深化改革金融法律制度，规范金融市场秩序，尽快加快改革的步伐，市场监督管理部门、纪检委部门要严查金融犯罪事件，不要有漏网之鱼，不放过每一件犯罪事件，并且利用社会舆论，将制裁手段及结果及时公布于众，给众人一个很好的警示。

2.1.2.1 金融犯罪的特点

（1）多元化

金融犯罪案件除了发生在各大商业银行，也会发生在银行的母行——人民银行系统以及其他非银行金融机构，金融犯罪活动遍及整个金融行业。其犯罪主体既有自然人，也有单位；人员上既有懂金融专业知识金融机构的工作人员，也有不懂金融专业知识社会闲散人员；既有国内的也有国外犯罪分子。

（2）隐蔽性

①金融犯罪的手段隐蔽。很多金融犯罪手段高明，有很强的欺骗性，表面上很难看出来，实际背地里“暗度陈仓”，欺上瞒下。

②金融犯罪的危害结果隐蔽。金融犯罪涉及的资金回收有时间延迟，所以当危害结果产生时已经是较长的一个时期了。

③金融犯罪的主体身份隐蔽。犯罪主体虽然多元化，但相比而言，金融机构内部工作人员还是多数，他们本身既有相关的专业知识，熟悉金融法律规章制度，又有合法的身份，利用其执行业务之机，利用金融法规与管理制度上的漏洞伺机作案，这样的身份下人们一般不会怀疑，也很难发现。

（3）智能性

金融犯罪要有一定的专业技能和知识，又要掌握一定的高科技手段，是一种偏智能型的犯罪。所以金融犯罪的人员、手段、作案工具甚至跨国的地域性世界性等都表现高于一般刑事犯罪的智能性。

【资料】2020年2月1日，由中国司法大数据研究院等共同编写的《中国金融机构从业人员犯罪问题研究白皮书》在京发布。该报告称，金融机构从业人员犯罪案件中诈骗罪、违法发放贷款罪和职务侵占罪案件数量居前三。同时，从业务领域分布看，涉及贷款的金融犯罪案件占比48.41%，远超信用卡、保险、理财和金融票证等领域。

报告称，2018年至2020年，全国各级人民法院审结金融机构从业人员犯罪案件共1573件。据了解，从罪名分布来看，诈骗罪占比最高，达到了428件，占比27.21%；违法发放贷款罪和职务侵占罪的案件分别为124件和106件，占比分别为7.88%和6.74%。从业务领域分布看，涉及贷款案件占比48.41%，排名第一；涉及信用卡、保险、理财和金融票证的案件占比分别为24.07%、12.7%、8.99%和5.82%。

中国银行业协会法律顾问卜祥瑞认为，银行业金融机构的总资产已经达到了340多万亿元，从业人员亦以百万计，个别领导干部的金融犯罪行为影响恶劣，严重损害了金融业声誉。同时，相关金融违法犯罪行为也给国家造成了巨大损失。

"金融机构治理机制和伪创新都与金融犯罪相关。"卜祥瑞称，如何有效制约重要的金融权力问题是防范金融犯罪的一个重要方面。

除此之外，除了以上几种犯罪，目前又多了几种犯罪类型。当今社会崇尚创新，重视创新技术，一些高智商的技术人员将会利用伪创新进行不正当交易，构成犯罪，例如利益输送问题等。

李俊慧担任我国司法大数据研究院社会治理研究中心主任一职，通过一系列的报道及数据分析研究认为，金融机构的职业人员犯罪比例有所提升，总体呈现上升趋势。根据犯罪情节严重情况，刑期也不同，刑期为一年以下的仅占一小部分，但是刑期为五年及以上的所占比例高达至百分之二十三，所占比例有所提高。

2.1.2.2 金融犯罪的后果

金融犯罪结果比较隐蔽，并不是活动一开始就能发现，隐藏得很深，并且在这一过程中，所涉及的金额巨大，所涉及的犯罪人员较贪婪，永远无法得到满足，金融犯罪情节极其恶劣，比其他经济犯罪严重很多。

①犯罪数额巨大，20 世纪 80 年代以前，金融犯罪的金额一般在几千几万元之间，数十万上百万元的很少；从 20 世纪 90 年代至今，数十万元的案件已稀松平常，数百万数千万元的案件已不是稀奇事，甚至上亿元数十亿的案件也时有发生，如此巨大的金额，给经济带来的巨大损失，令人触目惊心。

②因其犯罪涉及巨大的金钱收益，导致犯罪人员内心贪欲增强，一旦犯罪发生，情节严重，破坏国家金融环境，造成社会巨大的经济损失，社会影响积极恶劣，给国家、社会和人民群众的利益造成无法挽回损失。

由美国次贷危机在金融行业引发的这场危机已殃及整个世界经济。防范金融危机、维护金融安全已经成为各国关注的焦点问题。纵观我国金融领域，在有关职能部门宏观的调控和监管下，多年来基本保持着健康的发展，但对新型金融犯罪情况要充分认识其严重的危害性，严防以待，引以为戒。

2.1.2.3 金融犯罪的种类

(1) 计算机和网络金融犯罪

首先，一些高才生或者计算机高级技术人员利用精湛的技术非法进入银行计算机网络系统，盗取信息，周转银行资金，对银行计算机网络系统做出干扰，使相关的银行系统无法正常运行，对银行资金造成严重损失。现如今，信息技术无处不在，技术人员也越来越多，因此通过扰乱银行计算机网络系统谋取利益的现象非常普遍，也是一种危害非常大的金融犯罪现象。网络虽然发达、便捷，技术相对成熟，但是在网络管理方面，还是存在一些漏洞，一些黑客利用专业技术非法侵入银行网络系统，私自篡改数据，获取银行资金。如有黑客侵入浦东某银行内部计算机，只是由于犯罪分子被发现而失败。

其次，通过非法手段盗取银行与客户间的信息，或者利用一些运营商获取客户信息。银行工作人员与客户间的交流都有监控记录，一些黑客破坏监控系统，盗取交流信息，犯罪人员通过一些私密的信息，在一些软件、网络平台上进行诈骗，有效利用所盗取信息获得利益，满足私欲，由此造成网络金融诈骗。

再次，伪造金融凭证，实施金融犯罪。目前利用计算机伪造或修改金融凭证如存折或对账单等，因其仿真程度高，不易被发现的特点已成为新的金融诈骗犯罪趋势。

（2）信用卡诈骗

信用卡又称贷记卡，只有信用良好的人员才可以办理信用卡，可以满足“提前消费”的欲望，并且在紧急时刻，信用卡可以在规定的额度内透支，因此能有效地周转资金，解燃眉之急。当今人们的消费水平相对提高，消费观念有所转变，信用卡逐渐普及，银行的信用卡业务因此得到了迅速发展，但同时也导致有些不法分子会利用信用卡刷钱，直至构成了信用卡诈骗。本章将在以下几个方面剖析信用卡诈骗种类和诈骗现象。

①拾到他人信用卡不归还并使用倒钱现象。因其信用卡使用规则和习惯，信用卡用户经常会将信用卡和身份证件合放在一起，一旦丢失往往会同时丢失，这种情况就为拾到信用卡和身份证的心思不轨之徒实施信用卡犯罪提供了机会。又或者即便信用卡并丢失，也会出现持卡人的信用卡托人管理的情况，或被某些假借机关的人员骗走的情况，进而被犯罪分子冒用信用卡而出现损失。

②随着科学技术的不断提高，国家逐渐进入信息时代，科学技术不断提高，此时，会有不法分子采用一些软件制造假身份证，并且利用制造的假身

份证及工作证明办理信用卡，恶意透支，长期不还，扰乱了信用卡市场，造成信用卡诈骗。

③利用超高的科学技术伪造多张信用卡，用其肆意诈骗。随着科学技术的发展，造假技术越来越高，非常逼真，犯罪分子使用高科技伪造的信用卡几乎可以以假乱真，即使是专业人员，可能也无法轻易分辨真假。犯罪分子利用多个信用卡，短时间内在全国各地进行大规模的恶性透支，用完就扔，抓捕难度非常大，给银行机构带来巨大损失。

（3）贷款诈骗

近年来贷款诈骗案件逐年增加，所涉金额也逐年增大，贷款诈骗手段通常会表现为以下几种：

①对外开放的重要举措之一是引进外资，在此背景下不法分子编造虚假项目，提出要取得良好经济效益，要有银行提供的配套资金来骗取银行投资。

②如今科学技术普遍提高，电子技术较成熟，一些软件开发者为了满足部分人员的需求，不断开发一些小众造假软件，一些不法分子将会利用这些技术伪造各种文件，以假乱真，如果不是专业人士，几乎看不出破绽。只要贷款需要的文件，这些不法分子都会绞尽脑汁思考这些问题，不达目的誓不罢休，进而利用伪造的文件走正规贷款审批流程完成贷款诈骗。

③伪造虚假的产权证明以获得超值的贷款也属于贷款诈骗。

【资料】司法大数据：金融机构从业人员犯罪48%与贷款有关

央广网北京2021年2月1日消息（记者孙莹）据中央广播电视总台中国之声《新闻进行时》报道，2月1日，中国司法大数据研究院、21世纪经济报道和北京市京师律师事务所金融犯罪研究中心共同发布《中国金融机构从业人员犯罪问题研究白皮书（2018—2020）》（以下简称《白皮书》），提示“贷款”发放管理环节需持续完善监管机制，持续扎牢涉及审批权等焦点问题的制度“笼子”。

金融机构从业人员犯罪案件审结态势整体呈上升趋势

依托中国裁判文书网已公开的裁判文书，2018年1月1日至2020年12月31日，全国各级人民法院审结金融机构从业人员犯罪案件共1573件。从年度分布看，2019年审结688件，比2018年增长160.61%；2020年审结621

件，同比下降9.74%。

中国司法大数据研究院社会治理研究中心主任李俊慧分析：“整体上来看，在金融反腐高压之下，金融机构从业人员犯罪案件审结态势呈现阶段性上升趋势，在相关监管制度不断‘扎牢’之后，预计相关案件的审结态势会进入‘触顶回落’走势。”

罪名分布诈骗罪占比最高业务领域贷款占比第一

从罪名分布看，诈骗罪占比最高，占比27.21%，犯罪手段中，虚构理财产品最多，占比为31.45%，还有谎称减少利息或无息贷款、骗取保险、谎称保险分红、谎称提高借款额度等等。违法发放贷款罪占比7.88%，排第二，而从业务领域看，贷款占比48.41%，排名第一。

金融犯罪案件影响恶劣、教训深刻

如何防范金融机构从业人员违法犯罪？中国银行业协会首席法律顾问卜祥瑞给出“四个提”“药方”：提高政治站位；提升从业人员合规能力，准确把握金融从业人员违法犯罪的界限；提倡法治思维，依法维护从业人员的合法权益；及时提示风险，发挥行业协会、金融机构等自律作用。

对2018年1月1日至2020年12月31日期间，金融机构从业人员犯罪案件进行深入分析。

白皮书指出，在金融反腐高压下，金融机构从业人员犯罪案件审结态势整体呈上升趋势，预计未来几年有望实现触顶回落。

数据显示，2018年至2020年，全国各级人民法院审结金融机构从业人员犯罪案件共1573件，从年度分布来看，2018年审结264件；2019年审结688件，同比增长160.61%；2020年审结621件，同比下降9.74%。

从罪名分布来看，诈骗罪占比最高，共428件，占比为27.21%；其余排名靠前的罪名分别为：违法发放贷款罪（124件，7.88%）、职务侵占罪（106件，6.74%）、受贿罪（101件，6.42%）、集资诈骗罪（84件，5.34%）、挪用资金罪（72件，4.58%）、骗取贷款、票据承兑、金融票证罪（69件，4.39%）、贪污罪（67件，4.26%）；其他占比33.18%。

从涉案金额分布来看，一万（不含）以下占比4.05%；一万（含）至十万（不含）占比14.27%；十万（含）至百万（不含）占比27.38%；百万（含）及以上占比54.30%。平均涉案金额为717.48万。

在违法发放贷款罪中，银行占比 85.27%；信用社占比 12.40%；小额贷款公司占比 2.33%。

——《互联网资源库》《司法大数据》

金融腐败和金融犯罪的经济成本很低，基本上可以说是一本万利、空手套白狼，虽然说一旦案发，政治生涯会结束，还要面临巨额的罚款和牢狱之灾，但很多人面临巨大的诱惑，意志不够坚定，更是存在侥幸心理，认为都是“利益联合体”，只要大家都小心就不会暴露，在多重因素影响下，很容易走错路。

金融腐败和金融犯罪表面形态虽然千差万别，还是可以从落马的一些领导干部身上发现他们的“通病”：根本是理想信念丧失，标配都是利用职权谋私，危害是破坏政治生态和金融秩序。

2.1.3 金融腐败与金融犯罪和金融廉政文化的关系

金融是国民经济的血脉，金融腐败风险往往关联市场风险和政治风险，给我国经济运行带来极大威胁，造成极其严重的社会后果，人民群众对其深恶痛绝，所以我们必须要“零容忍”。如何能够做到加大金融领域反腐力度，尽力消除金融领域出现的各种乱象，是执政党需高度关注的问题。在党中央纪委大会上，习近平总书记总是强调腐败问题，要严查腐败问题，苍蝇老虎一起打，反腐事件无大小，只要涉及腐败问题，必须严查，要深化金融领域反腐问题。预防和消除金融腐败和金融犯罪，除了加强以法治手段“零容忍”的态度坚决惩处外，加强金融廉政文化教育，才是从根本上消除金融腐败和金融犯罪的途径。

2005 年 1 月 3 日，中共中央颁布实施《关于建立健全教育、制度、监督并重的惩治和预防腐败体系实施纲要》，首次正式提出“廉政文化建设”的概念。十七大进一步提出了建设廉政文化的任务，2013 年 4 月 19 日中央政治局就我国历史上反腐倡廉第五次集体学习时提到不断提高拒腐防变和抵御风险能力等，确保党始终成为中国特色社会主义事业的坚强领导核心。2018 年 7 月 31 日，中央政治局会议强调，廉政文化建设作为党的建设的一个重要部分，同样应该在政治性、时代性、针对性上下功夫，增强廉政文化的吸引力、感染力、影响力，不断推进基层廉政文化建设向纵深发展。

加强金融廉政文化教育，重在受教育主体范围要广要全面，党政机关各级领导干部尤其是掌握关键资源领域的领导干部，各大中小企业的负责人，金融各行业的从业人员尤其是掌握信贷资金的从业人员，在这些人员中重点加强廉政文化教育，才是从根本上建成不能腐败不敢腐败的廉政金融体系，更好地为实现中国经济的巨大腾飞作出重大贡献。

2.2　当前我国金融腐败的原因——金融廉政文化的缺失

2.2.1　廉政文化建设的重要性

廉政文化是廉政建设和文化建设相结合的产物，廉政文化建设对净化从政环境，营造良好氛围，增强反腐倡廉宣传，推动反腐斗争深入开展，具有基础性作用。

2.2.1.1 廉政文化建设是社会主义核心价值观的重要内容

反腐倡廉工作的开展离不开社会主义核心价值观的支持，中国社会主义廉政文化建设的根本在于完善的道德基础和核心的价值观念。中国廉政文化建设的发展方向离不开马克思主义的武装和充实；在党员干部和人民群众内心构筑坚实的社会主义共同理想从而能够更好地推动中国特色社会主义廉政文化的构建。廉政文化的发挥离不开爱国主义精神和改革创新精神的激励，才能够充分发挥廉政文化的精神支柱作用，更好地防范腐败行为的产生；始终贯彻牢固树立社会主义荣辱观，区分和掌握廉政与腐败的界限，更好地建立严明的社会风气。

2.2.1.2 廉政文化建设有利于加强党的执政能力建设

在当前社会主义市场经济快速发展的进程中，中国经济社会正面临着深刻的变革、严格的利益格局调整、深刻的思想观念转变和多元化的阶级分化，这也进一步造成了中国共产党的执政环境的各种不确定性和不规范性。社会发展中面临着严峻的“四大考验”、“四大危险”，中国共产党和党员干部存在各种违纪违法现象和腐败案件，严重影响了党的形象和党的公信力和号召力，最终导致执政根基不稳，丧失了民众的支持。

文化是一种生活方式、行为准则和行为规范。反腐败的推进离不开文化和制度的支持，其中文化是第一道防线，制度是第二道防线。在这种双重防范中，如果突破了文化防线还有制度防线来约束和维系，但如果缺失了文化这道防线就将产生更多的腐败问题，单纯地依靠制度来管控，容易产生法不责众的局面。以廉政文化建设为支持在人们日常生活中渗透进去完善的价值理念和道德修养，对人们的生活方式和行为准则产生影响，最终实现对人们日常行为的规范。在社会反腐倡廉工作中借助于构建完善的廉政文化在人们生活和全社会中形成崇尚廉洁的社会风气和价值评判指标，最终推动干部廉洁从政。因此，加强廉政文化建设可以以文化的力量、方式、效果，从根本上实现治理与预防腐败。

2.2.1.3 廉政文化建设有利于增强全社会反腐倡廉意识

在社会工作中，党政干部往往会将公共职位作为一种经营，同时希望在这种经营活动中最大限度地攫取职位所带来的各个方面的利益。① 腐败行为的产生不仅仅带来了各种人民财产和国家财产的损失，还将影响国家和社会的经济发展，对腐败个体的价值观、权力观和利益观产生影响，影响中国共产党作为执政党的根基和中国社会主义发展的正确性。最为可怕的是，伴随着社会生活中各种腐败文化和腐败风气的形成和滋生，必将带来各种不良的社会风气和不利的社会现实，对人们正常的社会生活以及青少年的人生观、价值观和世界观产生可怕的影响，对于这种腐败现象从最初反对、默认到对盲目追随，直接颠覆了国家和政党存活的根基。

建立完善且有效的廉政文化能够更好地铲除腐败文化，构建社会的新型文化体系来维护社会正常的运营秩序，构建正确的价值观武装民众的思想来形成中国特色社会主义廉政文化，从根本上杜绝和遏制腐败文化的滋生，创建出良好的社会主义廉政文化。

---

① 宋振国，刘长敏等. 各国廉政建设比较研究［M］. 北京：知识产权出版社，2006：27.

2.2.2　金融廉政文化建设的必要性

2.2.2.1 廉政是金融发展的安全卫士

金融安全是国家安全的重要组成部分，也是保证金融业为社会主义经济服务的根本要求。廉政是降低金融风险、实现国家金融安全的重要保障。由于金融的虚拟性、投机性和国际化，金融业的安全存在很多漏洞和隐患。比如易于受到国外投机资金的冲击和反华势力的滋扰破坏，易于受国际金融危机的牵连，易于受国外或周边国家金融政策影响，易于受业内金融腐败和金融犯罪的损伤，易于受社会心理的左右，因此，金融安全较为脆弱，风险隐患不易觉察，危机爆发较为突然。堡垒常破于内部。为了保证金融安全，防范系统性金融风险，就必须加金融廉政文化建设，提高金融机构的安全意识和抵御风险的能力，坚决打击和惩治金融腐败、金融犯罪，引导金融员工树立清廉为官、廉洁从业、奉公守法、取之有道、义利并重的价值观和职业道德，从根本上消除金融安全的隐患。

2.2.2.2 金融是廉政建设的重点领域

金融是一个以货币流通和资本运营为主要内容的经济部门，是市场经济体制的核心，对经济发展、社会进步和政治稳定具有重大影响。由于金融行业的特殊性，如前所述，当前我国金融领域的腐败现象、贪腐行为非常严重，大案要案易发多发，腐败分子层出不穷，给金融行业造成极大安全隐患，引发人民群众强烈不满，严重抹黑党和国家形象。因此，加大金融反腐力度，有效打击和惩处金融领域的腐败分子，遏制金融领域的腐败现象，建构清洁廉明的现代金融体系，推进国家金融治理能力现代化，防范系统性金融风险，维护国家金融安全，是当前党和国家廉政建设的重点领域和主要战场。从近年国家查处的金融腐败大案要案来看，金融反腐败和金融廉政建设取得了很大成效，警示效应和震慑作用开始显现。但金融腐败分子也更加狡猾，贪腐手段越来越高明隐蔽，窝案、串案增多，查处难度增加。所以，金融领域里的廉政建设只能持续加强，必须始终保持高压态势，既要重点查处金融“大老虎”，也要扫尽一切金融“小苍蝇”。

2.2.3 廉政文化的缺失

现代化中国发展中仍然在持续不断地进行着廉政文化的摸索，中国仍然存在较为严重的廉政文化缺失的情况，一定程度上也助长了腐败的滋生和蔓延，腐蚀了人们的思想和精神，为腐败的发展提供了气焰，阻碍了反腐倡廉工作的推进和建设。具体表现为：

2.2.3.1 部分党政机关存在腐败文化

在最近几年的发展中，中国的廉政文化建设主要是在党员和国家公职人员身上，从根本上杜绝腐败风气的形成，但结合具体的发展而言，在党政机关中廉政文化的普及仍然不够全面，腐败风气仍然存在。腐败风气的存在就不可避免地对廉政建设产生影响，影响原本清廉人们的思想。作为一种极具穿透力和影响力的思想，腐败思想的影响极大且极为深刻，很难有人能够经受他的侵蚀，真正做到“出淤泥而不染”。在社会中存在的各种细小的腐败势力一旦蔓延，就如同瘟疫迅速传播并对廉政者产生荼毒和侵蚀，攻击着人们的道德防线，将越来越多的人卷入其中。结合近几年发生的各个地区的腐败案件就能够说明这个问题。例如辽宁省沈阳市的“慕马”大案，涉及沈阳市的多位一把手，从市长、常务副市长到市直委局办“一把手”等等十几人，也再一次验证了腐败强大的毒害性。再例如，吉林省白山市某县委书记李某的受贿案，在县级干部任职期间，李某多次利用职务之便为他人谋取利益，收受贿赂，在任职期间受贿案件涉及县级各个层次的干部160多人，造成了严重的社会影响，在全省乃至全国引发热议和震动。李某长时间卖官敛财的行为，使当地送礼行贿成风，形成了一种腐败文化，严重影响了社会风气。在这种风气下，许多人不是把心思用在工作上，而是整天研究如何讨好领导，搞“感情投资”。

2.2.3.2 民众抵制腐败的自觉性不高

在社会发展中，反对和打击腐败已经成为社会公众和全体成员的一致行为立场，但在现实社会中也往往会存在一些不同的表现和看法。例如针对腐败行为而漠视、不管不问的情况。在现实社会中，人们面对着各种形式的腐败问题和腐败现象往往报之以习以为常、不以为然的心态，觉得这种事情与自己无关，即便是有关系也往往因为害怕报复而采取回避、漠视和冷淡的处理方式。尽管个人对贪污腐败深恶痛绝，但仍希望借助于“走后门”的方式获取便利，搞不正之风，认识到问题的存在但却仍然不改正，不以自我的提升为基础，以各种贿赂和行贿的方式行方便、搞不正之风。这种行为和方式在人们日常生活中随处可见，例如看病“送红包”、办事找关系、打官司找法官打点等等，这种长期生活中建立的生活习惯和行为习惯也都进一步说明了社会廉政文化建设缺失和不足。具体来说在经济社会发展中民众的廉政文化缺失体现在生活中的方方面面，这不仅不利于社会腐败的治理，反而为腐败行为提供了可乘之机。

2.2.3.3 对廉政教育的认知有失偏颇

在进行党员干部的教育、管理和监督工作中缺乏系统性和针对性，导致这些教育工作很难发挥有效的作用；部分地方和单位在推进的廉政建设以党员干部为主体但却忽略了群众的参与性，导致这些教育仅仅以党员干部为主体推进，这种教育也是片面的，很难发挥应有作用的。这些情况在廉政文化的运作和实践中也进一步得到了验证。中国的廉政工作建设缺乏针对性和全面性，在某市对全市在职党员、在职公职人员、离退休党员和普通居民四个层面推进的关于党风廉政建设的15个方面的问题研究可知，结合具体的调查结果和反馈情况，除了部分在职党员外，其他的各个部分均认为当前的廉政文化普及和建设与自己的关系不大；甚至有部分同志表示，自己作为一个群众与廉政建设的关系不大，廉政建设需要以党员和领导干部为主，让干部工作中掌好权、管好钱、管好人、办好事，就能够推动廉政工作的推进，所有的问题都是出现在干部身上的，干部思想松懈才会导致各种腐败情况的产生；有些同志则认为，全社会推进的廉政文化建设是没有必要的。从中可以看出，在领导机关和领导干部的内心普遍存在误区。

2.2.4 金融廉政文化的缺失

当前，我国金融廉政文化建设形式多样，但目前中国社会的廉政文化建设仍然存在许多的问题，形势不容乐观，中国金融廉政文化建设中存在亟待解决的突出问题。

2.2.4.1 主体地位不明确

金融廉政文化是目前金融系统整体廉政水平的直观体现和反映，也是社会文明程度和自律程度的展示。为了更好地推进金融事业的发展必须强化金融业廉政文化的构建和形成，但在目前社会发展中金融廉政文化建设的“单边突进”问题严重，多地的金融业廉政文化建设并未作为地区重点项目纳入地区发展中去，缺乏系统的统筹和规划，导致建设过程中存在建设主体缺失和模糊的严重问题。目前在廉政建设的主体模糊和主体缺失的情况，一方面导致监督部门在廉政文化监督中势单力薄，很难有效形成系统化和规范化的建设；另一方面，许多人片面地认为，廉政建设仅仅是监督部门的工作，与他们联系不大，不需要主动参与到其中，导致廉政建设始终处于这种单边突进的状态中，很难得到系统化、长期性的发展。缺乏了相关部门的联系和协同最终导致廉政文化建设很难形成全面的发展格局，社会氛围不浓郁也难以构建系统化的廉政文化。

2.2.4.2 覆盖面偏窄

只有在社会长期的发展进程中保证每一个金融系统工作人员都深深地刻上了廉政文化建设的印记才能够更好地推动和实现廉政文化的大规模普及和长效的发展，最终形成社会完善的廉政文化。在长期的发展中我们所推进的廉政文化建设往往以领导干部为侧重点，重点进行领导干部的监管和约束、强化廉政建设，对于普通工作人员并未构建和形成完善的廉政意识和对廉政行为的关注。但在现实社会中仍然存在不少领导干部的廉政修养不足、个人修养欠缺，将手中的权力作为谋取私利的重要手段，借助这种方式来获取利益、拒绝监督，这些都是腐败行为的直接体现和象征，严重损害了金融系统形象。但我们看到的仅仅是金融体系中的一个部分，为了更好地营造出廉政清明的大环境，构建良好的社会廉政风气和金融行业廉政环境，必须在全体员工中构建廉政风气和廉政文化，形成全员廉政的社会发展局面，最终有效遏制腐败行为，扩充金融廉政文化的覆盖面。

2.2.4.3 建设手段单一

金融廉政文化的建设必须是以社会文化发展的基本要求和基本规律为基础的。金融体系的廉政文化建设必须在金融文化中融入有效的廉政文化，确保廉政文化以实际需求为基础，采取多元化的形式进行构建，形成以实际发展为基础的廉政文化建设，若脱离了金融自身特色的廉政文化表面上很重视但实际上意义并不大，很难产生良好的效果。① 例如当前某些银行的廉政文化建设中一贯采取的就是借助于文化节目表演来推动，如唱歌、书画展览等等，即便是条件不具备也要借助外力来搞，这种生搬硬套的廉政文化建设缺乏与行业发展的一致性，忽略了银行业廉政文化的具体要求和基本内容，廉政文化形式单一。与此同时，在长期的发展中廉政文化建设形式缺乏多样性和多元化的模式，难以满足现阶段社会发展中不同层次员工的基本需求，缺乏了群众基础的廉政文化的实用性和针对性不强，最终导致了目前社会中廉政文化建设的单一性。

2.2.4.4 制度规范与创新不够

忽略了正式制度的金融廉政文化建设是没有作用的，难以取得真正效果的。作为金融反腐败的重要组成部分不能够单纯的以文化范畴来实现和推进，必须要更好地构建正式和非正式的规则相结合才能够更好地推动廉政文化建设目标的达成和实现。尽管目前在不同的金融系统中为了更好地推动廉政文化建设都相应地制定了与之对应的道德规范条例和内容，但这些所制定的条例和内容的严肃性和权威性都不足，缺乏严格的制度规范，导致这些规则和道德规范难以发挥其应有的作用。最终在道德规范和制度之下仍然存在各种贪污受贿、滥用职权、不作为等违规行为。②

2.2.5　金融廉政文化缺失的原因

中国金融廉政文化的缺失既包括社会不健全方面的原因也存在各种客观

---

① 寿永年. 廉政理论［M］. 北京：中国方正出版社，2004：24－25.

② 周卫东. 廉政理论研究［M］. 北京：中央编译出版社，2005：236－238.

因素的影响；既有贪污腐败思想的影响同时也存在主观不努力等多方面的原因。

2.2.5.1 价值取向的变化

改革开放的发展带动了社会主义市场经济的飞速发展，同时也带来了各种思想文化的冲击和影响，在现代化传媒手段的飞速发展下中国也受到多个方面思想和文化观念的影响，金融公职人员也在市场经济体制下受到资本市场和资本主义文化的冲击，再加上传统封建思想的死灰复燃带来各种思想和文化的冲击，导致各种理想、观念、信念和道德和价值受到各个方面的影响。尤其是伴随着改革开放之后，各种“金钱至上”“一切朝钱看”的理念影响下导致中国传统文化的“劣根性”死灰复燃且愈演愈烈，传统革命思想、传统道德价值等等逐渐丧失，社会道德价值观念丧失，人们开始信奉金钱至上的理念。在长期的、传统的社会理念下积累形成的传统美德和人生观、价值观、世界观等都在社会竞争和逐利的发展过程中逐渐淡薄和削弱；而这个时期尚未形成完善的廉政文化，缺乏健全且匹配的价值理念和道德规范体系，导致公职人员在各种社会影响下，个人价值观、世界观和人生观以及道德观产生冲击和影响，一些意志薄弱的公职人员难以抵挡各个方面的诱惑而沦陷。

2.2.5.2 多元文化的碰撞

封建社会时期，由于长期专制社会的影响，长期的观念和思想导致了各种“人治”思想、“官本位”思想严重，在这些思想的影响下导致各种官员以权谋私，认为只要做官就可以为所欲为，有的甚至在相当程度上支配着民众的行为方式；再加上社会在长期的发展中忽略了相关文化的普及和发展导致各种消极文化长期影响着人们的心理，腐蚀民众的心灵，产生深远的影响。随着社会价值取向不断发生变化，人们对于某些社会行为的评价也正在失去普遍公认的准则，对不少腐败现象的界定和甄别。加之，在经济全球化的大背景下，西方文化中的个人主义、拜金主义、享乐主义和其他腐朽颓废的思想观念，在我国也占有了相当大的市场，在一定程度上左右人们的行为，影响和冲击了人们传统的廉洁方面的思想观念。

2.2.5.3 人情社会的作用

中国历来是一个人情盛行的社会，是一个在各类人情中又特别重视“差序格局”的社会。凡事被人情所困扰的结果，往往是“便宜行事”，“情大于法”，这是不利于廉政建设的。例如礼尚往来、知恩图报、恋祖爱乡等，很容易被人利用，成为不廉洁行为的借口，成为腐败的诱发因素。在各种人情中，人们还喜欢分个远近亲疏，这样更无助于廉政文化建设。在当时的社会环境下，官员贪污受贿甚至成为一种摆放台面的社会现象，人们对于这种行为既憎恶但同时又希望能够“走后门”，获得支持，这也和当时社会发展环境有关，廉政文化的缺失导致这种现象愈演愈烈，这种逐渐普遍的现象逐渐对一些廉政的官员产生影响，在这种行为日渐普遍的情况下也选择放弃廉政，加入贪污腐败的大队伍。

2.2.5.4 腐败文化的侵蚀

作为人类社会发展中必然存在的问题，腐败也是一种社会现象。但同时我们也必须要认识到，这种社会现象的存在是不合理、不正常的，必须要借助于一切有效的手段来遏制和减少腐败行为，之所以会产生腐败行为的泛滥，往往就是将其视为“正常”的社会现象。在廉政公署成立之前，香港曾经是一个贪腐之风盛行的地方，人们日常的生活和商业交易中普遍的给“茶钱”的习惯，人们在长期的生活中养成的这种行为往往将其称为是“习惯”而忽略了这也是一种贪腐行为。如果不是香港政府坚持不懈地惩治和预防腐败，健全完善各项廉政制度，加强廉政文化建设，彻底改变了市民的“生活习惯”，各种贪腐行为只会越来越泛滥。

中国是一个发展中国家，改革开放带来了社会的飞速发展和现代化的进程，但随之也让人们看到了更多的新的生活方式、价值取向、权力结构等等，这些全新的内容和思想不断地冲击着人们的生活和思想，也导致腐败的形式和方式更加复杂化、精细化，各种不廉洁的行为存在于生活的方方面面，同时也让人防不胜防。相对于各种实际利益的诱惑来讲，廉政的宣传和教育则要弱化得多。

2.2.5.5 相关制度的缺陷

金融廉政文化的建设离不开相应的制度维系和支撑。尽管在廉政文化的推进中主要强调的是以文化的方式强化对人们的影响，更好地侧重软约束的方式，但缺乏了硬管理的文化推进显然是难以有效贯彻落实廉政文化的。在进行廉政文化的推广中缺乏系统性的制度设计和超前的研究，刚性约束不足导致文化建设难以有效落实。尤其是进行廉政文化建设中采取的激励和惩戒措施、评估机制和推进机制等等研究方面都不够深入，缺乏应有的教育意义和震慑作用，导致文化建设过程中实践意义不强。与此同时目前反腐败建设过程中仍然存在较多的制度漏洞，一些腐败行为仍然在暗处滋生、发展，仍不时迸发出腐败的苗头，没有形成从根本上连根拔起的效果，这也难以满足目前中国社会发展中的廉政文化建设要求。

2.3 当前我国金融腐败的原因——人性的弱点

金融腐败的问题日益突出，金融系统的工作人员利用职务、职权和工作的便利，贪污、受贿、挪用和各种严重的违纪违规案件造成了严重的金融风险和恶劣的社会影响，重大的金融风险中往往孕育着巨大的金融腐败问题，这一问题应该进行深入的思考，在杜绝和防范重大风险的思考中，我们应该从其根源性问题入手，人性问题与金融特点的结合就是当前金融腐败频出和造成金融风险的主要根源性问题。

2.3.1 人性问题

人性问题具有始源性和本然性的意义。性善与性恶的差别，体现着中国文化根脉与西方文化传统的分野，但不是二者截然分开的历史鸿沟，性善问题揭示了人类向善的可能性，性恶问题则通过强调人性本恶来显示人类拯救的必要性。

着眼于人的本身存在，把人的生物学规定性作为人性尺度和人的内在本质立场，在理论上体现为“性恶论”观点。这在西方的基督教“原罪”观念中表现得最为突出，将人性恶的理念发挥到了极致。性恶论在理论基础上是一种经验论，只是把人看作一种肉体存在的实然客观事实，人性的自私和恶的一面凸显出来。如果从思想上或是理论层面出发，对人性的预设是以“性善论”为出发点的，从先秦时代的一些理论家就认为人的很多属性都可以还原为或归结为人的动物性，也提出了“其善者伪也”的著名命题。

在人类历史上，不同的人性论预设带来的是不同的历史文化的源流。西方文化从理性思维的立场出发确定了性恶论的总体认识，导致了现代社会人类自我肯定到自我审视的转变，从而实现了人类辩证认识自身的问题。西方对人性的认识是从本体论的视角切入，基于“人是什么”“人如何存在”“人去向何方”等问题深深追问，形成了现代人类不断反观自身的审视视角，在人发展过程中出现了“物化”—“异化”的过程，从而实现了人类整体迷失的问题，为了实现自我欲望的满足被外物所左右而破坏规则、规章制度等，最终损害了其他人及其社会的利益，导致了社会秩序的失衡。中国文化中儒家思想就有性恶的主张，将“性”完全归结为人的自然属性，人的本能就是恶的，有着趋利避害的本能，而人所表现出来“善”的行为则是后天对人性的改造所致。

2.3.1.1 人性之恶

在中国思想界从人的肉体存在的状态来思考问题，往往把人的动物性存在看作是人性的内在尺度和人的内在规定性，这就突出表现在了“人性恶”的认知上。先秦时期，“性恶论”的突出代表就是荀子，他指出：“人之性恶，其善者伪也”（《荀子·性恶》）的著名论断。在他看来，人类的本性就是恶的，人类的表现都是人为伪装出来的，尤其是道德不属于人类固有的性或是本质，这些都是外在的表现。荀子把恶作为人性的基本点，将其作为人性的自然属性，也就是自然界的一部分或是其生物学意义上的性质。“生而有耳目之欲，有好生色焉。”（《荀子·性恶》）因此，“凡性者，天之就也，不可学，不可事”。这里所说的天不是指的原有的道理或是事物的本质，更不是人之为人的本质属性，荀子只是想讲清楚这只是上天或是自然界赋予人类的一种本能而已，此外无他。在此基础上，荀子强调：“今人之性，目可以见，耳可以听；夫可以见之明不离目，可以听之聪不离耳”。从这句话就能看出荀子想要表达的就是人性本恶是一切事情的基础或是根本出发点，因此道德或是善的表现对人来说才能更有意义、更有规范性。

在善的表现和人的各种规范行为方面，荀子也承认是“人之为人者”与自然界其他事物相互区别的主要指向，但荀子并不认为这是人的内在特性和内在规定性，没有把人作为人而是将其视为一种认识对象，或是认识的客体来看待，有人也借此指出：“20 世纪 80 年代初我用系统方式研究人性，在最深处第六个层次上发现人是一个处于非平衡状态的耗散结构，要存在和向上进化就必须遵守普利高津方程，吸收负熵，输出熵，损环境以利己；所以最深刻最稳定的人性就是利己性，这一发现证明，在最深处的层次上人性既不美丽，也不崇高，更不善良，但没有办法，这是宇宙的普遍规律。人心中不断无中生有的利己性就潜藏在这个方程中，永远斗不净，也用不着斗，因为它的进化的动力。”①

在荀子这里，人从一出生就有好利之心、嫉妒之心、仇恶之心、耳目之欲，这就是荀子认为每个人都具备的“性”，不是孟子所说的“异于禽兽”的人性。在荀子的认知中，好利之心发展起来就产生了争夺，顺着嫉妒和仇恶的心发挥职能就会产生出现陷害忠良之事，沿着人的耳目之欲的发挥在那就会产生淫乱之事，这样下去就会出现礼仪尽毁、纷争不断，最终可能出现社会动荡。荀子说：“生而有口目之欲”，“从人之性，顺人之情必出于争夺”，“故顺情性而不辞让矣，辞让则悖于情性矣”，荀子这里将“性”“情”“欲”放在一起，所关注的就是人作为生物性的“性”，这种动物体的“性”任其发展就会对他人、社会、国家产生不利影响。

荀子对于善恶的标准是以他人、社会为参考面而言的，荀子强调社会功能对于人类的重要性，“凡古今天下之所谓善者，正理平治也；所谓恶者，偏险悖乱也，是善恶之分也矣。”（《性恶篇》）从古至今凡是我们称之为善的都是合乎礼仪法度、遵守社会秩序的行为；凡是恶的都是邪僻、奸险狡诈、背离社会正道而造成社会动荡的行为。统治者利用权势和法度来治理人民，倡明礼仪规范来教化民众，与加重刑罚禁止他们，使天下达到安定有序合乎大

① 闵家胤．进化的多元论——系统哲学的新体系［M］．北京：中国社会科学出版社，1999：4.

道，这就是统治者教化的结果；反之，统治者如果舍弃权势，没有礼仪法度的教化，没有刑罚的禁止，任由人民强者掠夺弱者、势强者欺负弱小，人们背离正道犯上作乱，人民相互残杀，就会造成社会的动荡、国家的消亡。这就说明任由人依靠本性自由的生存就会导致人类的消亡，需要依靠外在的强制力量和约束的规范才能使人类都相安无事、社会安定、国家稳定。

荀子的人性恶就是指出人性的欲望本身就是恶的，如果人都顺着性自然而然地发展就出现了欲望等得不到满足，顺着欲望的发展就必然呈现出恶的行为与事件，最终就会造成社会悖乱的情形。正是基于此，荀子才强调人类文明的发展是要经过后天的修习与不断自制才能够实现，这就是“化性起伪”的作用，通过人心中的知识、思虑等后天习得的能力而呈现出来。人性的恶导致对人普遍的不信任，基于此，荀子通过后天修习、社会规范和国家的法律等建立一系列外在的强制性与约束性的规则来避免人沿着性恶的方向发展避免人类集体堕落，这就使人不得不呈现出善的行为。

2.2.3.2 西方人性论

西方的人性论是建立在人性恶的预设基础之上的，最为典型的就是基督教的“原罪”观念。这种出发点是想通过人性本恶的立场来宣扬人类需要被拯救和自我救赎的必要性，这也成为近代经济学和金融学的立脚点。人性恶的主张在西方占据了主导地位，但是到了近代随着资本主义思想的萌芽与发展，产生了一些历史性的转移，即从“神本”到“人本”的转折，而人性恶的预设并没有什么变化，只不过更多地从生物学意义上来解释人性的问题。这个时期强调了人的生物本性的需要和其正当性，把尘世间的幸福作为人性最基本的规定性，强化了人的情欲、贪欲、生存欲和权势欲。从而实现了将人的贪婪和私欲置于合法性地位，阐释了其正当性。霍布斯曾强调人的本性是自私自利的，人天生就是自私的，他将人与人之间的关系描述为“一切人反对一切人的战争”。爱尔维修把人的自私自爱和肉体感受性当作人的根本属性。在费尔巴哈看来，人不过是一个自然产物，人对幸福的追求是人的本能，并最终决定着人类所有的行为。

人性恶是把人看作是一种肉体存在的事实，人的自私本性和恶的一面才能被极大凸显出来。人性恶的基础就是建立在经验和观察之上，休谟指出：

"关于人的科学是其他一切科学的唯一牢固的基础，而我们对这个科学本身所给予的唯一牢固基础，又必须建立在经验和观察之上"。因此，"凡自命为发现人性终极的原始性质的任何假设，一下子就应该被认为狂妄和虚幻"①。

按照马斯洛的需要层次理论，绝大多数人需要满足的是肉体层次的欲求，而超越肉体需要去追求精神层面的自我实现者总是极少数人。如果从现有经验论思维去推出结论：人性就是人的肉体存在所决定的生物学的性质。性恶论肯定的是人的肉体层面，这是与人的经验存在相符合的。由于对人的生物学性质的肯定，给予性恶论所做的制度安排，总是在经验意义上具有鲜明的效果。

2.2.3.3 人性论总论

马克思说过："应用到人身上来，如果要按效用原理来判断人的一切行为、运动、关系等等，也首先要广泛的研究一下人的本性，然后研究一下各个时期曾经历史发生过变化的人的本性。"② 马克思这里说的"人的本性"就是人性，什么是人性呢？人们以情感为纽带联结成的社会关系即是人性，它是依赖感情上的、具有一定社会性内涵的人类所共通的欲望与渴求。人性的典型特征就是以人类情感为基础，以人类共通的欲望与渴求为内容，没有感情因素的人性是不存在的，自然界存在的就是生存竞争，不存在着人性因素。人的欲望与渴求又是受到社会生活所限制和制约的，没有这个内容感情则是无源之水、无本之木。人性是一个历史范畴，每个时代和社会都具有非常广泛的内容。

人性作为社会所普遍具有的内容，其所包含的内容大致有这些：食欲、情欲、思欲、生存、爱美以及自由等渴求，这些欲望与渴求都是人类所普遍需要的和共有的，只要存在人类社会就会蕴含这些元素，没有例外。

口实之欲是人生存所必需的，"口之于味，有同嗜焉。"酸甜苦辣咸，是人生基本的基调。人类不仅有共通的食欲，而且也具有附着在这个内容之上的社会内涵。人们从事的社会活动各不相同，活动的范围也不尽相同，活动

---

① 大卫·休谟. 人性论（上）[M]. 北京：商务印书馆，1980：9.

② 卡尔·马克思. 资本论（第一卷）[M]. 北京：人民出版社，1963：669.

的目的也是千差万别，但是吃喝为从事社会实践活动的基础这是相同的，活动的内容都离不开这些基本的范畴。民以食为天，这是人类的共识。因为食欲是人的共同本性，所以任何一种社会活动、社会组织或是集团等，总是首先把解决人类的吃饭问题放在首位，也是人类从事其他活动的基本要求。

情欲，是通过人的心灵倾吐的形式把人联结成各种社会关系的网格线。隐匿于心、见之于行、表现多样、变化万千。情欲有两种，一是人们通过相互之间的联系产生的情感，例如血缘亲情之间的情感，男女之间的情愫，生死之交之间的情感等等。二是由于客观环境的不同效果而使人产生的各种情感，例如取得胜利后的欢乐，遭到不幸的悲痛，遇到挫折的沮丧，获得满足后的愉悦，攀比的虚荣感等等。不管何种情感或是情绪，都是人类所共有的。悲欢离合、喜怒哀乐、灭迹苦痛等，都是人之常情。没有感情的人就是冷血动物，杀戮横行是野兽行径。情欲泯灭，社会就不能称其为社会，人类就不能称其为人类。

思欲，是人与动物的根本区别之一。“心之官则思”，人的大脑主要功能就是思考。思想是可以超越一切局限性，遨游于世界任何角落、畅想于宇宙的任何空间。人具有思想的权利，而且这个权利是不可剥夺的，不能够让渡的。这里所说的不可剥夺就是指，思想作为人之所为人的自然尺度，就和悲欢离合爱恶欲等心理活动一样，是完全属于个人的，且每个人的具有各不相同的表现形态，这是生而有之的权利。所说的不可让渡就是指，思想的自由如同人身的自由，是真正的人不能放弃而其他人却不能代替的权利。没有思想的人就如同行尸走肉。因此，从法律上来说，除了人的行为以外，思想是不能成为法律制裁的对象的，人的行为是法律指向的唯一主体。在中国几千年的发展历程中，曾经出现过若干次钳制人们思想的行为或政策，但却没有从根本上解决当时的各种社会问题。

在众多的人性所包含的内容中，食欲和感性过程联系在一起，情欲前进了一步，思欲则是完全的理性活动。求生是人生存基的需求，爱美则是赋予人生心安理得而又充满光辉的价值。欲望和渴求都是属于精神形态的范围，但是与食、情、思的欲望比起来，爱美、求生、自主则跨上了精神层面，是人类行动的直接动因。所有这些人性的丰富内容如果不能通过理性合理控制，都会成为金融腐败的直接动因。

2.3.2 金融腐败与人性

金融是一把双刃剑，本身带有一定的魅惑力，导致很多行看不清楚金融的本性，即使是身在其中的金融人也容易被金融独特的特点所迷惑，从而产生了金融腐败现象，如果从根本上去挖掘的话，这其中就是人性在起着主要作用，因为近代经济与金融的发展就是以人性恶为前提的，也可以说人性的需求是金融腐败产生的原动力。由于社会本身的局限性尤其是其功利性，人性有向恶的方向发展的潜在可能。尽管有法律的禁锢、道德的约束、文化的影响，但恶的人性却能挣脱这些羁绊，沿着深渊迅速滑行。金融腐败是恶的人性之树上结出的黑色之花。英国央行前行长默文·金指出，货币和银行是人造的制度，是创新、繁荣和物质进步的重要来源，同时也是滋生贪婪、腐败和危机的温床。不论是好是坏，它们都必然对人类的福祉造成实质性影响。

金融行业是一般等价物（纸币等）特殊商品的行业，在规则、制度、监管不到位的情况下，人性弱点就能够趋使人在罪恶的深渊中越陷越深，这正如马克思所说："如果有百分之二十的利润，资本就会蠢蠢欲动；如果有百分之五十的利润，资本就会冒险；如果有百分之一百的利润，资本就敢于冒绞首的危险；如果有百分之三百的利润，资本就敢于践踏人间一切法律。"① 人性的贪婪也是一样的，欲望是植根于人性之中最本质的特征，而道德、秩序和规范是人性中后天通过环境与相互监督，在人类长期发展中才能够逐步确立起来的，即使这样面临着巨大利益吸引与欲望的不断增强，也会对已经形成的规范造成巨大的冲击。

在整个社会不断转型时期，人们的原有传统思想受到了西方思想、市场经济带来的相应的思想与观念的不断冲击，在广泛的释放人性欲望方面起到了推波助澜的作用，价值观念的整体迷失也是造成金融腐败的根源性要素。西方文化随着改革开放进入中国，同时西方的价值观念与个人主义也在冲击着以集体主义为核心的中国传统文化价值观念，极端个人主义逐渐影响了一部分人，以个人为中心、自我私利为核心的想法和做法逐渐成为这部分人的常态。在金融领域中出现了在贷款过程中"三查"和决策过程中请吃、请喝、

---

① 马克思恩格斯选集［M］. 北京：人民出版社，2020：297.

请玩等，最终反映在各种手续不能真实反映现实情况，造成国家不良贷款的数额激增，或是本身通过银行监管漏洞伙同其他人进行银行资金的转移和挪用。在某些方面也助长了社会上利欲熏心者利用职权、职位和资金等手段为自身获取非法收入的投机行为，从而产生了公款私存、存款搬家、贷款转移、私设项目等腐败行为，因为本身是银行内部的，行为不易被察觉，一旦察觉就已造成巨大的经济损失。

第3章　廉政与金融廉政

3.1　何为廉政

金融廉政文化是金融文化与廉政文化交织、融合的产物，值得说明的是，这种交织与融合并不是简单地将二者进行杂糅，而是将二者的核心内涵提炼出来加以排列、组合以及创造的过程。所形成的金融廉政文化既保留了金融文化与廉政文化各自的特色，又从整体上展现了金融廉政文化的独特魅力，创造性地为廉政金融的建设提供了文化动力。创造、培育以及发展金融廉政文化的目的是为了促进廉政金融的建设，是为了保证金融领域的风清气正，是为了保障金融工作人员的廉洁奉公，是廉政文化在金融领域的全面展开，其最终的目标是廉政，同时廉政也是廉政金融建设的着力点。因此，上述将金融文化与廉政文化进行排列、组合以及创造的过程中，廉政文化在整个金融廉政文化体系中是居于首位的。而在廉政文化中，显然廉政是居于核心位置的，因为“廉政”一词突出了廉政文化的特征，即该文化是一种以廉洁奉公为内容和目标的文化，“廉政”一词为廉政文化提供了准确的定位。

只有首先理解了“廉政”的定义与内涵，才能为金融廉政文化的培育与发展奠定基础；只有知晓了“廉政”的发展历程，尤其是中国共产党成立以来廉政文化的建设脉络，才能真正地理解廉政文化在整个政治生态体系之中的重要性；只有发现并熟悉了“廉政”的作用与意义，才能将廉政文化与金融文化相融合，进而更有针对性地在金融领域进行廉政教育，为廉政金融的实现与保持提供源源不断的文化动力。

3.1.1 “廉政”的定义

“廉政”一词是“廉洁政治”或者“清廉政治”的简称，所描述的是一种风清气正、清廉奉公的政治状态。但是，“廉政”一词不仅仅局限地应用于政治领域，随着时间的推移以及社会的进步，“廉政”一词被应用到了社会的多个领域，而且实践结果证明，“廉政”并没有因为跨领域的应用而失去特色，其作用亦没有被削弱，反而在不同的领域均取得了显著的成果。因此，“廉政”并没有一个精准的定义，因为其内涵会随着社会的发展尤其是经济基础的进步而不断丰富，其表现形式亦会随着时代的变化而变化。因此，本书关于“廉政”的定义也是在对一般意义上的“廉政”定义进行整理汇总的基础上，结合“廉政”的衍变历程并根据新时代下党的廉政工作的主要部署安排所作出的概括性的表述。由此可以看出对“廉政”进行定义的过程，亦是发现并赋予其新的时代内涵的过程。

“廉政”一词在《现代汉语词典》（第7版）中的词性是动词，意思为：“使政治廉洁。”但是，这一定义显然不能很好地阐释“廉政”的内涵与外延。欲想真正地对某一概念进行认知，必须较为准确地界定这一概念的内涵与外延，这一界定的过程也是不断试错的过程。即通过搜集整理资料并调查该概念所涵摄的领域发展现状来对某一概念的内涵与外延进行初步界定，之后将这一概念置于社会实践中去检验，观察这一概念的内涵与外延是否能够全面地涵盖当前社会大众对它的认知，是否能够解决之前定义所产生的问题尤其是与时代发展脉络相矛盾的地方，根据检验结果再次对该概念的内涵与外延进行修正，如此反复，直至得到一个较为科学的定义。

对“廉政”进行定义，首先应当将其拆解开来，发现其原始的含义。如前所述，“廉政”是廉洁政治或者清廉政治的简称。按照清代文字训诂学家段玉裁所著《说文解字注》的解释：“廉，棱也。引申之为清也，俭也，严利也。”根据这个解释，我们可以知道，“廉”原本的意思是物体的侧边、棱角，是物体边缘的一种表述，正是可能因为这种“侧边、棱角”带有框架的意思，之后才被引申为清廉、廉洁、节俭、收敛以及俭朴等意思，因为这些被引申的意思同样是对一个人尤其是为政者的一种要求。而“政”在古代多用该单字表示政事、国家等含义。“政”与“政治”不同，后者是在清末民初时期，由日本流传至我国。“政治”作为名词，其与我国古代的“政”同义，但“政治”亦可作为动词进行阐释。孙中山先生在对“政治”一词进行阐释的时候便提到，“政”指众人之事，而“治”则是管理的意思。因此，“政治”作为动词，其含义便是管理众人之事。而当代社会所称“政治”若按照动词来进行阐释，其实更符合词语的本意。如“民主政治”就是民主地管理众人之事，这种“副词加动词”的结构能够更好地将某种状态描述出来。因此，“廉政”的本意即为“廉洁政治”，指廉洁地管理好众人之事。另外，既然“政”是指众人之事，因此，这也与前述“廉政”被应用于社会的多个领域的现状相契合。而这种阐释也与权力的实质相呼应，按照社会契约论，国家的权力是公民所让渡给国家的，虽然所让渡的这一部分的内容以及权力的大小存在争议，但可以肯定的是，权力是来源于公民的，是公民交给管理者的。管理者享有管理的权力，就应该履行一定的义务，其中自然就包括保护公民的安全，公正地处理纠纷等内容。按照这样的逻辑顺序，管理众人之事的权力自然是来源于众人，众人在接受管理的同时需要管理者作出承诺，以保障权力行使的公平、公正，不会受外在因素的影响，同时众人也需要监督管理者行使权力的过程。权力导致腐败，绝对的权力绝对导致腐败，而“廉政”所描述的正是一种权力的监督制约方式，将“廉”置于“政”之前，给权力套上廉洁的笼子，以求众人之事能够更公平公正地被管理，众人亦能更为信服管理者。纵观我国民主政治以及党的建设所取得的成就，加之中国特色社会主义制度所散发出的强大生机，上述关于“廉政”本意的阐释放在任何一个领域都是能够适用的。

社会环境的变化会给廉政建设带来新的挑战，为了应对这些挑战，化解潜在的风险，“廉政”的内涵与外延也在不断地变化，其总体的发展趋势是随着时代的发展而不断地科学化、丰富化。尤其是中国共产党成立后，廉政思想、廉政文化以及廉政事业都得到了非常迅速的发展，取得了非常优异的成果。我们党的百年历史就是一部践行党的初心和使命的历史，在这百年风雨中，共产党人经受住了各种考验，应对好了各种风险，在这筚路蓝缕、奠基立业的一百年中，廉政思想、廉政文化以及廉政事业的作用是显而易见的。无论是毛泽东同志所提出的“两个务必”还是习近平总书记所提出的“伟大工程”以及我们党所提出的其他关于为政、党建等论述中都存在着“廉政”的身影，因此，当今时代下“廉政”的定义必然包括党的领导这一根本内涵。而随着改革开放的深入，社会主义市场经济的发展，廉政工作所影响的领域越来越广泛，开放的外部环境以及“摸着石头过河”的自身步伐也迫切地需要廉政工作的深入展开。改革开放以来，我们党和国家事业发展最大的一个主题便是建设中国特色社会主义。而廉政文化作为中国特色社会主义文化的重要组成部分，自然也是应当具有中国特色的，否则便无法切合中国的实际，亦无法有针对性地解决中国问题。因此，将“建设中国特色社会主义”这一主题置于“廉政”的内涵之中是时代的选择，是经得起现实检验的。最后，十八大以来，我们国家进入了新时代，在新时代的今天，我们党面临并经受着“四大危险”和“四大考验”的挑战。想要保障党和国家的长治久安，想要发挥好我们党总揽全局、协调各方的作用，必须继续发挥廉政思想、廉政文化以及廉政事业的作用。因此，今天的“廉政”一定是新时代的廉政，一定是东西南北中、党政军民学全方位全领域的“廉政”。

综上，现今关于“廉政”的定义应当是：进入新时代后，在党的领导下，管理者要沿着中国特色社会主义道路清廉俭朴地管理好众人之事，以求公平、公正，使被管理者自觉接受、相信并可以监督管理者行使权力的过程。

3.1.2 “廉政”的内涵

“廉政”的内涵是其定义的具体展开，解读“廉政”内涵的过程就是将其定义中重要的部分结合现实并予以阐释的过程。另外，对“廉政”的内涵进行研读，是把握金融廉政文化核心内涵的基础。如前所述，在金融廉政文化中，“廉政”是居于首要位置的，金融廉政文化是廉政文化在金融领域的创造性发展，是结合金融领域的行业特点以及从业人员的工作、生活习惯有针对性地帮助廉政金融建设的一种文化。因此，只有把握了“廉政”的内涵，才能使其更好地与金融文化相结合；更重要的是，在这一交织融合过程中只有保持廉政文化的特色才能够达到培育和发展金融廉政文化的目的。因此，把握“廉政”的内涵是培育和发展金融廉政文化过程中的抓住主要矛盾的体现。“廉政”的内涵主要包括如下四个方面。

3.1.2.1 “廉政”是中国特色社会主义的廉政

如前所述，改革开放以来党和国家事业发展最大的主题就是建设中国特色社会主义。我们用中国办法不断地解决中国问题，开辟了一条具有中国特色的社会主义道路；我们用中国制度化解中国矛盾，确立了一套完善且极具优越性的具有中国特色的社会主义制度；我们用中国思想武装中国头脑，作为一切行动的指引与根本遵循，坚定不移地推进马克思主义中国化的进程，形成了一套极具中国特色的社会主义理论体系；我们用中国文化滋养中国人民，培育并发展了极具生命力、感召力和渲染力的中国特色社会主义文化。中国特色社会主义是党领导人民在改革开放后取得的成绩的归功之处，也正是因为此，我们才要坚定“四个自信”。而“廉政”所涵摄的廉政文化、廉政工程以及廉政事业也都必须是有中国特色的，只有这样，“廉政”的内涵与外延才能经受得起中国问题的考验。中国特色社会主义的“廉政”主要有三点要求。首先，中国特色社会主义的“廉政”要紧扣“建设中国特色社会主义”这一主题，尤其是在新时代的时代背景下，“廉政”贯穿于社会的各个领域，金融廉政文化就是一个典型的例子。其次，中国特色社会主义的“廉政”要坚定政治站位，此处的政治站位当然包括坚定党的领导，但是具体内容远不止于此，坚定政治站位的根本是要明确“廉政”的政治属性，“廉政”是我们党和国家实现长治久安的一个所必须追求并要实现的目标。最后，中国特色社会主义的“廉政”要善于从中国优秀传统文化中汲取营养，并将我们的民族精神与时代精神的核心融于“廉政”之中，真正让每一个中国人都能感受并接受“廉政”的作用与价值。

3.1.2.2 “廉政”是党领导下的廉政

虽然党的领导是“廉政”的政治属性的重要内容之一，也是政治属性最鲜明的特征，但是党领导下的廉政与前述中国特色社会主义的廉政有其各自的侧重点。中国特色社会主义的廉政在前一部分已经说明，其侧重点无疑是在强调我们国家社会主义廉政文化、廉政思想以及廉政工作要具备“中国特色”；而党领导下的廉政强调的是领导力量。无论是培育和发展廉政文化，还是坚定不移地走廉政道路抑或是在廉政工程的建设过程中，我们都应当坚持党的领导。党领导下的廉政这一内涵突出了“廉政”的根本保障，目前全国各行各业以及各个地方都在深入推进党支部建设且取得了优异的成绩，党支部的建设意味着这个区域或者这个组织有了坚强的领导力量，有了持续健康发展的根本保障，廉政工作亦是如此。此外，党领导下的廉政还意味着党自身必须进行廉政工作，其中最典型的就是“伟大工程”构想的提出，党建工作是我们党百年历史中永恒的一个主题，党建工作的目标之一便是“廉政”。如此一来，党领导下的廉政，既为“廉政”提供了坚实力量与根本保障，同时也利于党建工作的深入展开，二者相互促进，最终实现新时代中国特色社会主义的廉政格局。

另外，在把握党领导下的廉政与前述中国特色社会主义的廉政二者侧重点的前提下，也要注意到二者之间的联系。党的领导是中国特色社会主义最本质的特征、是最大的优势。正因如此，我们只要坚定中国特色社会主义，就必须坚定不移地做到“两个维护”，廉政工作当然不能例外。因为廉政建设是一个系统工程，在这一过程中，只有我们党能够将各项具体的工作串联起来，只有我们党才能使廉政工作体系化、制度化，只有我们党能够使我们国家的社会主义廉政文化、廉政思想以及廉政工作永葆中国特色。

3.1.2.3“廉政”是过程与目标相统一的廉政

“廉政”一词在当今时代语境下常常被用作名词，其含义前述内容已经阐释，是人们所追求的一种廉洁奉公的政治状态。当“廉政”一词用作名词时，其所反映的就是廉政思想、廉政文化以及廉政工作所要追求的价值目标。而按照前述中孙中山先生关于“政治”一词的解读，“廉政”则为动词，其所反映的是廉政建设的过程。加之上述随着社会的发展所赋予的“廉政”一词新的时代内涵，“廉政”实际上所反映的便是廉政建设的过程、前进的道路、领导力量以及最终价值目标的统一。廉政建设的过程同其他事物发展的过程一样，并非是一帆风顺的，其同样遵循波浪式前进、螺旋式上升的哲学原理。但是廉政作为一种价值目标，它是历史所选择的目标，是人民所选择的目标。因此，廉政在历史的洪流中是能够扎稳根的，在时间的长河中是能够站得住脚的。“廉政”的过程虽然可能充满荆棘与考验，但是“廉政”的目标是一定能够实现的。这样一种过程与目标相统一的廉政在自身的发展过程中可以收获一举两得的效果。因为随着时代的发展不断进行目标调整的过程同时也是调整道路的过程；而清廉奉公地管理众人之事的过程也是积累经验、不断思考的过程，为廉政建设的最终走向提供借鉴与参考。因此，这种目标与过程的内在的统一性可以让廉政建设尽量少走弯路，早日实现廉洁奉公地管理众人之事的政治形态。

3.1.2.4 “廉政”是有保障的廉政

如前所述，廉政建设是我们党和国家所部署的一项系统工程，因此为了促进廉政文化、廉政思想以及廉政工作健康、持续地发展，我们党和国家为廉政建设提供了一系列的保障措施。具体包括物质保障、精神保障、制度保障以及法律保障等四个方面。关于廉政建设的物质保障有两方面的含义，一是对于廉政文化、廉政思想以及廉政工作发展迅速、成果丰硕的领域、行业以及个人给予物质奖励；二是在廉政建设过程中党和国家所给予的物质支持，通过增购基础设施、举办宣传教育等形式帮助推进廉政建设的工作进程。而精神保障的侧重点在于充分发挥榜样的力量，通过表彰先进廉政建设的组织或者个人，让其他组织和个人充分体会并学习廉政文化，精神保障的作用是能够让廉政榜样讲好廉政故事，充分在人们内心深处发挥廉政力量。廉政的制度保障毫无疑问就是中国特色社会主义制度，而具体而言还包括我们国家的根本政治制度与基本政治制度。只有将权力关进并关好、关严在制度的笼子里，腐败才不敢发生，只有将权力的运行过程置于人民的目光之下，腐败才不会发生。廉政的法律保障是指运用我们国家已经建成的中国特色社会主义法律体系来保障廉政建设，通过发挥各个部门法的作用，让贪污腐败的行为得到应有的惩罚。法律是由国家强制力保障实施的社会规范，用法律保障廉政建设不单单是为了提供强有力的保障，更重要的是代表着国家的一种支持廉政建设的态度，代表着国家打击一切破坏廉政行为的决心。总之，“廉政”是有保障的廉政，这种保障是自上而下、体制健全、全民参与且坚强有力的保障。

3.1.3 廉政的产生与发展

3.1.3.1 中国传统文化中廉政思想的产生

中国是世界四大文明古国之一，拥有着上下五千年的历史，在这段恢宏的历史画卷中，有着数不胜数的王朝的更替、国家的兴衰，其中每一次朝代更迭都会给后世留下深刻的历史教训。就统治集团内部而言，这段历史是一部反腐倡廉的发展史，而廉政则昌，腐败则衰，已然成为这段发展史的规律，廉政思想也逐渐在中国传统文化中占据越来越重要的地位，因此，历朝历代的政治家、思想家无不围绕着廉政进行过深刻的研究和讨论，其中以儒家和墨家的廉政思想最为突出。

儒家所提倡的是“为政以德”的廉政思想。儒家在中国的政治思想史上占据着十分重要的地位，特别是孔子主张的“为政以德”的廉政思想深受历代统治者的推崇，其思想内容主要体现在以下三个方面。

①廉政的核心是政德。政德是政治和道德的结合体，这不是二者简单地相加，而是二者有机地排列组合在一起，这更好地诠释了廉政的魅力，促进廉政的建设，达到廉政的目的。儒家强调，统治者的行为对社会有着重要影响，为此要求统治者要有道德修养、浩然正气，“政者，正也。子帅已正，孰敢不正?”（《论语·颜渊》）

②“克己奉公”的道德标准是廉政的重要保证。如何对待义与利、公与私，在一定程度上决定了廉政的标准与程度。儒家认为，义与利是相互包含的。克己奉公者一定要见利思义，廉洁为民。因此，处理好义与利、公与私之间的关系是廉政的重要保证。

③廉政的关键是官吏的任用。孔子爱才好士，将人才的选拔放在了重要的位置上。孟子认为，君主要多倾听百姓的意见，选拔出仁政为民的官员，惩治那些贪污腐败的官员。荀子认为，实现廉政，用人是关键，“无德不贵，无能不官”（《荀子·王制》）。

墨家的“兼爱”思想中亦有廉政的体现。战国时期，百家争鸣，墨家也是诸子百家之一，“兼爱”是墨家思想的核心之一。“兼爱”主张人与人之间实行一种先人后己、普遍无差别的爱，围绕着这个核心，墨家逐渐完善了其廉政思想。

①“非攻”，即反对侵略战争。战争是战国时期最为普遍的社会现象，墨子指出，战争的产生是因为统治者为了满足自己的私利、缺少“兼爱”的缘故，而战争造成百姓流离失所，社会动荡更是使廉政失去了外在的保障，不利于廉政的产生与推广。

②“尚贤”，尊重、重用贤人。墨子十分重视人才的选拔，“有贤良之士重，则国家之治厚；贤良之士寡，则国家之治薄”（《墨子·尚贤上》）。他主张选拔人才不论出身高低贵贱，只要有道德修养、八斗之才，便应被大力提拔，这也是加强廉政建设的关键。

③“节用”，提倡节俭。出身为劳动者的墨子，珍惜百姓的劳动成果，反对统治者的铺张浪费，并对浪费进行了猛烈的抨击。提倡节用既是中国传统文化的精华之一，也是廉政的主要措施和内在要求。

3.1.3.2 共产党成立以来的廉政思想

1921 年 7 月 23 日，中国共产党成立，从此中国的革命焕然一新，毛泽东同志作为中国共产党第一代领导核心，在带领人民进行伟大革命和社会主义建设的过程中，一直将党和政府的防腐倡廉建设放在重要位置，形成了建党以来第一次比较系统的廉政思想，其核心要义主要分为以下四个方面。

第一，毛泽东同志以身作则并多次开展整党、整风运动，全力促成全党上下养成勤俭节约，反对浪费的优良风气。第二，新中国成立以来，毛泽东同志亲自领导了影响深刻、范围广泛的以反贪污、反浪费和反官僚主义为主要内容的“三反运动”，加强了全国的廉政建设。第三，毛泽东同志始终将人民的利益放在首要地位，注意发扬民主，倡导民主监督，这既是跳出历史周期率的重要举措，也是促成廉政建设的重要渠道。第四，毛泽东同志认为，建立并完善反腐败的法律制度是从根本上解决腐败问题的重要举措，对党内贪污腐败现象零容忍，对一切触犯法律的行为严格依法惩处，保障了廉政建设的进行。

邓小平深刻地感受到了当时中国革命的发展与变化，并且自党的十一届三中全会以来，邓小平同志作为新一代领导核心，更是亲自领导了全国的反腐败斗争。在邓小平理论中，廉政建设是其不可或缺的有机组成部分。

邓小平廉政思想具有以下几个特点。首先，邓小平廉政思想具有继承性，它既辩证地吸收了古代的廉政思想，也继承与发展了马克思主义、毛泽东思想中的廉政部分。其次，邓小平廉政思想具有创造性，它不仅继承了前人的思想，更在此基础上大胆创新，不断地对中国的廉政思想进行补充，极大丰富了当时中国的廉政思想。最后，邓小平廉政思想具有实践性，邓小平同志具有丰富的革命经验和反腐经验，在其带领人民进行伟大实践的过程中，以实事求是的态度综合各方面因素，根据实际情况制定出符合当时我国国情的廉政建设道路，推动了我国廉政建设的发展。

“三个代表”重要思想于党的十六大被写入党章，是当时廉政建设的最新指南。首先始终代表中国先进生产力的发展要求，便要求在廉政建设的过程中要不断提出新思路，解决新问题，跟得上时代的发展与需求，做到与时俱进。其次始终代表中国先进文化的前进方向，这便要求我们要始终保持党的先进性，坚持从严管党、从严治党，将廉政建设贯彻到党的各项工作当中。最后始终代表中国最广大人民的根本利益，要求党的廉政建设必须以人民的根本利益作为起点和终点，始终以人民为中心。

科学发展观是马克思主义进一步中国化的成果，在新的历史条件下，以胡锦涛同志为核心的新一代领导集体进一步加强了对廉政建设的工作力度，坚持惩治和预防并重的基本原则，不断完善惩治和预防腐败体系，在党的十六届四中全会上，故锦涛同志进一步提出“标本兼治，综合治理，惩防并举，注意预防”的十六字方针，进一步推动和完善了我国的廉政建设，丰富了我国的廉政思想，为社会主义各项事务又快又好地发展贡献了力量。

3.1.3.3 新时代中国特色社会主义廉政思想

党的十八大以来，中国的廉政建设和反腐斗争进入了一个新的时代，一大批贪污腐败的案件在习近平总书记的领导下、人民的监督下和反腐倡廉手段的创新下得到查处，一场震惊世界的中国廉政飓风席卷了神州大陆，以习近平同志为核心的领导集体对廉政的思考也达到了前所未有的高度，在十九届中央纪委三次会议上，习近平总书记强调：“要继续推进全面从严治党，继续推进党风廉政建设和反腐斗争。”① 同时习近平总书记进一步指出，要理论联系实际，始终把理论创新当作廉政建设的指南，在理论与实践相结合的前提下，积极寻找出一条适应新时代发展的廉政建设之路。

首先，健全法律法规，严惩腐败现象。健全法律法规、严惩腐败现象是

---

① 人民网．习近平在十九届中央纪委三次全会上发表重要讲话强调取得全面从严治党更大战略性成果巩固发展反腐败斗争压倒性胜利［EB/OL］．(2019－01－12)［2021－03－26］．http：//cpc. people. com. cn/n1/2019/0112/c64094－30523624. html.

新时代廉政建设的重要保障。党的十八大以来，以习近平为核心的领导集体为了适应时代的发展和需要，出台了《建立健全惩治和预防腐败体系 2013—2017 年工作规划》，不断对我国目前的法律法规存在的某些薄弱环节进行规范和改进，注意加强党内成员的法律意识，在实现廉政建设和法治建设的有机结合的同时，依法严惩腐败现象，充分发挥法律对腐败分子的震慑作用，运用法制手段保障中国的廉政建设。

其次，依靠制度反腐，加强廉政建设。在新的历史条件下，随着时代的发展和社会主义建设的不断深入，我国的廉政建设也即将进入一个新的时期。党的十八届三中全会进一步指出，要加强廉政建设就必须坚持制度建设，把权、事、人纳入制度化管理的轨道中，以人民群众对权力的监督，来进一步使权力的运行更加透明化和阳光化，要统筹推进教育、监督、制度、惩治等各方面工作，推动完善廉政建设制度保障体系，加强廉政建设，增强反腐倡廉的系统性。

最后，高度强调廉政建设是实现中国梦的基本前提条件。党的十八大以来，习近平总书记将中国梦定义为实现中华民族的伟大复兴，而实现中国梦是习近平总书记提出的重要指导思想和执政理念，并且表示中国梦一定可以实现。习近平总书记进一步指出，党的建设对于实现中国梦有着重要意义，要想更好地实现中华民族的伟大复兴，必须坚持抓好党的建设中的各项工作。习近平总书记在十八届中央纪委二次全会上进一步强调："党风廉政建设和反腐败斗争，是党的建设的重大任务。为政清廉才能取信于民，秉公用权才能赢得人心。"① 要充分认识到廉政建设是实现中国梦的基本前提条件，不断提高党的执政能力和廉政建设的科学化水平，以廉政来助力推动中国梦的实现。

3.1.4 廉政的作用与意义

3.1.4.1 廉政的作用

现如今存在于各行各业中的腐败与违规的情况，不仅会对相应的行业产生消极影响，甚至对国家、社会也会产生不利因素，而廉政正是打击这种情

---

① 习近平．习近平谈治国理政（第一卷）[M]．北京：外文出版社，2018：385.

况发生的一个极其重要且必不可少的手段，有着重要的作用。

廉政在党风中的作用。中国共产党是我们国家的执政党，是中国特色社会主义事业的领导核心。中国的飞速发展有目共睹、举世罕见。当今时代，国家国泰民安、百姓安居乐业，这正是在中国共产党的领导下才实现的。取得这一成就的重要原因是党拥有一支优秀的党员队伍。这体现了建设一支先进的、纯洁的党员队伍的重要性。而建设这样一支队伍的关键就是党风廉政建设。自党的十八大以来，以习近平同志为核心的党中央，高度重视党风廉政建设，以坚决的态度对待违反党纪的行为。党中央所推行的党风廉政建设有利地帮助了党员们树立廉政意识、提升自身能力、规范自身行为、树立良好形象，从而不断地壮大党员队伍的力量，为中国特色社会主义事业的不断前进提供强大的支撑和保障。

廉政在政府中的作用。我国是社会主义国家，《宪法》明确规定："中华人民共和国的一切权力属于人民。"人民是国家的主人，是国家权力的拥有者。政府是行使人民所赋予的权力的机关，为人民服务、对人民负责。政府通过行使权力为人民提供各种服务和保障。但如今，形式主义、官僚主义、贪污腐败的存在对政府的形象以及公信力造成了很大的影响。长此以往，人民对政府的信心下降，最终会影响国家的长治久安。因此推行廉政建设是十分必要的。最近几年在深入推进廉政建设的要求下，监察部门不断出击，坚决惩治腐败行为、全面落实廉政建设，对政府廉政建设和反腐败工作的成功起到了极大的推动作用，有力地震慑了政府部门中违法、违规行为的出现，规范了政府工作人员的行为，从而促进了经济社会发展和人民生活水平的提高，保护了人民群众的利益。

廉政在国企中的作用。国有企业在确保国民经济持续、快速、健康发展，发挥着支柱性作用。如今在事关国民经济命脉及国家战略安全的行业中，国有企业莫不处于支配地位。正是因为国有企业所发挥的重要作用，才能保护国家经济命脉以及国家对国民经济的控制力，从而保证国家安全、促进经济向更好和更快的方向发展。如果不对国有企业内部进行严格的规范与管理，那么就会造成工作失误、贪污腐败、违法违规等问题，这些情况的发生对企业自身的运转会造成不利影响，所带来的是国家利益的损失。所以，国有企业的廉政建设十分重要。国有企业进行廉政建设可以使国有企业保持高度清醒的状态，将廉政建设与反腐工作的实际工作落到实处。随着廉政建设与反腐工作的不断推进，国有企业保持健康发展的态势，从而使国有企业在保障国家安全、促进科技进步等方面发挥更大的作用。

廉政在金融中的作用。金融是国民经济的核心。由于金融行业同资金货币关系极为密切，可以说现代的一切经济活动几乎都离不开金融行业的资金货币运动，现在的金融行业早已渗透到社会的各个行业之中。所谓“自古财帛动人心”，“财帛”容易使人堕落，同时又因为社会上存在的一些利益关系，腐败往往比其他行业更容易滋生出来。而金融腐败不仅祸及金融行业，还会因为金融行业与其他各行各业的密切联系而引发一系列的连锁反应，导致其他行业的发展受到影响，引起经济秩序的混乱，更严重的甚至会引发国家政治动荡，动摇国本。所以廉政建设不仅关乎金融行业的生死存亡与发展，同时还关乎国家经济的发展乃至国家安全。正因如此，加强金融廉政建设便显得尤为重要。在金融行业进行廉政建设不仅有利于维护国家金融行业的稳定与发展，而且对其他行业也会产生良性影响，进而维护整个国家的经济命脉与国家安全。同时国家也可以根据国民经济发展的状况，通过制定各种扩张的或紧缩的财政政策与货币政策，运用各种调控手段，对经济发展的速度、规模和方向进行适当的调整，在稳定国民经济的前提下，促进经济的健康发展。

廉政在教育中的作用。廉政在教育中的作用分为两方面：一方面是对教育行业内部即工作人员的作用，另一方面是对教育的客体即学生的作用。通常来讲，教育系统内部的廉政建设往往较容易被忽视，人们往往认为学校是一个封闭的“世外桃源”，但我们不得不承认，随着社会环境与人们思想的不断变化，教育系统的内部环境也逐渐变得复杂与不确定。如今在教育系统内部也存在着一定的腐败问题。而这些问题因为隐藏在教育系统内部而难以为人们所熟知。对教育系统内部工作人员的进行廉政建设，可以使教育工作更加顺畅，营造积极向上的思想氛围，促进教育系统的发展。而对学生的教育则更加重要，“百年大计，教育为本”，教育是一个国家兴旺发达的重要基础，教育水平的高低决定着一个国家的综合发展水平与创新能力的强弱，并最终决定着国家的未来。针对学校的学生进行廉政方面的思想教育，并贯彻到学生的思维中，让学生了解廉政的意义，意识到廉政的重要性，可以使学生们在进入社会之前形成廉政思维，让学生在进入社会之后也能保证正确的价值观，为社会发展做出贡献。所以，教育系统的廉政建设非常重要，是一项长期的工作内容。

3.1.4.2 廉政建设的意义

廉政建设关系着社会总体的思想水平、道德规范与未来发展，具有极其重要的意义。首先，廉政建设具有道德规范的意义。通过廉政建设能使人们的内心思想得到道德约束，从而在人们的内心中形成一定的道德准则，而这种准则能够使人们在行动中做出正确的选择，行为得到正确的引导。同时，这里的道德规范，不仅能够对人们自身产生影响，也能够在社会中形成相应的道德规范，使社会总体上形成廉政的风气，从而构建和谐社会。

其次，廉政建设具有行为引导的意义。随着科技的发展，廉政建设的信息可以通过各种各样的工具进行传递，不仅会让人们从多种方式、不同方面了解廉政建设的内容，而且也会让人们在获取廉政建设信息的同时，潜移默化地受到熏陶，使人们的行动具有规范性。同时，廉政建设还能使人们通过自己的行为影响到其他人，使其他人也能够做出正确的选择、决定和行为。

再次，廉政建设具有社会监督的意义。廉政建设不仅可以使人们监督自身的行为，而且也会唤起人们监督他人的意识，从而形成公众对社会总体的监督，这种监督是十分有益的和必要的，通过对社会的总体监督，会对各种违法、违规行为产生极大的威慑力。事实证明，如今大部分违法违规行为的发现和查处都是由社会监督所发现的，这些监督不仅有公众监督，也有社会团体监督、法律监督、舆论监督。这些监督方式共同对廉政建设起着重要的作用。

最后，廉政建设具有凝聚人心的作用。廉政建设帮助我们塑造出一个积极、正确、向上、健康的社会环境，从而使人们对社会环境拥有认同感和归属感，它能使全体社会成员在这种社会氛围中得到一定的教育和改变。从而使处于不同水平、不同岗位上的人们在相同的目标和氛围中团聚起来，从而使整个社会团结起来、共同凝聚力量，应对一切可知和不可知的风险和挑战。

3.2 何为金融廉政

3.2.1 金融与廉政的关系

金融与廉政的结合，是金融健康发展与国家廉政建设的共同要求，具有历史必然性。无论是从现代金融经济看还是从国家廉政建设要求看，二者都是相辅相成、不可分割的。

3.2.1.1 从金融与廉政的视角看

(1) 廉政是金融的防火墙、安全卫士

金融安全是国家安全的重要组成部分，也是保证金融业为社会主义经济建设服务的根本要求。廉政是降低金融风险、实现国家金融安全的重要保障。由于金融的虚拟性、投机性和国际化，金融业的安全存在很多漏洞和隐患。比如易于受到国外投机资金的冲击和反华势力的滋扰破坏，易于受国际金融危机的牵连，易于受国外或周边国家金融政策影响，易于受业内金融腐败和金融犯罪的损伤，易于受社会心理的左右，因此，金融安全较为脆弱，风险隐患不易觉察，危机爆发较为突然。堡垒常破于内部。为了保证金融安全，防范系统性金融风险，就必须加金融廉政文化建设，提高金融机构的安全意识和抵御风险的能力，坚决打击和惩治金融腐败、金融犯罪，引导金融员工树立清廉为官、廉洁从业、奉公守法、取之有道、义利并重的价值观和职业道德，从根本上消除金融安全的隐患。

(2) 廉政教育是金融的中和剂和营养液

廉政文化可以弥补和中和西方单纯的专业教育之不足，在让学生掌握深厚的专业理论、具备扎实的专业基本功，成为经济金融领域的合格建设者的同时，让学生成为爱党爱国爱社会主义制度、德才兼备、廉洁奉公、清正为本的可靠接班人，即坚定“四个自信”“四个意识”、做到“两个维护”、政治上可靠合格的人。只有首先成为中国特色社会主义财政金融事业的可靠接班人，继而才能成为合格建设者。否则，如果只是专业上成才而政治上不合格不可靠，那绝非合格建设者，而是掘墓人、颠覆者和蠹虫，因此，必须先传道立德，涂好底色，然后才能授业育材，加工成型。这就需要在进行经济金融专业知识教育的同时，加强思想政治理论教育和金融廉政文化教育，以使学生德才兼备、德艺双馨、又红又专。

（3）廉政是金融业的清洁工和修理工

从表面看，金融业是一个光鲜亮丽的行业，不仅工作地点富丽堂皇，工作环境优雅，而且薪酬水平普遍较高，社会地位较为显赫，是大众眼中典型的“高大上、白富美”行业，其员工是令人羡慕的白领人士和高薪阶层。事实上，金融业也的确名副其实。有统计显示，改革开放以来，我国金融业职工的平均薪酬在主要行业平均薪酬中长期位居第一位，只是近年才被IT行业超越，退居次席。即便如此，金融业员工的薪酬依旧被其他行业所艳羡。

但与此同时，金融行业也是我国腐败现象高发频发、大案要案不断的主要领域，也是我国党风廉政建设和反腐败斗争的重点战场。从金融腐败的涉案人员看，“不仅有监管部门‘高官’和金融机构的‘高管’，也有一般干部和普通员工”。据不完全统计，“从2013年5月到2017年5月，四年间，仅在中央纪委网站通报的金融监管官员和国有金融机构工作人员就有35人，其中，包括原保监会主席项俊波，原证监会主席助理张育军，以及此次通报的银监会主席助理杨家才在内的监管层官员有12人，银行10人，保险公司4人，投资机构7人，其他相关政府部门2人”①。到了2018年更是爆出华融资产管理集团董事长赖小民近18亿元的贪腐大案，令人触目惊心、令社会瞠目结舌。从2019年金融领域反腐工作来看，又有中国中信集团有限公司执行董事赵景文、国家开发银行董事长胡怀邦两名中管干部落马，20余名金融领域党和国家机关、国企和金融单位干部被通报，其中15人被查。与近年金融领域的落马干部相比，2019年呈现增加趋势。虽然众多贪腐分子不断被查出，但贪腐现象仍然“前腐后继”。2020年又爆出青海银行原董事长王丽的“奢侈品”人生：用一处私人住所，专门藏匿赃款赃物，包括一柜子的爱马仕丝

---

① 贺斌．金融领域成腐败高发区如何从制度上补齐监管短板？［EB/OL］．（2017－06－08）［2021－03－26］．https：//www.chinanews.com.cn/sh/2017/06－08/8245109.shtml.

巾和40多个名包，其贪腐程度令人咋舌。贪污受贿、挪用公款、内幕交易等金融腐败案件不仅给金融业带来巨大损失，在很大程度上形成了局部金融风险，危及国家金融安全稳定，而且严重损坏了党和国家形象，给国家的长治久安带来隐患。① 人祸永远大于天灾。消除金融领域的腐败现象，遏制金融腐败之风必须高扬金融廉政这把反腐利剑，同时要加强金融领域的金融廉政文化建设。金融廉政文化既包括文化软实力，也包括廉政硬实力。金融廉政文化软实力可以以文化人、以理服人、以情动人，赋予金融员工价值理性和政治意识，引导广大员工树立义利并重、道食同谋、取之有道、知止有得、成人达己的价值观。金融廉政文化的硬实力可以通过依法治人、以制约人、以惩戒人，通过纪律、制度、法律惩恶扬善、猛药治疴、刮骨疗毒。总之，消除金融领域的各种腐败现象、实现金融业的健康发展和清正廉洁，需要金融廉政价值观念的春风化雨和润物无声，也需要金融廉政制度和法律的利剑去魔和保驾护航。

3.2.1.2 从廉政与金融的视角看

（1）金融是廉政建设的重点领域

金融是一个以货币流通和资本运营为主要内容的经济部门，是市场经济体制的核心，对经济发展、社会进步和政治稳定具有重大影响。由于金融行业的特殊性，如前所述，当前我国金融领域的腐败现象、贪腐行为非常严重，大案要案易发多发，腐败分子层出不穷，给金融行业造成极大安全隐患，引发人民群众强烈不满，严重抹黑党和国家形象。因此，加大金融反腐力度，有效打击和惩处金融领域的腐败分子，遏制金融领域的腐败现象，建构清洁廉明的现代金融体系，推进国家金融治理能力现代化、防范系统性金融风险、维护国家金融安全，是当前党和国家廉政建设的重点领域和主要战场。从近年国家查处的金融腐败大案要案来看，金融反腐败和金融廉政建设取得了很大成效，警示效应和震慑作用开始显现。但金融腐败分子也更加狡猾，贪腐手段越来越高明隐蔽，窝案、串案增多，查处难度增加。所以，金融领域里的廉政建设只能持续加强，必须始终保持高压态势，既要重点查处金融“大

---

① 郭树清．坚定不移打好防范化解金融风险攻坚战［J］．中国保险，2020（09）：4．

老虎”，也要扫尽一切金融“小苍蝇”。

（2）金融是落实廉政要求的着陆点

廉政是一种普遍性政治要求，适用于社会各个行业和部门，包括党政机关、企事业单位、社会组织、民间团体及其广大干部员工。普遍性寓于特殊性之中，廉政只有落实到上述这些行业、部门、单位和机关之中，廉政才能取得实效。廉政建设成效、社会清廉指数取决于社会各个部门和行业的具体工作实践。作为社会的一个腐败现象易发多发的特殊行业和经济部门，金融业必须贯彻落实党风廉政建设和反腐败斗争的要求和规则。金融廉政就是廉政建设着陆、延伸至金融领域的产物，是作为普遍性要求的廉政与作为特殊性行业的金融密切结合的产物，由此成为廉政建设的一种特殊形式。抓好金融廉政建设，既是廉政建设的重要内容和题中应有之义，也是廉政建设的重点领域。

（3）金融干部是党风廉政建设的重点对象

我国的金融行业是以国有金融企业为主体的经济部门。金融监管部门和许多国有金融企业的高级管理人员、中层干部、专业人才都是中国共产党党员，是党的干部队伍的重要组成部分，是党和国家经济金融领域重要的人才资源。因此，加强党风廉政建设和反腐败斗争，也必须加强金融领域党的干部队伍和人才队伍的党风廉政建设和反腐败斗争。党和国家金融领域的干部队伍的政治素质、道德水平、廉洁意识，金融干部员工的价值观、权力观、金钱观，金融行业腐败分子的多少，对于金融行业的社会形象、道德评价、清廉指数具有决定性影响。因此，加强干部队伍党风廉政建设，就必须加强金融干部党风廉政建设。

3.2.2　金融廉政定义

金融廉政，是作为特殊性行业的金融与作为普遍性要求的廉政的结合，既可以指金融的廉政，也可以指廉政下的金融。这二者实际是指同一事物，是同一事物的两种不同表述，犹如一枚硬币的两面。

金融廉政可以从两个视角界定。如果从金融视角看，它是指金融领域的廉政思想、文化、制度及其实践活动。如果从廉政视角看，它是廉政普遍性要求在金融领域中的具体化。无论从哪个视角界定，金融廉政都表现为金融行业、机构及其员工关于廉政的思想文化、制度规范、行为实践及其清廉指数水平等，或者说是金融行业、机构及其员工对于反腐败的思想认知、制度规范及其反腐败的成效。

金融廉政是金融业健康发展的保证，是廉政要求得以贯彻落实的落脚点和主战场。金融廉政是金融在行业规模不断扩大、社会影响力不断增强以及金融腐败分子层出不穷的行业背景下，响应社会各界的呼声而与廉政日益融合的产物，也是廉政不断深入实际、与金融行业不断结合的产物，这既是金融业本身健康发展的需要，也是党和国家加强党风廉政建设和反腐败斗争的需要。金融廉政既是一种经济工作活动，也是一种政治工作活动，是特殊的经济工作活动与特殊的政治工作活动的有机融合；既是一种经济文化，也是一种政治文化，是特殊的经济文化与特殊的政治文化的有机融合。

第 4 章　金融廉政文化

4.1　金融廉政文化的定义

4.1.1　金融廉政文化

讲述或研究金融廉政文化，首要的问题是弄清课程的核心概念、研究对象——金融廉政文化的含义、本质。金融廉政文化是由金融文化和廉政文化共同生成，是一个复合型、交叉型、多学科性文化概念。无论是金融文化还是廉政文化，它们都有其独特内涵和外延边界，二者既不完全重合也没有完全分离，而是既有重合的部分又有不重合的部分。金融廉政文化是二者的交叉重叠部分和公约数，既属于金融文化，也属于廉政文化。或者说，既是金融文化的一种特殊形式、一部分内容，也是廉政文化的一种特殊形式、一部分内容。从历史上看，中西方廉政文化古已有之，而金融文化则是随着近代西方金融产业的兴起而产生。二战后，随着金融产业的日益繁荣及其市场经济核心地位的形成，金融对各国经济发展、社会进步和政局稳定的影响与作用越来越显著。与此同时金融领域里的人性堕落、商业欺诈、合同失信、过度逐利、贪污腐化、违法犯罪等行为和现象也越来越多，对经济发展、社会进步和政局稳定所造成的损害越来越大，人们对发生系统性金融风险和严重金融危机的担心明显增加，学界、政界和业界都强烈呼吁加强金融廉政和金融廉政文化建设，金融文化与廉政文化的融合成为大势所趋。正是在这一经济社会背景下，金融廉政文化应运而生。当然，目前学界还没有形成“金融廉政文化”这样一个统一的概念，业界也没有“金融廉政文化”的用词用法，而是通常将之称为“金融（行）业廉政文化”或“银行（业）廉政文化”、“保险业廉政文化”等，但事实上这就是金融廉政文化或金融廉政文化的特殊形式。本书在学界既有研究成果的学理基础上提出“金融廉政文化”概念，实际上是在学界和业界已有共识的前提下得出的合乎逻辑的结论，也是对当前金融文化与廉政文化日益融合的社会现实的理论响应，反映了金融廉政文化的现实性、重要性和必要性。

金融廉政文化这一概念，包括“金融”、“廉政”和“文化”三个关键词，因此，科学界定这一概念，首先要阐明“金融”、“廉政”和“文化”这三个词汇的内涵；其次，要阐明金融文化和廉政文化这两个概念的含义及其关系。在此基础上，还须进一步阐明金融廉政文化与金融文化、廉政文化的关系，科学揭示金融廉政文化的本质与内涵。

4.1.1.1 对金融、廉政和文化的解释

（1）金融的含义

界定金融的定义，或科学理解金融这一概念，需要弄清“何为金、何为融、何为金融”。而这一问题本书已经在第1章论述清楚，这里不再赘述。

（2）廉政的含义

界定廉政的定义，或科学理解廉政这一概念，需要弄清“何为廉、何为政、何为廉洁和廉政”。而这一问题本书已经在第3章论述清楚，这里不再赘述。

“廉”字的最初涵义是指堂屋的侧边，它是一个方位词，这记载在讲述古代礼制的《仪礼·乡饮酒》这本著作里。在这本书中说：“设席于堂廉东上”。那就是指堂屋的一边。而这个作为堂屋侧边的廉，之所以能引申为廉洁、清廉的意思，用于表现官员的政治行为，可能是因为两种情况。一是作为堂屋侧边的廉，一般来讲平时是空着的，没东西。正因为没东西，才可以“设席于堂廉东上。”二是与空的意思正好相反，廉指堂屋一边窄小而满的侧屋，再也放不进其他东西了。东汉王逸在注释屈原的诗时说：“不受曰廉。”这进一步解释和证明了廉的功能，用于堆放一些剩余物品。而无论是物品满

着再也放不进其他东西了还是空空如也，廉都可以引申为不受、清贫。

（3）文化的含义

界定文化的定义，或科学理解文化这一概念，需要弄清“何为文、何为化、何为文化”。下面分别给予说文解字。

①何为文

“文”的本义，指各色交错的纹理。《易·系辞下》载：“物相杂，故曰文。”《礼记·乐记》称：“五色成文而不乱。”《说文解字》称：“文，错画也，象交叉。”均为此义。在此基础上，“文”又有若干引申义。其一，为包括语言文字内的各种象征符号，进而具体化为文物典籍、礼乐制度。《尚书·序》所载伏羲画八卦、造书契，“由是文籍生焉”，《论语·子罕》所载孔子说“文王既没，文不在兹乎”，是其实例。其二，由伦理之说导出彩画、装饰、人为修养之义，与“质”、“实”对称，所以《尚书·舜典》疏曰“经纬天地曰文”，《论语·雍也》称“质胜文则野，文胜质则史，文质彬彬，然后君子”。其三，在前两层意义之上，更导出美、善、德行之义，这便是《礼记·乐记》所谓“礼减而进，以进为文”，郑玄注“文犹美也，善也”，《尚书·大禹谟》所谓“文命敷于四海，祗承于帝”。

②何为化

“化”，本义为改易、生成、造化，如《庄子·逍遥游》：“化而为鸟，其名曰鹏”。《易·系辞下》：“男女构精，万物化生”。《黄帝内经·素问》：“化不可代，时不可违”。《礼记·中庸》：“可以赞天地之化育”，等等。归纳以上诸说，“化”指事物形态或性质的改变，同时“化”又引申为教行迁善之义，即教化之意。

③何为文化

“文化”是中国语言系统中古已有之的词汇。“文”与“化”并联使用，较早见之于战国末年儒生编辑的《易·贲卦·象传》：“刚柔交错，天文也。文明以止，人文也。观乎天文，以察时变；观乎人文，以化成天下。”这段话里的“文”，即从纹理之义演化而来。日月往来交错文饰于天，即“天文”，亦即天道自然规律。“人文”指人伦社会规律，即社会生活中人与人之间纵横交织的关系，如君臣、父子、夫妇、兄弟、朋友，构成复杂网络，具有纹理表象。这段话是说，治国者须观察天文，以明了时序之变化，又须观察人文，使天下之人均能遵从文明礼仪，行为止其所当止。在这里，“人文”与“化成天下”紧密联系，“以文教化”的思想已十分明确。

西汉以后，“文”与“化”方合成一个整词，如“圣人之治天下也，先文德而后武力。凡武之兴，为不服也。文化不改，然后加诛”（《说苑·指武》），“文化内辑，武功外悠”（《文选·补之诗》）。这里的“文化”，或与天造地设的自然对举，或与无教化的“质朴”、“野蛮”对举。因此，在汉语系统中，“文化”的本义就是“以文教化”，它表示对人的性情的陶冶、品德的教养，本属精神领域之范畴。随着人类社会的发展，“文化”逐渐成为一个内涵丰富、外延宽广的多维概念，现在通常用以指称人类在社会历史发展过程中所创造的物质财富和精神财富的总和，或特指包括文学、艺术、教育、科学、道德、宗教、哲学等在内的人类精神财富成果。隐藏在文化现象最深处的是价值观，文化的本质是价值观的反映。

4.1.1.2 对金融文化和廉政文化的界定

(1) 对金融文化的界定

①金融文化定义

“最早提及‘金融文化’一词的是1934年陈岱孙在题名为‘金汇本位与战后之欧洲金融’中写到，金本位制度是世界所公认的金融文化演进的结晶”①。此后直到1989年者贵昌以“金融文化”为主题在《上海金融》发表题名为“试论我国金融文化”一文，学界才陆续开展了有关金融文化概念和作用等方面的研究。金融文化是伴随着近现代金融行业的产生发展而形成的一系列有关金融的经营管理理念、价值、制度规范的总和，是以金融为主题和特色的一种文化形态，构成金融行业和金融企业生命力和竞争力的核心。金融文化表现为金融行业的行业文化、金融机构的企业文化、金融员工的职业道德。

当然，不同的人对金融文化有不同的理解。第一，把金融文化当成金融的文化，意指金融本身的内在本质和发展规律，实际上是金融的文化表达。第二，把金融文化看成金融与文化的关系，是金融这种产业与人类精神文化的交融，或者是人类精神文化在金融产业里的表现。第三，把金融文化看成

① 尹海英. 解读“金融文化”[J]. 长春金融高等专科学校学报，2013 (01): 29-31.

各个金融主体之间的相互关系，以及处理金融主体相互关系特别是利益矛盾关系的文化原则。无论从何种视角去理解金融文化，不变的是，或者共同的是，金融文化应该包括金融的文化内涵、职业操守、处理利益矛盾的原则以及金融行为是否正当的评价标准等内容。

②金融文化的核心价值

金融文化内涵丰富、外延广泛。理解金融文化必须明确作为金融文化灵魂的核心价值。从学界对金融文化的研究来看，大多数观点都认为，金融文化的核心价值主要包括信任、守信和共赢三个方面。

首先，信任是金融产生的文化基础。金融所有的定义，无论差别有多大，都离不开三个关键词：货币、信用和交换，都认同金融是货币和信用的交换活动。西方国家货币理论中有一种观点认为，信用是货币的创造者，德国的社会学家马克斯·韦伯也说，信用就是金钱。而信用是以信任为基础的，特别是纸币时代，货币本身就是一种信用货币，交换双方必须对货币及双方的诚信充满信任。所有的借贷活动，从商品市场的买卖到资本市场的借贷，无一不体现了信任。没有信任就没有存款、股票、保险，银行、证券公司、保险公司等金融机构也就不会产生。而信用和信任本身都内涵了人的善良、诚实、守信、可靠等丰富的道德内涵。所以，金融是基于道德文化的行业，这是金融的本质特征和内在含义。

其次，守信是金融交换活动的基础。金融在微观层面表现为金融机构和投资人金钱的交换行为，看似是价值的交换活动和权利的交换活动，但实质上是一种道德的交换活动。因为金融市场交易主体的道德品行、信誉是决定金融交换行为能否发生的前提。交换的是道德的价值和金融工具价值的总合。市场信誉好、为人诚实守信、具有契约精神的市场主体，不仅交易伙伴多、生意兴隆，而且能降低交易风险、提高市场占有率。

最后，共赢是金融文化的目标。金融是以服务实体经济为本的部门，指在通过不同主体的资金流转、上市交易，盘活闲置资产、优化资源配置，达到资源共享、提高资源使用效率的目的。金融是一种复杂的经济活动，与政治、经济、科技密切相关，涉及国家、企业、居民各个方面，关系国计民生。从金融行业内部来看，具体到每一项金融活动、每一个金融产品，都是多方经济关系、法律关系、人与人的关系、人与机构关系的综合体。在这种情况下，金融企业如果只是单纯追求自身利益最大化，而不管合作伙伴的利益得失，金融行业就不能可持续发展。因为失去实体经济和社会关系网络，金融业无法独立生存。因而，与各方结成利益共同体，平等相待、团结合作、共同分享，在合作中实现共赢，理应成为金融文化的重要原则。

综上所述，本书认为，金融文化就是人类围绕金融或是在金融产生发展过程中形成的以金融价值观为核心的思想观念、制度规范和物质成果的总和，是对“金融是什么、为了什么、应该怎样做”等基本理论和实践问题的回答，主要包括金融的内涵、本质、功能、作用、价值观、经营理念、职业道德和行为守则等内容，具体表现为金融行业的行业文化、金融机构的企业文化、金融员工的职业道德。

（2）对廉政文化的界定

①廉政文化的产生

廉政文化在中华文明史上源远流长，并以“廉”为核心形成了“清廉、廉洁、廉明、廉政、廉耻”等一系列思想观念和保证官员为官清廉的制度规范。廉政的反义词是腐败。而廉政之所以能产生，是因为腐败的产生和存在。正因为腐败现象、腐败行为和腐败分子的出现，廉政才成为统治者对官吏的职业道德要求。我国早在《周礼·天官冢宰·小宰》中就记载了对官员考核的六廉：“廉善、廉能、廉敬、廉正、廉法、廉辨”，意思是说官员必须具备善良、能干、敬业、公正、守法、明辨是非等基本能力。六个能力均以“廉”为冠，意指以廉为本，廉是这“六能”之根，如果没有廉洁，这“六能”便无法存在。“六廉”合起来，就是指为官者首先要廉洁，其次要有能力，廉能并重，以廉为本。春秋时期齐国名相晏婴提出“廉者，政之本也”的观点，把“廉”当作为政的根本、政治的根本，由此形成了“廉政”一词。宋代欧阳修在《廉耻论》中认为，公正清廉乃“士君子之大节”，也就是说清廉是官员必备的政治品德。明朝的郭允礼在《官箴》中更加明确地提出“吏不畏吾严而畏吾廉，民不服吾能而服吾公；公则吏不敢慢；廉则民不敢欺。公生明，廉生威”的系统论述，成为对“公廉”最为后世称道的经典阐释，对中华廉政文化的丰富和发展产生了重要影响。

可见，正是在中华民族悠久历史的滋养和中华文明丰富内涵的哺育中，以“廉”为核心的思想观念不断得以丰富、完善和发展，逐渐形成了中华文明家园中的一种重要文化形态——廉政文化。也正是因为廉政由一个单纯的思想观念演变为“文化形态”，廉政才赢得了恒久的生命和更为广阔的发展空间。

②廉政文化的定义

廉政文化，是人们关于廉明为政、清正为官、廉洁奉公的思想、信仰、知识、行为规范和与之相适应的生活方式、工作方式和社会评价，从根本上反映着统治阶级、执政党、政府及各级公务人员治国理政和为官当政的政治理念和价值追求，是廉政思想和廉政实践的总和。

廉政文化是中华民族优秀传统文化的重要组成部分，主要涵盖四个基本范畴。一是指廉洁的公职人员及其廉洁从政的价值观念；二是指廉洁政府及其实现廉洁政府的思想观念和制度规范；三是清明的政治以及实现政治清明的思想观念和制度规范，包括以德治国、依法治国和以民为本等。四是尚廉的社会，以及实现尚廉社会的以廉为荣、以贪为耻的社会风尚，社会各职业阶层从业人员爱岗敬业、廉洁自律、奉公守法的职业文化。

③社会主义廉政文化

社会主义廉政文化，是马克思主义廉政理论与中国具体政治制度、优秀传统廉政文化相结合的产物，是中国共产党以人民为核心，为人民服务，立党为公、执政为民的执政思想在治国理政实践中的具体化，就是反对腐败、建设廉洁政治，实现干部清正、政府清廉、政治清明的思想理念、制度规范与行为实践。

综上所述，本书认为，廉政文化就是指人类围绕廉政或是在廉政产生发展过程中形成的以廉政价值观为核心的思想观念、制度规范和器物成果的总和，是对“廉政是什么、为了什么、应该怎样做”等基本理论与实践问题的全面回答，主要包括廉政的内涵、本质、功能、作用、价值观、行为做法、制度规范等内容，具体表现为党政机关廉政文化、事业单位廉政文化、行业部门廉政文化、国有企业廉政文化、社会组织廉政文化等。

4.1.1.3 对金融廉政文化的界定

(1) 金融廉政文化与金融文化、廉政文化的关系

前述分析表明，金融廉政文化这一概念既是从金融行业看廉政，因而是廉政文化的一部分或一种，也是从廉政立场看金融，因而是金融文化的一部

分和一种。廉政作为一种普遍性要求，存在于具有不同特殊性的党政机关、事业单位、国有企业等部门和行业当中；金融作为一种特殊性行业，也要落实廉政的普遍性要求。因而，金融廉政文化既可以作为金融文化的一种或一部分，也可以作为廉政文化的一种或一部分，它是这两种文化的交集和公约数。

（2）金融廉政文化的定义

金融廉政文化属于金融文化和廉政文化的交叉与复合，是多元文化的融合统一。就其内涵而言，它属于廉政文化范畴，是作为特殊性的金融文化对于作为普遍性要求的廉政的特殊反映和具体表现；就其外延而言，它属于金融文化范畴，是具有普遍性的廉政在金融文化中的特殊反映与具体表现。但归根结底，金融廉政文化属于廉政文化。

金融廉政文化，又可称为金融行业廉政文化、金融机构廉政文化，是廉政文化在金融行业、机构及其经营发展中的理念、制度，以及金融业员工职业道德、行为守则中的外在体现、内在要求与具体反映，或者说是金融行业机构的经营理念、价值追求、制度规范以及员工职业道德中反映廉政要求、具有廉政属性的文化要素的总和，是作为普遍性的廉政文化与作为特殊性的金融文化的重叠交叉部分。

（3）金融廉政文化的内涵

广义上的金融廉政文化，是指金融廉政的思想观念文化、制度规范文化和器物成果文化。狭义上单指金融廉政的思想观念文化，包括金融行业、机构和员工的价值观、职业道德、行为守则。从正面来说就是清正为官、清廉为业、廉洁服务，从反面来说就是不贪不腐不谋私，将二者结合起来说就是君子爱财，取之有道、取之有度；义利并重、道食同谋，或者更简洁地表达为：清廉、诚信、合规、公开、为民。而这其实就是金融廉政文化的核心价值观。当然，不同的金融机构因其业务种类和经营方式的特殊性，其金融廉政文化核心价值观的概括性表述可以有所不同，但其核心内涵应是清廉为政、廉洁从业。如农行的大行德广、伴您成长；工行的工于至诚、行于致远；建行的善建者行，善者建行。这些核心价值观表述所包括的德、诚、善都是廉政的核心思想，意指以德为廉、以诚为廉、以善为廉。因为有了德、诚、善的品性，就不会贪污受贿、以权谋私、坑蒙拐骗，就能实现廉洁廉政了。

(4) 金融廉政文化的特征

①廉政性。这是金融廉政文化的本质属性。它意味着金融廉政文化的所有要素，包括思想理念、价值观念、制度规范和物质成果都要体现和反映廉政的属性和要求。廉政是金融廉政文化的核心和灵魂。

②金融性。这是金融廉政文化的行业性。它是指金融廉政文化是金融领域或金融行业中的廉政文化，是一种特殊的廉政文化。它意味着金融廉政文化的理念、制度、价值观等要素都与金融行业、金融机构、金融业务、金融员工有关系，是对金融行业、机构的经营管理以及金融员工职业行为的廉政要求。

③二元复合性。它是指金融廉政文化是金融文化与廉政文化的有机结合，是二者相互交叉重叠的部分，既具有金融文化属性又具有廉政文化属性。廉政性是其普遍性，金融性是其特殊性，是廉政普遍性与金融特殊性的文化统一体。

④以文化人性。金融廉政文化是一种嘉善矜恶、取是舍非、激浊扬清的文化，具有以文化人、长善救失、见贤思齐的思想教育、文化熏陶的积极意义。既有正面引导、教人修身养性的润物细无声的功效，也有反面警示、引人镜鉴反思的振聋发聩的功能，从而达到“见善如不及，见不善如探汤”的教育警示效果。

⑤激励约束性。金融廉政文化是道德教化、制度规范和以法为廉的统一。道德教化是感化、引导、说教、示范，是动之以情、晓之以理、喻之以事，属于软约束，具有激励引领的功能与作用；同时金融廉政文化还包括各种制度规范和法律法规，属于硬约束，具有强制性惩罚功能与作用，如果触犯或违背，必然受到相应的惩罚与制裁。因而，它从正面激励与反面约束两个方面促使金融干部和普通员工清廉为政、廉洁从业，取之有度、取之有道，义利并重、道食同谋，实现人性与天性、社会性与经济性、价值理性和工具理性的均衡统一。

4.1.2　产生、发展与来源

4.1.2.1 中国古代廉政文化

(1) 中国古代廉政思想

随着公权的诞生而产生的廉政思想观念，在中国步入阶级社会之后开始形成系统化的发展。在几千年的中国政治思想进程中廉政思想的具体表现有：民本、德治、孝道、勤俭等理念。

①民本思想。在朝代的更迭中不断形成和完善了民本思想并予以补充，最终将民本思想发展成为廉政文化的重要组成部分。封建社会早期陆贾、贾谊对秦朝衰亡的经验进行总结，提出了社会治理中必须要施以仁义才能够更好地壮大和富强，最终长治久安。封建社会中期柳宗元提出“吏为民役”，张载提出“为天地立也，为生民立命，为往圣继绝学，为巧世开太平”。封建社会晚期的黄宗羲、里夫之等人也提出，在社会发展中，帝王应该管理天下，为百姓做事，不应该将天下作为个人财产，需要建立以百姓为天下的主人的思想来为百姓创建更好的生活，君主专制才是百姓受苦的根源。在当时的社会条件下这种思想是一种早期民主思想的开端，进一步突破了封建礼教的束缚。

②德治思想。在传统的国家治理中往往推行以德服人，以德治天下，春秋战国时期的法家和儒家均提出了要以德治理的理念和思想，更好地推行国家治理，作为法家的代表人物，管子曾经提出在国家治理的时候强调法治的同时也离不开德治的支持，将礼、义、廉、耻作为国家治理的四个维度，其中人的道德素质非常重要且关键。作为德治思想的代表人物，儒家强调“明德慎行”其中要求的就是统治者在国家治理过程中，不断提升自我的德行，更好地实现国家治理；其次，采取“孝”和“廉”的传统道德观念进行民众的教育，在社会和国家范围中形成忠君爱国的风气来遏制犯罪，形成统一的国家治理。

③孝廉思想。在封建社会的统治者进行的官员选拔中往往也将孝廉作为一种比较重要的美德，更有甚者有些朝代明令禁止一些缺乏孝廉品行的人员参与官员选拔。其中所谓的孝不仅仅是满足父母的物质需求同样还需要满足父母的精神需求。中国传统社会发展中往往非常看重名声和个人的功成名就，一个人在维持良好的孝道的过程中往往也会具有清、勤、慎等德行，因此孝道也成为官员清廉自律的关键的精神推动力。

④勤俭思想。一个国家要想兴旺发达离不开勤俭节约，儒家、道家都把勤俭作为良好品德人格的要素。圣人的生活是脱离了低级趣味的，是要远离那些极端事物和奢靡生活的。同时墨家还强调无论是为政还是生活都必须做

到节俭，这也是治国的重要方式。例如在《墨子节用中》提到的“是故古者圣王，制为节用为法。”

（2）中国古代廉政制度

①官吏选拔制度。自从秦统一了封建国家之后，社会逐渐安定，开始形成相对稳定的发展秩序，并且建立形成了完善的官吏选拔制度，严格依据特定的科考制度和科目来进行人才举荐，如果经过考试之后考试合格就能够被委任特定的官制。两汉时期的科目考察最重要的就是孝廉，主要就是孝悌和廉政的考察。隋唐时期科举制的创立也为国家推举了更多的人才，这种选拔方式一直延续至明清时期，这种科举的创立打破了传统的九品中正制的方式，更好地进行民间人才的选拔，打破了传统以门第为选拔标准的弊端，更加注重德才的发展。经历至宋代，科举制度也更加完善，到了宋代殿试制度的确立，无论是在科举发展史上还是中国古代廉政史上都具有重要的意义，有效地避免了传统门第制度的弊端，有效地避免了可能产生的结党营私、贪污腐败。随着社会的发展，到明朝时期科举制度已经进入了鼎盛时期，科举制度不断地完善和周密，明朝正式建立了科举考试的乡试、会试和殿试三个级别。

②考课制度。所谓考课，就是考核官吏在任期的政绩和品德修养。秦汉时期，大一统封建帝国建立，为了加强中央集权，统治者也逐渐形成了较为严格的官吏考试方式，不少统治者加强对官吏的科考。一般来说官吏的科考方式分为两种：一种是中央政府和地方政府主官对各自下属的考课；另一种则是中央政府设置的对郡国的考课，还有对郡国对属县的考课。隋唐时期形成的科举制度进一步进行了考课制度的创新和发展，除了构建严密的考课机构之外还进一步进行考课的细分，同时还建立了完善的考课程序、标准和惩罚制度，进一步形成更加全面且完善的考课制度。伴随着社会的发展隋唐时期的考课范围也增加了很多，涵盖了更多的国家机关任职的公职人员，在任职期间这些人员都必须要定期地进行考核来进行完善的个人能力的考察。到了宋朝开始重视官吏的考核，其中管理考核分为考课法和磨勘法两种。这种考课制度在不断的发展中更加的完善和健全，到宋太宗时期再度进行了完善和拓展，创立考课法，以“考”和“课”为重点来衡量官员个人能力。到了明朝官吏的考核采取的是考满制和考察制结合的方式。考满强调的是在官员任期中，设置一定的任职期限，过了任期期限之后需要来进行官吏任期的表

现、业绩来进行考察，给予客观的评价和准确的分数，确定其所处的等级来决定官员是否继续留任，或者是需要进行提拔还是降至查看等等，这也是一种相对完善的进行官员考核的制度。考察是对全国的官员进行定期考核，有定期考察和不定期考察之分，综合考察了官员的德勤能绩和身体状况，其中考核结果不合格的将予以特定的惩戒。清朝成立初期对明代的考满和考察制度进行了继承并再度进行拓展，明朝时期推行的考核制度在此基础上不断完善，构建形成更加标准和规范的考课，可操作性更强。

③监察制度。监察制度是中国古代廉政制度建设中最为突出的一部分，结合历史各个朝代中的监察制度的实践结果可知，尽管在封建皇权的通知和领导下监察制度的设立是国家统治的结果，但在具体的实践中也更好地实现了社会的治理和良好的社会秩序，推动了官吏的清正廉洁，有效地实现了封建统治的进行，遏制和减少了官员结党营私、滥用职权和贪污腐败的行为的产生。秦汉时期中央政府监察机构主要是承担着中央官吏、地方高级官吏的监管和督查职责，各个地方的监管机构的监管也由中央监管机构负责。发展至隋唐时期，这种监管制度也在不断完善和严密，基本上构建形成了从中央到地方的全面的监管体系和监管网络。发展到宋代时期，统治者为了更好官吏的控制和限制，尤其是强调和关注官吏的监察。同时到了宋朝还进一步对唐代的御史制度进行了进一步的完善，御史台设置六司，督察省、六部及枢密院等，再度进行了御史监察的扩充和职能范围的扩大。明朝建立之处仍然采取元朝的制度规范和要求设立御史台来进行官员的管理和限制，在官员管理中御史台的作用非常关键也导致官员对御史台十分忌惮，但同时在对御史台的管理中也是非常严格的，要求监察御史具有更高的素养，一旦出现御史犯罪将以普通官员罪行的三等论处，对于存在贪污腐败的御史更是予以更加严格的处理，确保完善的御史内部管理，最终实现御史对官员更好的监管。到了清朝持续沿用明朝的监察制度，设立都察院，将六科给事中交由都察院管理，最终形成科道合一的发展模式。清朝时期的都察院设置十五道监察御史，分别进行的地方的督查，督察院内给事中禀明中央各科，道监察御史进行地方的监督和管理，并统称为科道制，将监察御史称为是“天子耳目之官”，更好地协助统治阶层进行统治和管理，自此也进一步构建形成完善的皇帝领导的统一监管体系。

（3）中国古代廉政代表人物

在一个朝代的发展中一个廉政人物的存在必然发挥着关键且重要的作用，在封建社会的统治中，那些所谓的清官从根本上说也是统治阶级利益的代表和象征，是为了更好地维护统治阶级利益而存在的，但相比于贪官这些清官在为统治阶级服务的同时也真正实现了为广大百姓服务，为百姓的利益而努力和奋斗，因此必然受到百姓的热爱，尊称他们为“青天”。

唐朝名相狄仁杰经历了武则天和唐高宗两个时代，在为官过程中为人正直，恪守疾恶如仇的为政作风，把孝、忠、廉称之为大义，被倚为“唐室砥柱”。高宗年间，左司郎中王本立恃宠而骄，交横跋扈，完全不将任何人放在眼里，刚正不阿的狄仁杰为了更好地维护百姓权益弹劾王本立，但唐高宗宠爱王本立下召宽宥，狄仁杰不满就谏道“尽管国家发展缺乏人才，但却不需要王本立这样的人才。为何陛下要纵容这种人才而导致王法亏损呢？如果陛下一定要宽赦王本立，就请把臣放逐到无人之地，作为以后的忠贞之臣的警戒！”王本立因此被治罪。

宋朝时期的包拯也是刚正不阿的代表人物，包拯廉政严明，铁面无私，敢于替百姓鸣不平，因此百姓也往往称其为“包青天”。任监察御史及知谏院时，为肃正纲纪，惩处贪官赃吏，他弹劾贩卖私盐以牟取暴利的淮南转运按察使张可久、役使兵士为自己织造一千六百余匹驼毛缎子的汾州（今山西汾阳）知州任弁及监守自盗的仁宗亲信太监阎士良等，其中影响最大的是弹劾王逵。王逵曾数任转运使，巧立名目盘剥百姓钱物。激起民变后，又派兵捕捉，滥用酷刑，惨遭其杀害者不计其数，激发民愤。但王逵私下与宰相陈执中、贾昌朝关系较好且深得宋仁宗的青睐，因此并不畏惧民愤，更加肆无忌惮，包拯为了为民维权，七次上章弹劾，最后一次则直接指责宋仁宗“今乃不恤人言，固用酷吏，于一王逵则幸矣，如一路不幸何！”舆论汹汹，朝廷终于罢免了王逵。

清朝时期的于成龙，被康熙称为“清官廉吏第一”。在为官过程中于成龙始终将百姓作为工作的首位，以官吏整顿作为工作的根本。他提出“国家的安危在于人心的得失，而人心的得失则在于用人行政，识其顺逆之情”。他还利用中秋节给他行贿的官员来杀鸡儆猴，来治理国家存在的各种收受贿赂的问题和情况，结合自身的实际感受和社会情况制定出了地方官员的行为准则

“勤抚恤、慎刑法，绝贿赂，杜私派，严征收，崇节俭”，更好地对官员行为进行约束和限制。同时他采取举优劾贪、宽严并济，世人对其称赞不已，称其所到之处“官吏望风改操”。康熙帝也对其称赞不已，同时于成龙表示对于人才选拔必须要依据严格的考试制度，反对论资排辈，采取灵活的方式来选取更加有才能的官吏，他表示清朝死板的任官“考成”制度不利于官吏的考核建设，导致产生“问其官则席不暇暖，问其职则整顿无心，势彼然也”，为此他经常进行人才的举荐，推选更多优秀人才为朝廷发展贡献力量。例如直隶通州知府于成龙（史称小于成龙）、江苏布政使丁思孔等这些较为著名的廉政官吏都是受到他的举荐而得到重用的。

在长达两千多年的封建统治的过程中，各个朝代之间循环往替，这些不同朝代的长期发展和稳定发展都离不开清明的政治统治，廉政人物的存在和发展都是其中的关键和重要的支撑。这些廉政人物的存在能够影响着朝廷的格局和王朝的发展，他们的思想观念、思想品德都是社会发展的宝贵财富，也是珍贵的廉政文化遗产。

4.1.2.2 西方廉政文化

在长期的社会发展中西方廉政文化建设也经历了长期的发展历程和发展时期，形成了较为严格的制度体系和管理体系，为其他国家的廉政建设提供了参考和借鉴。

（1）遵循规则意识

所谓的规则意识强调的是由内心深处产生的，对自我行为准则进行良好约束和规范的行为规范和行为准则。规则意识的形成和建立是以崇高的科学技术为基础的。在西方国家的廉政文化构建的时候更倾向于在社会形成和建立良好的规则意识。例如，借助于教育的方式和手段更好地在居民生活中形成规则教育和知识教育，为居民建立不偷不抢、爱国守法、明礼诚信、团结友善、勤俭自强、敬业贡献、尊敬师长等各个方面的教育，这些内容可以借助于家庭教育、学校教育和宗教伦理教育而形成和推进。再比如在社会发展中公职人员中推行职业规则意识的教育，作为国家行政职权的掌握着，公职人员本身掌握着权力也容易滋生腐败，因此借助于良好的教育活动来促使公职人员构建和形成良好的规范意识和责任意识。在公职人员构建形成的规则意识之外还需要借助于法律法规来进行约束和规范，确定何种不遵守规范的行为会遭受什么样的惩罚来对公职人员进行震慑和约束，确保公职人员能够严格依据规则进行，形成良好的规则意识。

（2）推行分权制衡

就本质而言腐败的产生就是公共权力的滥用，西方社会为了更好地防止权力滥用采取分权制衡的方式来进行管理和约束。就根本上而言这也是社会发展中有法可依的基础，是社会广泛监督的体现。但在实践中这种所谓的分权制衡文化的构建和形成不仅仅是立法、行政和司法三者的分离，中央与地方分权的理念和制度化，还需要借助于社会各个方面的约束和制约。在社会发展中人民有权利进行政府的废立，可以废除损害自己利益的政府设立新政府。因此权利不紧紧受制于现行体制内的各个方面的权利的监督、约束和牵制，同时也受到广大人民群众的监督和限制。

（3）制度机构建设

纵观目前西方发达国家的廉政文化建设的途径和具体的经验可知，在廉政文化的构建中需要强化制度的构建和组织机构的建设。一是强化制度建设。西方国家的廉政文化建设往往是以制度建设为基础的。1885 年英国《文官法》、1889 年的《公共机构贿赂法》、1906 年的《防止腐败法》和 1987 年的《刑事司法》等等。在美国也是借助于健全和完善的法律体制来进行廉政文化的建设，例如，1883 年的《国家公务员法》、1971 年的《涉外犯行贿法》、1978 年的《文官制度改革法》等。德国的《德国刑法典》和 1997 年通过的《发腐败法》，对于公职人员的发展还额外制定了相对应的法律法规如《德国公务员法》、《公务员廉洁法》以及《联邦政府关于联邦管理部门发腐败的行政条例》等法规制度。二是进一步推动组织机构的建设。在西方廉政建设的过程中对于组织机构的建设也是非常重视和关注的，既希望于借助相关组织机构来推动廉政文化的构建。例如在英国设立反重大欺诈局、诺兰委员会、议会监察专员制度、国家审计总署、总检察长制度、行政裁判所等机构来推动廉政文化的建设。

（4）个人权利意识

在西方的政治观念中，诸如政治秩序、权威与义务、自由、正义、平等和民主等，都是其重要的构成部分。但人们并没有认为其中的一两个可以取得优先地位，以至于可以凌驾于个人权利之上。相反，西方人更倾向于把个人权利作为合理解决一切问题的基本坐标："较之以往的时代，我们的政治、社会和经济生活在更大程度上为权利话语所支配。"① 从英国资产阶级革命起，权利问题就以不同方式与腐败问题联系起来了。英国1689年颁布的《权利法案》规定："凡未经国会准许，借口国王特权，为国王而征收，或供国王使用而征收金钱，超出国会准许之时限或方式者，皆为非法。"1789年法国《人权宣言》指出："对于人权的无知、忽略或轻视乃是公民不幸和政府腐败的唯一原由。"

在西方社会，公民权利意识的发达是其政治廉洁的重要保障。很多启蒙思想家强调在社会发展中所有公民的权力都是平等的。无论是何种时期和何种范围内人人都享有同等的权利，并且这种权利是不能够被进行交换的。

4.1.2.3 马克思主义廉政思想

(1) 马克思恩格斯廉政思想产生的理论渊源

在西方国家，廉政思想的产生和建设经历了古代和中世纪两个重要的发展时期，在进行廉政思想的发展探索过程中，对资本主义时期廉政思想的阐述进一步构成了马克思恩格斯廉政思想产生的基础和助推力。

①古代和中世纪时期对廉政思想的初步探析

作为西方文明的摇篮，古希腊时期产生了很多伟大的思想家和理论家。这个时期的柏拉图和亚里士多德推动了廉政思想开创性的发展。在《理想国》中柏拉图指出，统治者在对私欲的追求中往往会导致腐败的产生，一旦统治者掌握了权力就往往可能存在权力的滥用，最终导致腐败的产生。为了更好地进行腐败的约束和限制，则需要进一步借助于各种方式来对统治者的行为进行约束和限制。亚里士多德强调社会发展中若仅仅以统治者利益为依托最终必将导致腐败的产生。最早进行民主政治制度研究和探索的是亚里士多德，他在进行研究中提出了古希腊城邦国家民主制度的标准和要求。亚里士多德

---

① 彼得·斯特克，大卫·韦戈尔．政治思想导读［M］舒小昀，等译．南京．江苏人民出版社，2005：125.

强调在社会治理中法治是优于和高于人治的，因为法治强调的是民主和自由，而人治则往往更加容易掺杂进去个人私欲，容易导致各种问题的产生。与此同时他还表示，当前法治的构建和形成必须要具备健全和完善的法律制度与法律体系，法治的基础为普遍的服从。所有形成的法律都必须以正义和公共利益为基础的，确保以广大人民的利益为根本才能够确保法律体系和制度完善和规范。柏拉图和亚里士多德对廉政思想的探索和分析也为后人的探索奠定了坚实的基础。中世纪西方社会随着教会的发展，廉政思想也朝着神学化的方向发展。托马斯·阿奎强调，社会发展中统治者必须要以公共利益和社会公众的需求为基础来推进社会的统治，这样的政治才是符合社会发展需求的，属于自由人的，能够迎合广大人民群众要求的。阿奎指出，法的理性从根本上而言也是正义性的体现，有三个条件：第一，立法必须是建立在公共福利基础上的，不以公共福利为基础的法律建设必然是不正义的。第二，立法者的法律构建必须是合理范围和权限内的。第三，法律在进行义务和权利分配的时候必须是恰当的。他指出，如果法律在正当的目的性和正义性的前提下人民是需要严格依据法律和服从法律的，但若法律与公共利益无关，人们可以有权拒绝并且不服从法律。这也为后期的廉政建设和社会权利的保障提供奠定坚实的理论基础。

中世纪欧洲在长期的发展中国家开始掌握社会的一切权利，但却未构建良好的组织和机构来对国家和工作人员的权力进行约束和限制导致社会腐败的产生。黑格尔表示，这种西方中世纪教会的腐败是社会制度下必然产生的根深蒂固的腐败行为。同时这种腐败也必然导致社会权力滥用、个人权力过大、社会野蛮发展，处处充满欺骗等等行为的产生。马克思斯表示，在社会通知中，君主们必须要以经济条件为指导，不能朝着经济条件发号施令，① 在当时条件下的国家和社会的特殊关系中导致腐败根源的产生，是国家制度和机器生产腐败的根本。

②资本主义时代廉政思想的系统阐述

随着资本主义社会的快速发展，在新兴资产阶级和封建专制统治的抗争中，新兴资产阶级为了更好地赢得快速发展，摆脱各个方面旧制的束缚。采

① 马克思恩格斯全集（第4卷）［M］. 北京：人民出版社，1958：121－122.

取“天赋人权”、“法律面前人人平等”等新时代的观点来对传统的封建贵族的统治进行抗争和抵抗，构建形成资产阶级的政权。

资产阶级启蒙运动思想家的廉政理论在强调了廉政建设中法律的关键作用的基础上提出了腐败防治的重要举措，奠定了资本主义国家廉政建设的基础。在与封建君主专制的斗争中，资产阶级也进一步构建形成了“主权在民”“公民基本权利神圣不可侵犯”等一系列相关的政治观念和理论基础；在这些政治理论的基础上也进一步催生和推动了廉政思想的发展。在西方议会民主制度的发展中，资本主义的发展也伴随着公权力的诞生，国家机关和工作人员在社会之上，就其根本而言法律也是统治阶级意志和行为的体现。马克思恩格斯在长期的研究基础上对资产阶级法的本质进行揭露，提出了“你们的法其实就是被奉为法律的你们这个阶级意志的体现”①。这本身也是资产阶级社会性质和利益性质决定的，在长期的发展中也不可避免存在腐败行为。

（2）马克思恩格斯廉政思想产生的实践基础

1871 年 3 月 18 日代表着无产阶级利益的巴黎公社诞生，这也是世界上先进的无产阶级政权的体现，巴黎公社的产生以无产阶级利益为基础，有效地克服了社会上剥削、腐败行为的产生，更好地构建出符合社会发展要求的无产阶级利益的体现，在运行中巴黎公社尝试了一系列现金的廉政制度建设：第一，民主选举制，为了更好地实现社会的民主发展，让公民行使选举权，选举出能够代表自身利益的人，以全体公民的利益为基础，选举出能够为他们的利益而奋斗和努力的人，实现更好地为公民服务；同时还告诫公民“在选举过程中要提防一些野心家和向上爬的人，提防一些言行不一的空谈家”②。对此马克思予以高度赞同，并给予了正确的评价，在进行公职人员选拔的过程中，因为是人民利益的象征，因此他们非常认真。第二，人民当家做主，各种权力机关、公职人员要接受人民的监督和指导。马克思表示，无产阶级政府必须是人民的政府，是以人民的利益为代表的政府，必须在人民的监督下进行工作。巴黎公社失败之后，马克思恩格斯积极主动地对革命失败原因进行深层次的探索和总结，提出了只有彻底地打破所有形式的资产阶

① 马克思恩格斯选集（第 1 卷）［M］. 北京：人民出版社，1995：268.

② 罗新璋. 巴黎公社公告集［M］. 上海：上海人民出版社，1978：53.

级才能够真正实现人民当家做主。

(3) 马克思恩格斯廉政思想的主要内容

①腐败产生的根源在于私有制

马克思恩格斯表示，在社会发展中腐败的根本原因在于经济私有制的存在和政治国家，阶级社会的发展必然存在腐败现象，因此为了更好地防治腐败需要建立良好的社会格局。马克思恩格斯表示，在社会中人所有的一切行为都是以利益为纽带联系的，在这种利益的驱使下往往会促使公权力主体采取不正当手段获取私利，最终导致腐败行为的产生。在社会发展中资本主义进程的不断推进，资本主义国家以私有制为基础，少数人掌握着国家权力同时是国家利益的代表和象征，在这种情况下也必然导致公权力成为少数人谋取私利的工具，“表明上高高凌驾于社会之上的政权也是社会各种腐败孕育的温床”①。但同时我们也不可否认的是，在资本主义社会的发展中推动了社会进步和发展，促使社会从奴隶社会和封建社会向更加成熟和完善的方向发展，资产阶级的廉政思想已经形成了较为成熟的发展体系，对于腐败的防治和遏制也探索出了不同措施，但私有制腐败产生的根源仍然是会存在的。因此在社会长期的发展中无产阶级的发展必然推翻资产阶级，以公有制代替私有制，更好的遏制腐败产生。

②人的自由而全面的发展是廉政的价值取向

马克思恩格斯表示，真正的廉政需要共产主义社会的发展来实现，因为只有在共产主义社会中才能够更好地推动个人的自由发展和创造性发展。个人在劳动、社会关系和个人整体素质全面协调的发展，最终推动和促使了“人的本性的自我复归”。在人类社会的长期发展中，廉政的发展推动了个人全面而自由的发展，在这种法律规定的范围内的活动。

在高度发达的共产主义社会中，所有人的生活都是富足的，社会生产力高度发达，满足人们各个方面的需求。在这种社会物质条件、精神生活方面都处于富足状态的情况下，人们才会严格依据自我的本质进行社会关系的衡量，依据自我的方式合理进行自我世界的安排，有效减少腐败现象的产生。一个自由和全面发展的社会必须是民主、法治、公平、正义、幸福、清正廉

① 马克思恩格斯文集（第 3 卷）[M]. 北京：人民出版社，2009：154.

明的社会，这种社会条件下是不会存在腐败的。

③主张建立新型的无产阶级政权

马克思恩格斯强调，在私有制社会发展中，国家和社会、公民和政府之间面临着对立的关系，作为剥削阶级利益的代表，国家机关和工作人员是公权力的象征和体现，很难真正代表广大人民群众的根本利益，因此也会导致腐败现象的产生。随着各个国家无产阶级政党的产生和建立，进一步形成全新的社会—经济关系，逐渐废除原有的私有制经济来推动公有制经济的产生和发展。马克思恩格斯表示，无产阶级政党的产生和建立是人民当家做主的政权的体现。在这种社会制度下人民是国家的主人，拥有者绝对的国家公权力，同时也掌握着国家的物质和精神财富。

同时马克思恩格斯还指出，为了更好地捍卫自我权力，工人阶级也借助于国家机器来更好地发挥公权力的作用，将国家权力重新收回，将其从原本的统治社会、压制社会的力量重新形成社会生命力；由人民自己建立新的政权和社会体制，获得社会并且解放社会，这种政治形势也代替了被人民群众的敌人拿来压迫他们的社会人为力量。为了摧毁这种封建国家制度，必须要进行全面的社会管理体制的改造，从根本铲除腐败滋生的土壤。

4.2 社会主义金融廉政文化内涵、作用与功能

4.2.1 金融伦理与金融职业道德

4.2.1.1 金融伦理、社会主义金融伦理

(1) 金融伦理的内涵与结构

首先是金融伦理的基本内涵。金融伦理主要指利用等值物品或货币来协调金融活动利益关系，或者是利用货币对利益双方进行重新配置，处理经济社会资源流向与发展的规范与原则。在实践应用中，金融伦理能够破解经济体系构建中所存在的问题，正确引导现代金融观，帮助金融行业构建属于自

身的伦理规则。而在理论研究层面上，加强金融伦理研究，能够帮助金融行业摆脱纯技术工作，营造良好的伦理环境，使金融行业获得健康、合理的发展，提升金融伦理秩序的维护质量与效率。因此金融伦理是伦理与金融的融合状态下的表现形式，具体包括道德风险、伦理规范、价值观等内容。而如何调整、协调金融主体在利益纷争中所存在的伦理问题，是金融伦理的价值根本，是金融伦理价值彰显与作用发挥的基础，也是金融行业衔接社会治理、国家治理的根本所在。通常来讲金融伦理具体包括伦理、经济、金融等范畴，三者共同构成了金融伦理的内在结构，因此可以说，金融伦理在某种程度上结合了伦理学与金融学的特征特性，蕴含多学科的交叉性质，譬如金融伦理学蕴含着伦理学的自由、异化、人道、他律、自律、义务、权力、善、责任等基本范畴及金融学中的运作模式、表现形式及职业素养等内容。所以在内涵表达与呈现上，金融伦理学蕴含了伦理学与金融学的内涵，并根据时代与社会的发展特征将其进行了整合与精炼，使其成为金融伦理的基本内涵。在研究对象上，金融伦理主要的研究对象是参与金融活动并存在利益冲突的双主体或多主体的价值观、行为方式。由于金融拥有鲜明的伦理属性，是反映人类在金融活动及经济活动中最复杂、最深刻的领域，不论是个人、企业还是政府，都与金融存在紧密的内在联系。因此，探究金融中的伦理性，对社会发展与进步，拥有难以替代的功能和作用，可以通过良性运作与和谐发展的方式，使金融领域与社会整体获得健康、持续的发展，进而提升社会运作的实效性与有效性。因此将金融伦理作为治理社会、维护社会秩序的抓手，具有较为鲜明的现实意义和特征。而明晰金融伦理的结构，能够更好地发挥金融伦理的金融调节功能和作用。

其次是金融伦理的基本结构。金融伦理是调整金融活动的工具和理念，因此利益冲突是金融伦理所探讨的永恒主题，不论我国金融市场如何发展，都需要金融伦理作为调节工具和抓手。因此，金融伦理的结构主要包括金融个体、金融机构、金融市场及金融制度等内容。其中金融制度是借助制度的规则与实施，反映金融市场活动中的规则，而探究金融制度中所蕴含的伦理原则，能够帮助人们认识到金融伦理的制度属性，譬如政府、个体、机构是金融市场的有机组成部分，他们在金融活动中存在明显的利益冲突，明确制度环境下，三者之间的关系，便能够阐明金融伦理的制度属性。此外金融机构是控制和调整金融主体在经济活动中的行为规范、价值取向及思想动态的关键和抓手，虽然金融机构在金融市场中拥有难以替代的主体地位，但在金融伦理的视域下，金融机构应在保障利益最大化的前提下，尽可能地实现社会、个体及自身的利益均衡，并将其作为金融机构得以健康发展的关键和抓手。金融个体是金融伦理的实践部分，在金融机构与金融制度中拥有着举足轻重的调和作用，能够通过职业行为确定个体在利益矛盾或冲突中的伦理选择。所以在某种层面上，金融个体的伦理学表现具体体现在金融职业道德的层面上。

（2）社会主义金融伦理

结合金融伦理的概念界定与理论内涵，能够发现金融伦理主要包括金融学与伦理学的内涵特征，因此探究社会主义金融伦理，就需要从金融学、伦理学两个角度出发。唯有如此，才能帮助我国学者及专家更好地明确社会主义金融伦理的本质及内涵。第一是社会主义伦理学；社会主义伦理学是拥有中国经验、问题导向及中国特色的伦理学范式，并非是对传统伦理学的延续与拓展，也不是将西方伦理学进行复制与翻版，而是将伦理学置于新历史条件下进行探索、延伸、阐释及应用的新命题。因此在某种程度上，社会主义伦理学扎根于我国的道德土壤和文化体系，能够承续我国传统的道德规范、风骨气质及文化资源，可以更好地体现中国特色与中国经验。其一，在伦理观念上，社会主义伦理学的道德观念拥有较为鲜明的中国特色。我国在历史发展与时代变迁中积累的道德智慧、伦理资源及思想体系，逐渐构成了社会主义伦理的文化根基，并在道德文化的传承下，强调人格完满、个人修养及家国情怀。其二，是思维方式的中国化，我国传统的伦理体系强调和谐共生、天人合一的道德观念，注重整体层面上的道德生活，因此在社会交际中倡导社会性与个体性的协调统一，这是我国有别于西方的思维方式。第二，社会主义金融学。社会主义金融就是将公有制扩大到金融行业，并使金融行业获得全新的发展内涵。而在具体的理论研究与实践探索中，部分学者及专家认为，社会主义金融就是在社会主义制度下的金融，就是拥有社会主义性质及内涵的金融活动，但无论如何，社会主义金融都是以社会主义制度为基本抓手的金融体系，在特征和内涵上，都拥有鲜明的社会主义特征。最后将社会主义伦理学与社会主义金融学相联系，我们便得出社会主义金融伦理的内涵及概念，即以个体性与社会性相互统一为原则，协调金融活动中各项利益冲突的伦理范式。这种范式摒弃了西方狭隘的思想体系，关注个人与集体的利益协调和价值统一。

4.2.1.2 金融职业道德、社会主义金融职业道德

（1）金融职业道德

金融职业道德是金融个体伦理的具体表现形式，但要深入探究金融职业道德，就需要从职业道德的层面来分析。职业道德主要指个体在职业活动及社会活动中所遵循的，依靠传统习惯、社会舆论及内心理念来维持的规范。而金融职业道德主要指金融个体在金融活动中所形成的道德品质、行为规范及道德观念的综合，是调节金融人员与政府、机构、他人关系的行为规范，是对金融职业行为的具体规范和要求。在我国社会转型及经济全球化发展的背景下，金融活动中的利益关系不断呈现出复杂化、多元化的特征，金融人员的利益核心与思想特征也难以避免地呈现出复杂化倾向，进而形成独特的道德观念与意识。在现代多元道德体系及伦理机制下，容易形成道德冲突或道德困惑，引发伦理示范问题。而要加强金融从业者的金融职业道德，就需要从价值观念、道德意识及社会环境等层面出发，通过价值引领、道德塑造及环境营造等形式，提升金融职业道德的实效性与有效性。但与金融伦理的理论内涵相融合，则需要明确金融职业道德中的伦理责任、价值标准两个层面的内容，唯有如此，才能从价值观念、道德意识、社会环境等层面提高金融个体的金融职业道德。首先是伦理责任。伦理责任能够将责任划分到拥有风险、不确定的活动中，并将其与未来的利益抉择相融合，形成全新的价值范式。譬如在互联网金融领域，各项金融活动都拥有较大的风险性和不确定性，需要金融个体在金融风险中承担一定的责任。如果忽视这种责任，将导致金融职业道德的行为规范受到冲击或影响。其次是价值标准，金融伦理中的价值判断拥有明显的功利性色彩和特征。其一，金融活动强调金融活动的技术特点及功利主义，其二金融活动需要注重成本分析与价值持续性。因此，金融伦理的价值标准需要在确保功利性的基础上，进行判断与抉择，但这又与传统的伦理学相违背。因此在理论研究与实践探索中，我们可将“功利性”界定为其他个体与自身的利益最大化。即确保自身与他人的利益最大化。或

者说金融个体应不违背收益二者与平衡风险之间的原则。

(2) 社会主义金融职业道德

社会主义职业道德就是劳动者在社会主义职业活动中所遵循的基本行为规范和守则，它是判断职业行为好坏的标准与依托，也是我国社会主义道德思想在社会生活与职业生活中的具体表征。由于集体主义蕴含在社会主义职业道德体系中，所以合理处理个人、集体、国家关系是社会主义职业道德的基本原则和规范。根据《中共中央关于加强社会主义精神文明建设若干问题的决议》，社会主义职业道德应包含奉献社会、服务群众、办事公道、诚实守信、爱岗敬业等规范，其中服务群众是其核心规范，始终贯穿在职业道德的价值体系中，而道德抓手是集体主义，是个体处理个人、集体及国家关系的基本准则，因此在社会主义职业道德中，拥有难以替代的功能和作用。而社会主义金融职业道德与社会主义职业道德的关系是相互映衬的。社会主义职业道德包含社会主义金融职业道德，但社会金融职业道德却更加细化、更加明细。蕴含着金融职业道德的价值标准与伦理责任，彰显着集体主义在金融职业活动中的价值与地位。所以在某种程度上，社会主义金融职业道德是对金融职业道德的升华与优化，强调了为人民服务、集体主义在伦理责任与价值标准中的作用，能够切实提高金融从业者的政治意识和集体意识。只有将社会主义金融职业道德贯彻落实到我国的金融活动中，才能使金融事业更契合社会主义现代化的建设需求，更满足我国小康社会建成与民族复兴的基本要求。进而在社会主义核心价值观的支持下，提升我国金融领域的发展力与驱动力，使其成为我国社会主义现代化建设的有机组成部分。而将社会主义金融职业道德与金融伦理学有机地结合起来，能够使社会主义金融伦理获得旺盛的生命力，更好地服务我国的金融事业。

4.2.2 金融廉政思想

4.2.2.1 当前我国社会主义金融廉政思想

廉政拥有“不贪污、公正”的基本含义，具体指“气正风清”的政治环境、政治局面及不谋求私利的道德品质。在我国社会主义建设的过程中，廉政逐渐成为政治理想与政治价值观的现实表征，成为良治、善政的政治氛围和政治局面。而廉政思想则是研究清廉执政的行为规范与指导思想，是政治清明与政治清廉的根本所在。其所呈现的指导内涵与理念拥有较强的合理性与科学性，能够从根本上“保持廉政”、“防治腐败”，规范个体的思想和行为。而社会主义廉政思想是以马克思与恩格斯的廉政思想为基础的，能够从根本上解释腐败形成的根源与条件，可以帮助无产阶级更好地构建廉政环境与廉政局面，总结并归纳出贪腐的本质是“私有制”。然而社会主义廉政思想并非一成不变的思想体系，而是伴随时代发展与社会变化，从哲学、社会学、人文学及金融学等角度出发，明确反腐斗争与服务群众、治理国家及党政发展的内在联系，并积极总结历史经验，优化廉政体系，使廉政思想呈现出时代性、社会性及现代化的发展特征。而在社会主义金融廉政思想的探究中，却不能将社会主义金融廉政思想叠加到金融领域中。因为金融廉政思想与金融职业道德存在紧密的内在联系，是在金融职业道德的体系上所构建的思想体系，其形成与发展，都需要以金融职业道德为基本和抓手。简而言之，只有金融个体拥有较高的职业道德，才能做到廉政清明、反腐清廉。如果忽视职业道德，而大谈廉政清廉，必将导致金融廉政沦为形式。虽然在社会实践中，从业者与管理者处于“不同维度”的两个层面，其探究及思考的问题也有所不同，然而承载廉政使命的管理者在社会实践中，同样需要诚实守信、爱岗敬业、服务群众的职业道德规范，只有在此基础上构建的廉政范式，才能更好地发挥应有的功能和作用。但在明确廉政思想与职业道德的内在联系后，我们便不得不思考金融职业道德中的伦理责任与价值标准对廉政思想构建质量的影响和制约。通常情况下，廉政是“清廉、不贪污”的现实表征，然而在金融领域中，廉政不仅要注重金融个体的不以权谋私，更要注重办事廉洁公正。其中的廉洁公正具体体现在价值标准的“功利性”，即确保各利益主体所承担的风险均等、利益最大化。并用集体主义的思想评价金融行为的规范性与正当性。所以，金融廉政思想所蕴含的价值意蕴主要包括清廉和公正等思想。因此，社会主义金融廉政思想是在服务群众和集体主义理念的引导下，金融个体的作风、道德、思想、行为的规范，以及处理金融事务的公正廉洁。但结合我国金融事业发展的趋势及社会主义现代化建设的实际，能够发现金融市场的复杂性与多元性，要求从政者积极地参与到金融活动的不同环节中，从而明确需求，更好地建设和繁荣我国的金融市场。但以传统理念为导向的金融廉政思想又存在较为鲜明的保守性与被动性，难以凸显金融从政者的责任与义务。而这种局限性，将导致金融执政者出现懒政的现象，进而导致其基本的职能难以得到发挥。并且无法凸显社会主义思想中的服务群众与集体主义等价值观念。因此为更加鲜明地彰显社会主义金融廉政思想的价值，需要在思想及价值等层面上，进行优化，切实突出社会主义廉政思想中的服务群众思想，使伦理责任真正地融入金融廉政思想的体系中，不仅要不以权谋私，更要处事公正、履行责任，即将责任体系积极有效地融入并渗透到社会主义金融廉政思想的哲学体系、理论体系及实践体系中，使其更契合我国金融市场的发展诉求，提高金融市场服务大众，推进经济发展与建设的能力。

4.2.2.2 金融廉政制度文化

(1) 中国共产党历代领导集体金融廉政思想

经济金融领域反腐是中国共产党一以贯之的重要理念。从党史发展历程来看，党的历代领导集体都曾提到过这一方面的内容。

毛泽东早于抗日战争时期，就在《抗日时期的经济问题和财政问题》一文中明确指出："从事经济和财政业务的工作人员，还必须克服存在着的有些还是很严重的官僚主义，例如贪污现象，摆空架子，无益的'正规化'，文牍主义等等"，并且组织推动了陕甘宁边区的精兵简政工作。① 中华人民共和国成立后，毛泽东又领导我党在全国范围开展了反贪污、反浪费、反官僚主义的"三反"运动。

进入改革开放新时期，1991 年初，邓小平在上海视察，听取上海市负责同志的工作汇报时，针对浦东新区金融先行的做法，明确指出："金融很重要，是现代经济的核心。金融搞好了，一着棋活，全盘皆活。"② 邓小平的这段话精辟地说明了金融在现代经济生活中的重要地位，深刻揭示了金融在我国改革开放和现代化建设全局中的重要作用。在 1992 年"南方谈话"中，他还说："证券、股市，这些东西究竟好不好，有没有危险，是不是资本主义独

① 毛泽东选集（第三卷）[M]. 北京：人民出版社，1991：896.

② 邓小平文选（第三卷）[M]. 北京：人民出版社，1993：366.

有的东西，社会主义能不能用？允许看，但要坚决地试。看对了，搞一两年对了，放开；错了，纠正，关了就是了。"① 在邓小平鼓励和支持下，我国金融业逐渐发展壮大。

1997 年亚洲金融危机爆发，面对这场危机的冲击和国际经济环境的恶化，党中央冷静分析形势，及时采取应对措施，深化金融改革，整顿金融秩序，有效防范和化解了金融风险，维护了经济安全。在此过程中，以江泽民为代表的第三代领导集体就治理金融腐败问题提出了很多重要思想。1997 年 11 月，江泽民同志在全国金融工作会议上发表讲话——《统一思想认识，切实加强领导，做好深化金融改革和防范金融风险工作》，他指出："依法治理金融，是贯彻依法治国基本方略的重要方面。健全金融法制，严肃金融法纪，是建立良好的金融秩序，保证金融安全、高效、稳健运行的根本要求。""必须强化金融法治和金融监管，依法整顿和维护金融秩序，把一切金融活动纳入规范化、法治化的轨道。要切实加大执法力度，依法严厉打击各种金融违法犯罪活动。"② 1998 年 5 月，中共中央在中南海怀仁堂举办第七次法制讲座，讲座的题目是"金融安全与法制建设"，江泽民主持讲座并讲话，他同样强调，要把依法治理金融作为贯彻依法治国方略的重要内容，从完善立法、严格执法、加强监管和广泛宣传金融法律知识，严厉打击各种金融违法犯罪活动等方面切实加强金融法制建设。

胡锦涛同志也曾就金融监管、金融反腐工作做过重要指示。2007 年 8 月 28 日中共中央政治局进行第 43 次集体学习。胡锦涛主持会议并做重要讲话。他指出，金融越发展，越要加强监管。要坚持把金融监管作为金融工作的重中之重，加快金融法制建设，不断完善金融监管体制机制，改进金融监管方式和手段，健全金融监管协调机制，做好金融重点领域和重点环节监管，加快构建金融安全网，依法打击各种金融违法犯罪行为，不断提高监管能力和水平。同时还强调："要加强金融系统党风廉政建设，全面提高金融从业人员特别是各级领导干部思想政治素质、业务素质、职业道德素质，弘扬新风正气，反对歪风邪气，形成良好行业风气。"③

---

① 邓小平文选（第三卷）[M]. 北京：人民出版社，1993：373.

② 江泽民文选（第二卷）[M]. 北京：人民出版社，2006：75.

③ 胡锦涛文选（第二卷）[M]. 北京：人民出版社，2016：608.

党的十八大以来，伴随国际金融危机影响的蔓延和欧债危机的深化，全球金融体系不确定性因素增多，我国宏观金融风险加大。在多次讲话中，习近平总书记都指出了防范化解金融风险的重要性与必要性，要守住不发生系统性风险的底线。①

2015年，在中央经济工作会议上的重要讲话中，习近平总书记指出，要加强全方位监管，规范各类融资行为，抓紧开展金融风险专项整治，坚决遏制非法集资蔓延势头，加强风险监测预警，妥善处理风险案件，坚决守住不发生系统性和区域性风险的底线。

2016年，在中央经济工作会议上，习近平总书记再次强调，对违规行为和不良资产，要敢于亮剑，敢于揭开盖子，硬碰硬处置。对少数兴风作浪的“大鳄”“内鬼”，要依法进行惩处，不能让他们随心所欲、呼风唤雨，火中取栗。

2017年7月在全国金融工作会议上，习近平指出防止发生系统性金融风险是金融工作的永恒主题。要把主动防范化解系统性金融风险放在更加重要的位置，科学防范，早识别、早预警、早发现、早处置，着力防范化解重点领域风险，着力完善金融安全防线和风险应急处置机制。

2019年2月，习近平在主持中共中央政治局第十三次集体学习时发表重要讲话时指出，防范化解金融风险特别是防止发生系统性金融风险，是金融工作的根本性任务。对于如何完成这项根本性任务，习近平的要求具体而细微：要加快金融市场基础设施建设，稳步推进金融业关键信息基础设施国产化。要做好金融业综合统计，健全及时反映风险波动的信息系统，完善信息发布管理规则，健全信用惩戒机制。要做到“管住人、看住钱、扎牢制度防火墙”。要管住金融机构、金融监管部门主要负责人和高中级管理人员，加强对他们的教育监督管理，加强金融领域反腐败力度。要运用现代科技手段和支付结算机制，适时动态监管线上线下、国际国内的资金流向流量，使所有资金流动都置于金融监管机构的监督视野之内。要完善金融从业人员、金融机构、金融市场、金融运行、金融治理、金融监管、金融调控的制度体系，规范金融运行。

---

① 习近平．习近平谈治国理政（第一卷）[M]．北京：外文出版社，2017：34－147.

2021 年 1 月 22 日，习近平在中国共产党第十九届中央纪律检查委员会第五次全体会议上指出：要持续压实金融管理部门、监管机构和地方党委、政府主体责任，做好金融反腐和处置金融风险统筹衔接，强化金融领域监管和内部治理。

(2) 新民主主义革命时期中共政权财政金融廉政制度建设

从建党开始，一直到社会主义新中国建立，中国共产党始终把反腐倡廉制度建设作为极为重要的一项任务来对待，而财政、金融方面的反腐制度既寓于整体反腐制度建设当中，同时又有一些专门性的制度和规定。

①党内监察制度

1927 年中共五大选举产生了中央监察委员会，随后《中国共产党第三次修正章程决案》首次对新成立的中共中央监察委员会的体制机制做出了明确而具体的规定。

然而，中央监察委员会成立不久，第一次国共合作破裂，国民党反动派对中国共产党进行疯狂镇压，大量党员被捕、牺牲、脱党、变节。临时中央政治局决定组建审查委员会（各省组织监察委员会），“以审查各该党部之党员有否不可靠的分子”①。

党的六大决定不再设立监察委员会，新设“审查委员会”和“特别委员会”。但新设立的审查委员会并不审查党员违纪问题，于是各级党委会下设特别委员会，这一机构逐步肩负起了监察委员会的任务。

随着中央苏区的巩固和发展，撤销党委会的特别委员会、重新设立监察委员会的必要性逐渐凸显。1933 年 8 月，中共中央颁布《关于成立中央党务委员会及中央苏区省县监察委员会的决议》，要求各省县于最近召集的省县级党代表大会时选举省县级的监察委员，成立各省县监察委员会。考虑到暂时还无法召开全国代表大会来选举中央监察委员会，所以党中央决定“在党的中央监察委员会未正式成立以前，特设立中央党务委员会”②。该决议还比较详细地规定了中央党务委员会的组成方式、工作机制。1934 年 1 月中共六届

① 中共中央文献研究室，中央档案馆．建党以来重要文献选编（1921—1949）（第 4 册）[M]．北京：中央文献出版社，2011：450.

② 中共中央文献研究室，中央档案馆．建党以来重要文献选编（1921—1949）（第 10 册）[M]．北京：中央文献出版社，2011：439.

五中全会选举产生了中央党务委员会。事实上，后来只有部分地区选举产生了地方监察委员会，多数省县由于各种原因并未如期成立。

1938 年党的六届六中全会决定“在区党委之下，得设立监察委员会”。监察委员会的职权除了原先的管理审查并决定党员违反党章党纪的处分、恢复党籍或重新入党之党籍、监察党员破坏道德行为、监督党章决议的执行外，把原属审查委员会的“审查党的各种机关之账目”和“监督各种党的机关、党的干部及党员的工作”纳入进来。①

解放战争时期，党中央根据时局变化重新调整了党内监察机构，形成了一整套切实可行的党内监督体系。七大党章中关于监察委员会的基本规定，实际上是党总结长期的实践经验所达成的基本共识：党的纪检监察机关的任务和职权主要是“决定或取消对党员的处分，受理党员的控诉”②。虽然党的七大以后不久，因国民党破坏和平，挑起战争，党的监察委员会并没有成立，但七大党章仍然奠定了日后党的纪检监察体制机制的基本框架。

②反腐倡廉制度

我们党自成立伊始就高度重视反腐倡廉法规制度建设。

1926 年 4 月，中央颁布了党的历史上第一个反腐肃贪的法规性质文件，即《关于坚决清洗贪污腐化分子的通告》。

土地革命时期，毛泽东等同志制订了“三大纪律、八项注意”，第一次对党和军队提出了全面的纪律要求，其中“不拿群众一针一线”、“一切缴获要归公”以及“买卖公平”、“借东西要还”、“损坏东西要赔偿”等口号为群众耳熟能详。这些纪律不仅锻造了党和军队的战斗力和执行力，而且为我党筑牢了群众根基。

1930 年党中央建立中央苏区，共产党局部掌握政权。这一时期，党中央颁布《关于惩治贪污浪费行为》的训令，第一次明确规定了贪污浪费行为的量刑标准。对于贪污五百元以上的，按照死刑处理；三百元至五百元期间的，判处 2 年及 2 年以上 5 年以下的监禁；贪污腐败金额较少的，判处半年以上 2

① 中共中央文献研究室，中央档案馆．中共中央文件选集（第 15 册）［M］．北京：人民出版社，2013：14.

② 中共中央文献研究室，中央档案馆．建党以来重要文献选编（1921—1949）（第 22 册）［M］．北京：中央文献出版社，2011：546－547.

年以下的监禁或劳动。在判处死刑及监禁的同时，还对贪污腐败的党员干部处以没收全部财产，并追回赃款的规定。①

这一时期为改变各苏区财政经济混乱状况，党统一财政，加强管理，出台了一系列财政经济制度。在红军内部实行经济民主制和供给制，坚持官兵待遇平等，"从军长到伙夫，除粮食外，一律吃五分钱的伙食"②。建立预算决算制度、税收制度、会计制度、审计制度等。颁布《地方苏维埃政府的暂行组织条例》，明确规定了省、县、区三级苏维埃执行委员会领取生活费的工作人员限额，规定省级苏维埃不得超过90人，县级苏维埃不得超过25人，区级苏维埃不得超过15人。③ 颁布《中华苏维埃共和国暂行财政条例》、《统一财政编制预算决算制度》训令，明确了财政部门的组织系统、职责及相关制度，保证了财政系统的有效运转。

土地革命时期有两大反腐案件——谢步升案和黄克功案，涉案人员被依法枪毙，在当时起到了惩戒作用。

抗日战争时期，在各个革命根据地或各解放区，我们党出台了《陕甘宁边区惩治贪污条例（草案）》、《晋西北惩治贪污暂行条例》、《晋察冀边区惩治贪污条例》等一批党纪、政纪、军纪综合一体的惩治腐败法，在惩治腐败方面进行了有益探索。

解放战争时期，各解放区又陆续颁布了一些新的反腐条例，如《东北解放区惩治贪污暂行条例》、华北财经办事处的《关于反贪污浪费的指示》等，在此基础上，我国的反腐法律制度基本成型。1949年新中国成立前夕，毛泽东同志在党的七届二中全会上特别提醒全党警惕资产阶级糖衣炮弹的侵袭，要求党员干部做到"两个务必"。

③巡视制度

1925年10月，党中央审议通过《组织问题议决案》，明确指出"应当增加中央特派巡行的指导员，使事实上党对于区及地方实行指导全部工作。"这

---

① 中国井冈山干部学院，中央档案馆．红色中华全编（第2册）[M]．南昌：江西人民出版社，2006：138.

② 毛泽东选集（第1卷）[M]．北京：人民出版社，1991：65.

③ 江西省档案馆，中共江西省委党校党史教研室．中央革命根据地史料选编（下）[M]．南昌：江西人民出版社，1982：150－153.

是中国共产党重视巡视工作的开端。

1928 年 10 月中央正式颁布党内《巡视条例》，要求各地参照建立相应的巡视制度，标志着巡视制度正式确立。

1931 年党中央又颁布《中央巡视条例》，对中央巡视员的任职条件、主要职权、基本任务、工作方法等作出明确规定，将巡视员视为中央对各地党部考查和指导工作的全权代表，标志着党的巡视制度日趋成熟。

抗战以后，全国的革命形势发生很大转变，由于日本帝国主义和国民党反动派的镇压和破坏，各级党组织之间开展交流巡视工作非常困难，为了保存有生力量，巡视制度逐步取消。

新中国成立后，纪检监察机关成为党内监督的专门机关，同时由于繁重的恢复和建设任务，纪检工作转弱，巡视制度也暂时中断。直到十一届三中全会之后，党内巡视制度才得以恢复。

（3）新中国成立初期财政金融廉政制度建设

①制定财政金融反腐制度

中国共产党在新民主主义革命时期建立的财政金融反腐倡廉机制在建国初期得到了很好的延续。党内监察制度、反腐法律制度等，大多参照新民主主义革命时期的相关规定。

以党内监察制度为例，可大体领略一下党的财政金融廉政制度发展历程。

1949 年 11 月，中央政治局会议通过《中共中央关于成立中央及各级党的纪律检查委员会的决定》，指明了成立中央及各级纪律检查委员会的目的，规定了检查委员会的任务与职权，明确了各级纪律检查委员会的领导体制、工作机制。与七大党章规定的监察委员会相比，尽管纪律检查委员会的任务与职权有所扩大、领导体制稍有不同，但基本上是在继承党的七大关于中央监察委员会的基础上发展起来的。

过渡时期社会矛盾突出，特别是“高饶事件”的发生，促使党中央采取针对性举措，成立监察委员会代替纪律检查委员会。1955 年 3 月党的全国代表会议通过的《关于成立党的中央和地方监察委员会的决议》，赋予了新的纪检监察机关以更高的地位、更广的工作范围、更大的权力。

党的八大以后，中共中央批准发布一系列指导监察委员会有关工作的通知、决定，构成了指导和规范党的纪检监察工作的党内法规体系。

“文化大革命”期间，党的各级监察机关受到严重冲击，中央和地方各级监察委员会机构瘫痪，工作停顿。

②开展“三反”“五反”运动

新中国成立后，中国共产党成为掌握整个国家命运的执政党，这时有部分党员及领导干部开始出现了居功自傲、贪图享受的思想，不少地方暴露出贪污、浪费和官僚主义现象。为此，1951 年 12 月党中央发出《关于实行精兵简政、增产节约、反对贪污、反对浪费和反对官僚主义的决定》，开展“三反”斗争；1952 年 1 月又发出《关于首先在大中城市开展“五反”斗争的指示》，要求在全国开展反对行贿、反对偷税漏税、反对偷工减料、反对盗骗国家财产、反对盗窃国家经济情报的“五反”斗争。与“三反”、“五反”运动相配合，党还制发了《中央关于三反运动中处理党纪问题的指示》等十余个规范性文件。“三反”“五反”运动的开展，有效遏制了贪污腐化等现象蔓延，营造了风清气正的良好社会风气。

总体来看，建国初的财政金融反腐制度建设基本上是在总结革命时期的相关制度基础上进行了再创新。1957 年之后，由于党的“左”倾错误，特别是阶级斗争扩大化，反腐败斗争逐渐由群众性运动来完成，虽然对腐败分子给予了有力打击，但也造成不少冤假错案，给社会主义建设事业造成了严重损失。

(4) 改革开放后我国主要金融廉政制度建设历程

“文革”结束后，中共十一届三中全会开启了党和国家财政金融反腐倡廉机制恢复和重建的新时期。这一时期不仅恢复了党的纪检监察、反腐倡廉、巡视等整体反腐制度体系，而且建立了专门的金融监管体系。

①党和国家反腐机制的恢复和重建

仍以中共纪检监察制度为例，看一下党和国家反腐机制的恢复和发展。

十一届三中全会选举产生了以陈云为第一书记、由 100 人组成的中央纪律检查委员会。1979 年 1 月，中央纪委成立后召开第一次全体会议，讨论并拟订了《关于党内政治生活的若干准则》（草稿）和通过《中共中央纪律检查委员会关于工作任务、职权范围、机构设置的规定》。

1982 年召开的中共十二大是新时期中共纪检监察制度建设中重要的一篇。十二大党章对中共纪检监察制度做了根本性的修改，全面规定了纪委的各方面基本制度。其中较为重要的一条是恢复纪律检查机关由党的代表大会选举并向代表大会报告工作的做法，提升其党内地位。这样纪委就不再隶属于同级党委，而是一个与同级党委平行的机构，从而从制度上保证了纪委对同级党委的监督。

1992 年十四大决定实行党的纪检机关和国家监察机关合署办公，合署后的中央纪委履行党的纪律检查和政府行政监察两项职能，对党中央全面负责。

可见，面对全面改革开放和现代化建设的新任务，党和国家的纪检监察、反腐倡廉等整体反腐制度体系得以恢复并发展，这就为财政金融领域反腐倡廉工作奠定了基础。

②金融监管体系的建立

改革开放以前，我国实行的是计划经济体制，银行等金融机构完全隶属于国家，所以，这一时期不存在监管机构与监管对象，也无相关法律法规，没有现代意义上的金融监管。

从 20 世纪 80 年代中期到 90 年代初期，伴随经济体制改革和对外开放，我国金融业务日益增长，金融机构持续增加，党和国家开始逐步加强金融基础设施建设，推动金融立法，维护金融秩序。同时加强金融风险管理，提出了相应的金融监管思路。

1984 年，人民银行开始专门履行中央银行职能，制定和实施全国宏观金融政策，控制信贷总量和调节货币资金，不再办理企业和私人信贷业务。1986 年，国务院颁布《银行管理暂行条例》，明确了人民银行作为金融监管者的法律地位。人民银行不仅负责货币政策的制定，同时还需对银行业、保险业、证券业和信托业的业务活动进行监督和管理，事实上形成了以人民银行为唯一监管者的统一监管体系，标志着适应改革开放要求的金融监管体系初步形成。

此后，随着金融业的快速发展，中国政府对金融业开始实行分业经营、分业监管。1992 年中国证监会成立。1995 年以后，《中国人民银行法》、《商业银行法》颁布，中国人民银行风险监管的意识逐渐加强。1998 年中国保监会成立。2003 年中国银监会成立。至此，我国“一行三会”分业监管体制得以建立。

党的十八大以来，党带领全国人民深化改革，实现转型发展，努力推进经济高质量发展，以习近平同志为核心的党中央加强底线思维，改革金融监管体制，加强金融风险防范工作。一是 2015 年颁布并实施新预算法，规范地方政府债务管理，严控债务风险。二是持续加大金融反腐力度，深化金融反腐工作，规范金融机构的经营行为，尤其加强对互联网金融等风控薄弱领域的监管与治理。三是实施监管体制改革，2017 年设立国务院金融稳定发展委员会，统筹协调金融稳定和改革发展重大问题的议事协调；2018 年将银监会和保监会合并新设为银保监会，加强金融监管协调、补齐监管短板，适应金融混业经营形势下加强混业监管的需要。

4.2.2.3 当前金融廉政制度建设情况

目前，针对金融腐败，我国已经初步形成了较为有效的组织与制度规范体系，包括：金融行业自律监管、专门性金融监管；金融审计监督；公、检、法机关的法律监督；党内监督；社会监督等。

（1）金融行业自律监管

金融行业自律监管包括金融机构自我监管和行业自律监管。

①金融机构自我监管

以民主化管理为核心的权力运行制度。如领导班子民主议事规则、民主生活会制度、重要情况通报制度等。

公开透明的配套制度。实行行务公开、财产申报等制度，国有金融机构严格执行公开选聘和竞争上岗制度等，保证公开、公平、公正。

内部管理控制制度。这是金融机构防范非系统性风险的基础性制度。包括授权管理、资金计划、会议控制、人事教育控制、筹资风险控制、信贷资金风险控制、外汇业务控制、信用卡业务控制、计算机风险控制和清算控制等制度。

制度的有效执行机制。要求金融业工作人员通过签订案防责任书、廉洁从业承诺书等，健全问责制度，提高各级金融机构的执行力。

②行业自律监管

为了更好地促进金融资源融合，构建金融服务规范体系，当前，有部分地区建立了金融行业协会。具体而言，组建金融行业协会具有以下重要作用：

第一，促进公平竞争，合理配置金融资源。金融行业协会可以有效发挥桥梁纽带作用，积极协调金融机构与监管部门、金融机构及其他相关主体之间的关系，做好金融机构之间的沟通，形成良性竞争、合作共赢、规范发展的共识。

防范和化解金融风险，维护金融安全。金融行业协会可以加强行业自律，引导金融机构诚信守法，从而更好地建立防范化解金融风险的机制，并在金融风险来临时，各会员可以凝聚力量共克时艰。

制定行业标准，提升行业经营水平。金融行业协会可以依据有关法律法规，参与组织制定本地区金融行业标准；并受业务主管部门委托，对金融机构组织开展有关职业道德、法律法规、专业知识、业务技能等方面的培训教育和资格认证，从而有效提升行业经营水平。

（2）专门性金融监管

金融监管当局为维护金融业的健康运行实施专门性监管，这是金融监管体系的核心。

改革开放以来，我国逐步确立了“一行三会”的监管模式，即中国人民银行是全国金融业的最高主管机关，同时根据机构性质划分监管权限的多边监管体制，即“分业监管”，银监会、证监会、保监会分别监管银行、证券、保险机构及市场。在这一监管模式下，中国人民银行、银监会、证监会和保监会都是法定的主体监管部门，与审计机关、税务机关等其他监管部门一起，共同确立了严格的分业经营、分业监管模式。

2018 年国务院设立中国银行保险监督管理委员会，主要职责是：依照法律法规统一监督管理银行业和保险业，维护银行业和保险业合法、稳健运行，防范和化解金融风险，保护金融消费者合法权益。中国银行业监督管理委员会和中国保险监督管理委员会成为历史。

（3）金融审计监督

金融审计是党和国家监督体系的重要组成部分，也是金融监管体系的重要环节，是防范金融风险的一个重要辅助手段。金融审计主要依据《审计法》、《关于深化国有企业和国有资本审计监督的若干意见》等有关法律法规和文件开展审计。

从实践看，金融审计的具体业务内容包括：预算执行审计、领导人经济责任审计、企业资产负债损益审计、重点商业银行跟踪审计、国家重大政策措施和决策部署落实情况跟踪审计等。

金融审计可以及时发现线索、揭露和推动查处金融腐败，同时查找体制问题和机制漏洞，从而推进金融制度完善，防范金融风险，维护金融安全。

(4) 公、检、法机关的法律监督

公安局、检察院、法院依据现行有关金融领域的法律、行政法规、司法解释、部门规章和规范性文件等层次的金融法律法规开展执法、司法监督。

近年来，金融犯罪有爆发式增长趋势。公、检、法机关加强与金融监管机构的沟通联系，持续加大对违法犯罪的打击力度，给犯罪分子以强烈的震慑作用，从而有效防范和化解金融风险，最大程度为国家和群众挽回经济损失。

与此同时，公检法机关还积极开展法治宣传，提高群众防范意识，有效遏制金融犯罪案件增长势头。

(5) 党的各项监督制度

我国金融系统实行的是党对金融系统的集中统一领导体制，所以党的各项监督制度同样适用于金融廉政，具体来说包括党组织监督制度、纪检监察制度、巡视制度等。

①党组织监督制度

组织生活制度。金融机构党组班子成员要定期参加所在党支部的组织生活，如实汇报思想和廉政情况，开展批评和自我批评，自觉接受党组织的监督。

民主评议制度。结合年终总结，国有金融机构往往会组织下级单位、机构内工作人员对党组班子成员的思想、工作、作风等情况进行民主评议。

谈话诫勉制度。对于群众意见较大、有发生违纪苗头的中层领导干部，由党组织负责同志与其谈话，进行批评帮助，提出告诫。

②纪检监察制度

各级纪检监察部门负责对金融机构内部民主生活会、述职述廉、报告个人有关事项、诫勉谈话和函询等制度执行情况的检查。

同级纪委经常检查金融机构党组班子的廉政情况，定期向上级领导汇报。

上级党组和纪委要经常考核下级金融机构党组班子成员廉政建设责任制落实情况，发现违纪问题，严肃处理。

③巡视制度

巡视制度指中央和省（区、市）党委，按照有关规定，通过建立专门机构、开展巡行视察，对下级党组织和领导干部进行监督的制度。加强对金融系统的巡视监督，对于遏制和防范金融领域腐败问题具有重要意义。

巡视小组一般采取以下方式开展工作：听取被巡视党组织的工作汇报和有关部门的专题汇报；与被巡视党组织领导班子成员和其他干部群众进行个别谈话；受理反映被巡视党组织领导班子及其成员问题的来信、来电、来访等；抽查核实领导干部报告个人有关事项的情况；向有关知情人询问情况；调阅、复制有关文件、档案、会议记录等资料；召开座谈会；列席被巡视地区（单位）的有关会议；进行民主测评、问卷调查等。

巡视组着重对巡视对象执行党章和其他党内法规，遵守党的纪律，落实党风廉政建设主体责任和监督责任等情况进行监督。巡视是政治巡视，不是业务巡视，巡视监督的重点是党的领导机关和领导干部。

利用党章赋予巡视机构的监督权，加强对金融系统党内监督，对于促进金融机构自身建设，加强金融系统反腐败工作具有重大意义。

（6）社会监督制度

维护金融稳定是一项系统性工程，需要政府、行业、金融机构和社会公众的共同努力。人民群众既是金融服务的消费者，也是监督者。

让人民群众参与维护金融稳定，具有重要而深远的意义。

一是有助于及时调整金融政策，防范金融风险。人民群众生活在基层，最能感受到社会形势的变化，因此，听取社会公众对于当前金融政策的意见，有利于金融当局及时调整政策，防范金融风险。

二是有助于发现腐败线索，查处金融腐败案件。社会公众检举和揭发金融领域大案要案在反对腐败和促进党风廉政建设中具有重要作用。

三是有助于发挥群众智慧，调动其积极性和创造性。让人民群众参与维护金融稳定，能够有效激发群众的智慧和力量，充分调动他们开展社会主义现代化建设的积极性和创造性。

2015 年，国务院办公厅印发《关于加强金融消费者权益保护工作的指导意见》（以下简称《意见》），这是我国首次从国家层面对金融消费者权益保护进行具体部署。《意见》要求金融机构应当切实履行金融消费者投诉处理主体责任，建立多层级投诉处理机制，提高金融消费者投诉处理质量和效率，接受社会监督。这一文件对于加强金融领域的社会公众监督起到促进作用。

4.3　金融廉政文化作用与功能

文化在当今社会治理中的作用愈发突出，其作用之重要以及影响之深远足以关乎一个国家的立国之本、治国之道以及兴国之路。党的十九大报告也指出，坚定道路自信、制度自信与理论自信，归根到底就是坚定文化自信。如前述，从金融行业看廉政，金融廉政文化系廉政文化的重要组成部分或一种；从廉政立场视角看金融，金融廉政文化亦是金融文化的重要组成部分和一种。从文化视角着眼，建设与发展金融廉政文化的目的就是使之成为推进廉政金融建设的重要力量。因此，金融廉政文化的作用与功能不仅是其现实价值的具体展开，更是其建设成功与否的检验标准。在廉政金融建设过程中，金融廉政文化通过影响廉政金融建设的全过程而得以体现其指引、教育、评价以及监督的作用；通过金融廉政文化对金融政策、金融工作、金融从业人员以及金融行业党风党纪的影响进而实现其具体的功能性价值。职是之故，金融廉政文化的建设与培育具有十分重要而深远的现实与历史意义。

4.3.1　金融廉政文化的作用

金融廉政文化作为社会意识形态的一种，是中国特色社会主义文化尤其是中国特色社会主义廉政文化的重要组成部分。中国特色的社会主义文化能够为我们国家与社会的发展提供精神动力与智力支持。而金融廉政文化本身是廉政文化与金融文化交织并充分考虑到金融行业特点的产物，其作用是保障全体金融行业与金融从业人员的日常工作与生活得以具体体现。具体而言，金融廉政文化的内容主要包括四个方面，分别是指引作用、教育作用、评价作用以及监督作用。

4.3.1.1 金融廉政文化具有指引作用

廉政文化植根于中华民族的传统文化，是我国传统文化的重要组成部分，贯穿于中华民族发展的全过程。如今，在新时代的背景下，廉政文化建设焕发新的生机。习近平主席强调："要让每一个干部牢记'手莫伸，伸手必被捉'的道理。"① 这足以彰显廉政文化建设的重要性。金融廉政文化建设作为廉政文化建设的重要组成部分，对金融行业以及金融从业人员起到了指引作用。一系列的廉政文化建设极大地推动了基层反腐倡廉工作的开展。廉政文化建设可以使广大基层金融从业者提升反腐倡廉教育理论水平。开展廉政文化建设对于典型案例的宣传、中央以及地方各级党委工作会议精神的传达是一个很好的学习途径，也正是在这个过程中，广大的干部职工会受到廉洁教育的洗礼与指引。

廉政文化建设的目的就在于运用思想灌输的手段使各社会主体树立勤政廉政意识。所以，廉政文化建设是面对各社会主体的，通过这样对人们价值观的再建设，必会提升干部与职工的思想素质与文化水平。在廉政思想的武装下，金融从业人员更能提高守法的自觉性，更加实质性地进行自我监督以及接受社会监督。自我监督即做好员工管理工作，监督员工的遵规守纪情况；社会监督即金融工作始终面向广大人民群众，认真听取客户的反馈建议。如此一来，创造积极向上的工作作风，赢得客户的信赖便是题中应有之义。符合时代潮流的思想是引导一个人走在正确道路之上的重要因素，在对权力的正确认识上，廉政文化建设就扮演着举足轻重的角色。廉政文化的渗透使廉政氛围走向浓厚，廉政思想走进心里；使干部员工在潜移默化、润物细无声中坚定理想信念，真正做到"反腐于无形"。同时，廉政文化建设还能体现出"以人为本"的理念，真正做到让干部自己内心产生不想腐败的想法，促进国家的反腐败工作与社会的和谐发展。

4.3.1.2 金融廉政文化具有教育作用

廉政文化建设具有先进性，旨在以先进的思想武装人的大脑，这个过程

① 习近平．习近平谈治国理政（第一卷）[M]．北京：外文出版社，2018：395.

是循序渐进的。廉政文化建设在不断地更新形式，坚持以人为本与企业文化相结合是比较有感染力的做法。用企业文化去引导员工，使金融工作者珍惜自己的工作，守住道德的底线。廉政文化建设的教育作用是指干部或职工在接受廉政思想后，树立先进的思想，并且以先进的思想为引领，做出一系列廉政的行动，也是理论与实践循环往复，并走向更高实践的过程。金融行业具有其独特的行业风险，例如，由于干部自身的道德素质参差不齐，会出现不遵守规章制度，违规经营，以不正当手段获取利益的情况；再严重一些的情况就是利用职务便利，做违法乱纪之事，扰乱金融秩序。这些做法对个人而言会失去职位；对于社会而言，会降低广大人民群众对金融行业的信任。此外，社会对金融行业的监管并不健全，容易使金融行业放松警惕，从而思想滑坡。

党的十九届四中全会强调，发展社会主义先进文化、广泛凝聚人民精神力量是国家治理体系和治理能力现代化的深厚支撑。文化的建设是最好的教育，当前，要增强民族自信心，加强文化建设，提升文化自信是根本。廉政文化建设作为文化建设的一种，展示出了深刻的教育作用。定期、连续的廉政文化建设，可以解决党员干部在意识层面产生的问题，及时化解矛盾，营造出规范的金融环境，以期实现干部自身价值。教育本身就是一种思维的传授，是社会文化的传播，从而促进个体的社会化。通过廉政文化建设，人们自觉的遵循社会准则、规章制度，以更高的标准来约束自己的一言一行。从微观上讲，是提高自己的境界；从宏观来讲，是为规范金融行业秩序贡献力量。如此一来，金融廉政文化建设的教育作用就体现得非常明显。因此，开展廉政文化建设是十分必要的。

4.3.1.3 金融廉政文化具有评价作用

评价包括肯定性评价与否定性评价，肯定性评价体现出了对被评价人的认可，否定性评价则是对被评价人的不利评价。例如，将一个人的行为确定为犯罪即是刑法对这个人进行的否定性评价，这种否定性评价可以对人们产生警示作用，以达到刑法中的一般预防与特殊预防的效果。同样，金融廉政文化建设也具有评价作用，就廉政文化建设的目的来讲，廉政文化建设本身即具有评价的意思，它倡导人们廉洁奉公，提高拒腐防变的能力，实际上是否定了腐败的思想，也即对腐败作出了否定性评价。廉政文化的宣传可以采用舆论引导的方式，发挥微博、微信等新时代信息媒体的积极作用，在这些平台上对典型案例进行宣传，表明否定态度，希望大家引以为戒，即是廉政文化建设对其进行的评价。

此外，金融廉政文化建设的另一重要途径就是做到奖罚分明，对于腐败者加大惩处力度。金融行业一旦产生腐败会破坏行业形象，产生较大的社会负面影响。对腐败人员进行惩处也是廉政文化建设评价作用的体现，一方面，按照规章制度的要求，对轻者以批评教育的方式进行处理，并监督改正；另一方面，对于重者，如果涉及严重违纪违法，在正确处理的前提下，可以在廉政文化建设过程中予以一定范围内的通报，作出否定性评价，以达到改正大家思想的目的。值得注意的是，不单单是在金融领域，全国开展廉政文化建设就是对腐败文化做出否定性评价，以此来建构廉洁心理，形成廉洁价值观，最后达到全社会以廉洁为荣的思想局面。金融廉政文化建设作为一个整体工程，在充分发挥评价作用的同时，还需要与其他作用相衔接，并且理论联系实际，这样才能提升金融行业廉政文化品位，在一定程度上促使金融行业从业人员共同努力，推动金融行业持续向好发展。

4.3.1.4 金融廉政文化具有监督作用

木可成材、金能成器，但这一成长锻炼的过程必定是充满荆棘与诱惑的，尤其是在金融领域，其行业特点以及工作人员的日常工作内容决定了金融廉政文化建设的过程更是道阻且长。因此，金融领域需要一套完整的监督机制来为其安全高效地发展保驾护航。目前，金融领域的制约监督体系还有许多不足之处，虽然制度体系的构建趋于完善，但是监督制度的构建只是监督工作的基础性工作，只能够达到“治标”的效果，只是让金融领域的监督工作有章可循。若想根除金融领域的腐败，必须在金融工作人员内心深处构建“制度的笼子”，以此达到“治本”之效。“不想腐”是我国反腐工作格局中的最后一步，是十分关键且困难的一步。因此，在金融领域的监督制度基本构建起来的前提下，将监督金融工作人员的内心作为今后监督工作的重点是符合我国反腐工作的逻辑顺序的，也是金融廉政文化建设的题中应有之义。以文化人，廉政金融文化既然作为廉政文化与金融文化结合的产物，充分考虑到了金融行业以及金融从业人员日常工作与生活的特点，其能够扮演好完善监督制约体系的角色。

金融廉政文化的监督作用体现在三个方面。首先，金融廉政文化可以促进监督制度的完善并且帮助其持续地发挥作用。现阶段，金融领域的监督工作往往不具有持久性，“运动型”监督特点明显。“运动型”监督最大的特点就是在一定时期内、集中工作资源对金融领域存在的腐败问题进行彻查。应当承认，这种力度大、效率高的监督工作取得了非常优异的成绩，但是，监督制度应当贯穿于金融工作发展的各个阶段、金融领域的各个方面，不能到了后期就只流于形式。金融廉政文化可以帮助监督制度以一种通俗易懂的形式表现出来，通过培育金融廉政文化使金融工作人员真正理解监督制度的核心要义，潜移默化地将现实的监督制度内化为工作人员内心的行为准则。其次，金融廉政文化可以监督金融领域的领导干部。对于这一“关键少数”，现行监督体系往往不能有效地发挥作用，以言代法的事情时有发生，以权压法的状况仍然存在，究其原因，是因为领导干部往往是监督制度的构建者，其处于制度体系的顶端或者游离于制度体系之外，腐败的领导干部往往不能正视手中的权力。文化可以渗透人的心灵，金融廉政文化的受众群体是整个金融行业以及全体从业人员，领导干部也必然处于此列。通过开展金融廉政文化主题教育，以专项工作的形式使领导干部从被动感受廉政文化的力量到主动接受廉政文化的熏陶，让领导干部了解腐败的成本，知晓权力的本质，从其内心深处构建起一道腐败防线。最后，金融廉政文化能够监督金融工作人员，这一监督效用体现在廉政文化渗透至金融工作人员的日常工作与生活之中。一方面，在工作中，金融廉政文化同样也能够在普通工作人员内心深处构建起腐败防线，恪守金融制度标准，而且这种监督作用也依赖于金融廉政文化指引、教育以及评价作用的实现；另一方面，金融廉政文化能够帮助金融工作人员在生活中恪守廉政之道，这种帮助实质上是内化后的金融廉政文化的监督，是工作人员内心的自我监督。腐败的形式纷繁复杂，腐败的路径亦多种多样，金融工作人员特别要小心“无孔不入”的腐蚀行径，以金融廉政文化培育自身正确的名利观、价值观、人生观、事业观，监督自己做到拒腐蚀，永不沾。

外部监督是监督工作的基础，是治标之策，而文化自省才是监督工作的根本所在，是治本之方。不以规矩，不成方圆，只有认识到金融廉政文化的重要性，才能使其成为金融行业及全体从业人员的直木之绳，利金之石；只有将金融廉政文化打造成为金融领域的一把监督利器，才能更好地实现金融行业的健康发展及全体从业人员的成材之能、成器之用。

4.3.2 金融廉政文化的功能

金融廉政文化的作用是其自身在形成及发展过程中，因其独特的内涵所决定的；而金融廉政文化的功能是其作用在实践层面的具体展开，其功能效用实现与否有赖于作用的发挥程度。具体而言，金融廉政文化的功能主要包含以下四个方面。

4.3.2.1 金融廉政文化助力金融政策的精准落实

金融是现代经济的核心，金融政策则是现代市场经济中关系国计民生的重大问题。一般来说，中央银行等宏观调控主体通过货币政策、信贷、利率等多种金融工具对不同领域的市场进行干预，用以保障市场经济的持续健康发展，以实现稳定汇率、促进就业、平衡国际收支以及保持经济平稳持续增长等市场调控目标。而这些目标的达成，不仅需要中央银行等主体制定出科学、合理的金融政策，更高度依赖于这些金融政策的贯彻与落实。事实上，在各项金融政策实施过程中一旦出现腐败现象，不仅会使金融政策制定主体的预期目标落空，同时也将对市场经济和金融稳定造成极大的负面影响。因此，金融政策实施主体必须充分、准确领会金融政策制定主体的意图，确保各类金融政策工具有效运行，在整合各类金融政策资源的同时，实现金融政策对特定市场的精准干预。实践中，金融政策精准落实的重点往往涉及扶贫、住房、就业等基础民生问题。这些领域中的金融政策常常会涉及广泛的社会利益，关系到广大群众的切实利益，其资金体量十分庞大。这些领域不仅是金融政策精准落实的重心，同时也是金融政策腐败的高风险区域。如果不能有效防范金融腐败的发生，势必会影响国家金融政策精准落实的战略布局。而营造金融廉政文化，牢固树立金融廉政底线意识，不仅对贯彻政府金融政策具有重要意义，同时对于达成金融政策的精准落实目标具有重大的现实意义。一方面，在金融廉政文化影响下，负责落实金融政策的主体单位必然会建立起常态化的廉政反腐机制，畅通信访举报渠道，完善纪检监察机制，形成有效的前端预防制度。另一方面，良好的金融廉政文化会对金融重点领域、关键岗位的金融政策落实主体提出更高的廉政要求，保障相应的金融政策真正落到实处，实现金融政策对特定领域的调控功能，达成金融政策精准落实的效果。

4.3.2.2 金融廉政文化保障金融工作的稳定开展

金融工作的内容涉及金融领域的方方面面，既包括金融机构内部的一般行政管理工作，也包括与各金融市场主体相关的外部管理工作。由于金融工作内容的丰富性以及对市场经济干预的深度性，其各项工作的稳定开展对整个社会主义市场经济的繁荣与发展有着重要的影响，可以说，金融工作中的任何一处领域发生腐败问题都将对金融工作的全局产生不利影响，进而会破坏整个市场经济的有序健康发展。这便要求金融工作的开展过程中要严防腐败现象的出现，发现苗头及时打压，并消灭滋生金融腐败的温床。而这些显然离不开金融廉政文化的作用。金融廉政文化是指整个金融领域内的廉政文化，当然覆盖到了金融工作的全部内容，即是说，在诸多金融工作中都必须积极营造廉政文化，这是金融廉政文化普遍性的内在逻辑。金融廉政文化的普及性，会对金融工作产生正向的积极作用，使廉政制度、廉政思想成为各领域金融工作所必须考虑的必要内容，有助于形成整体金融工作的廉洁化。此外，在特定的金融工作中，廉政文化又具有一定的专门性，能够针对特定金融工作的特殊属性提出更具指向性的要求。例如2019年中国人民银行印发《关于切实做好2019—2020年金融精准扶贫工作的指导意见》，对金融扶贫工作提出了一系列具有针对性、实效性的方案。金融廉政文化在这一专门金融工作中的作用集中体现在形成特定的廉政文化，强调金融扶贫工作人员的廉政意识，建立健全专门有效的金融扶贫反腐机制。

廉政文化的树立与贯彻，将有助于从思想文化上强化金融工作人员的底线思维，使其不敢腐、不能腐，形成严密的预防金融腐败的有效机制。应当说，金融廉政文化是各项金融工作开展过程中必备的思想要素，只有将这种文化渗透至每个金融工作人员的内心当中，才能保证金融工作不至走向邪路、歪路、岔路，最终保证金融工作的稳定开展。

4.3.2.3 金融廉政文化利于金融从业人员价值实现

社会意义中的人具有个人价值与社会价值的双重价值属性，前者通常是指个人因生存和发展而对社会所提出的需求，后者则是个人为社会所提供的贡献与作用。特定职业从业人员的价值主要是从个人的社会价值角度展开的，即所从事的职业能够为社会带来多少积极影响。按照这一逻辑，金融从业人员的价值是通过其所从事的金融工作为社会发展带来的贡献来评价的。金融行业的特殊性决定了金融行业对社会发展的影响同时具有广度性与深度性两个维度，这意味着社会生活的方方面面都与金融息息相关。因此金融从业人员的工作不仅能够对社会产生重大的影响，且其从业价值的意义同样不可低估。

金融从业人员价值的发挥不是一种抽象性的表达，而是必须通过一项项具体的工作来实现。金融工作对市场经济乃至整个社会的积极意义必须通过一项项措施来实现，依赖于金融从业人员的具体工作。首先，金融廉政文化是金融从业人员自我价值实现的前提。金融廉政文化以达成金融从业人员不愿腐、不想腐为最终目标，这有利于使被动性的反腐机制转向主动性的反腐机制，改变金融从业人员在预防腐败机制中的客体地位，确立其主体地位。在金融廉政文化的驱动下，金融从业人员的人性得到了最大尊重，其主人翁意识得以塑成。换言之，金融廉政文化是金融从业人员价值得以实现的前提条件。其次，金融廉政文化能够保障金融从业者在从业工作的基本道德操守，避免腐败的发生，使其不至对社会造成危害，避免金融从业者对社会输出负向价值。从这一意义上讲，金融廉政文化是金融从业人员价值实现的保障条件。最后，金融廉政文化的营造与形成将极大减少金融领域腐败现象的发生，有助于使各项金融政策得到有效的贯彻，并使各项金融工作得到稳定的开展，发挥金融行业的最大社会效能。在这一过程中，金融从业人员的价值也将得到充分的实现。换言之，金融廉政文化成了金融从业人员实现其个人价值的重要途径。

4.3.2.4 金融廉政文化促进金融行业党风党纪建设

廉政是我们党的工作所奉行的准则之一，同时也是党所领导的领域进行发展建设所欲实现的目标之一。金融廉政文化是党的初心和使命在金融文化上的反映，是将党风党纪与金融文化的核心内涵予以提炼并熔于一炉的产物，但这并不意味着金融文化与党风党纪失去了各自的特色，恰恰相反，这种融合是在保持二者特色的基础上所进行的一种相互促进式的交织。因此，金融廉政文化对金融行业党风党纪建设具有促进功能是由金融廉政文化的本质所决定的。

目前，我们党面临着“四大危险”，应对着“四大挑战”，只有用党风约束内心，用党纪规范行为，才能使我们党更好地进行自我革命，更有效地从严治党管党。因此，在增强我们党长期执政能力建设的过程中，党风党纪的建设显得尤为重要。金融廉政文化之所以能够促进金融行业党风党纪的建设，一方面是因为金融廉政文化能够培养金融从业人员“审丑”的能力。爱美之心，人皆有之，金融行业从业人员亦是如此，但是，在日常工作和生活中金融工作人员往往缺乏的是“审丑”的能力，是认清腐败行为、看透腐败本质的能力。通过金融廉政文化培养金融从业人员“审丑”的能力，将党风党纪渗入工作与生活，将党风党纪渗透内心，使得从业人员时刻以党风党纪武装自己，对一切腐败现象、腐蚀行为知道并敢于说“不”。另一方面，金融廉政文化能够使得党风党纪的表现形式更为丰富，使得党风党纪的内容更为便于理解与内化。十八大以来，我们党尤其注重自身建设，党建形式推陈出新，其目的都是为了使得党风党纪更好地被党员理解、接受并予以贯彻。我们党不断地从中华民族的优秀传统文化中汲取营养，通过传统与现实相结合的方式，为全体党员生动形象地阐释党风党纪的内核。如前所述，金融廉政文化是金融文化与党风党纪融合的产物，因此金融廉政文化在金融行业的党风党纪建设过程中具有先天的优势。金融廉政文化可以让整个金融领域既可了解金融生态在整个经济体系中的意义，又可使金融工作人员在金融党建工作中发挥积极作用，在中华民族走向复兴、中国人民奔向幸福的道路上贡献自己的力量，使得金融生态健康持续发展。

党的领导是金融行业得以持续发展的根本保障，更是金融行业的最大优势。只有党风优良，党纪严谨，全体金融行业从业人员自觉接受党的领导，才能够彰显金融行业的竞争优势，方能提升金融领域的核心凝聚力，使得金融行业继续高效且健康地为国家经济高质量发展提供增长点，在经济新常态下才能继续发挥金融领域独有的优势。

金融廉政文化是当今廉政核心价值观在金融领域的详细展开，是廉政精神与金融工作具体结合的产物。金融廉政文化建设与培育的目的之一便是将廉政建设在金融领域深入推进，在渗透至制度体系建设所不能触及之处的同时，亦能加固“制度的笼子”。将金融廉政文化根植于金融行业这片经济沃土之上，将金融廉政文化厚植于金融从业人员内心深处，使金融行业风清气正，使金融从业人员永葆戒心，从整体上加快、走稳打造金融领域拒腐蚀、防腐化、不腐败廉政格局的步伐，坚实地迈上廉政金融新台阶。准确认识金融廉政文化与廉政金融二者之间的关系，以金融廉政文化滋润金融从业人员的内心，以金融廉政文化滋养我国金融事业的发展，以廉政金融建设的实践反哺金融廉政文化的发展，使金融工作与廉政信仰齐头并进。努力将金融廉政文化继续建设并发展成为中国特色社会主义文化的重要组成部分，为继续完善金融领域“不能腐、不敢腐、不想腐”的廉政反腐格局提供有力的文治保障。同时，金融廉政文化建设也是保障金融领域同心向党，同奏百年华诞主旋律的重要举措之一。因此，金融廉政文化的建设与培养不仅是全体金融行业的职责所在，更是全体金融行业从业人员的信仰所指。

4.4 金融廉政文化的重要性与涵养滋养养成教育

4.4.1 金融廉政文化的重要性

金融业在市场经济的运行和发展中占据着重要的地位，在一定程度上可以说是没有金融就没有市场经济。与金融相关的企业中最具代表性的就是银行，银行通常被认为是经营货币的一种特殊企业，由于其自身存在的特殊性，导致该行业通常被列为大要案件的高发行业之一，这种情况在世界各国中都相对显著。对现阶段我国具体情况进行观察，不难发现金融腐败在根本上属于社会矛盾在金融行业内部的体现。银行业在社会组成部分中占据着重要的地位，也导致其内部问题直接关联着社会的整体发展。在过去的金融业发展过程中，我国各项体制的建设还不够完善，这就直接导致我国的金融业在一定程度上滞后于发达国家。此外，由于我国与金融业相关的法制建设存在漏洞，导致许多犯罪分子在这些漏洞和缺陷中谋取不正当利益，严重扰乱了我国的金融市场环境。由此可以看出，我国现阶段必须以金融为抓手，严格整治金融犯罪，加快金融廉政建设，从法律角度和道德角度对存在“钻空子”心理的金融业相关人员加以限制和引导，尽快优化我国金融市场环境。

4.4.1.1 个人职业生涯保安保姆

金融廉政文化是更好地维护金融安全，保证金融秩序的重要保障，具有极高的实际价值。对于金融业的相关从业人员来讲，学好用好金融廉政文化对于自身的职业生涯就有着极其重大的现实意义。习近平总书记在同中央办公厅各单位班子成员和干部职工代表座谈时曾指出：“一个人能否廉洁自律，最大的诱惑是自己，最难战胜的敌人也是自己。”① 这句话表明廉政文化建设对于个人职业生涯具有重要意义，能够潜移默化地引导人们战胜自己，抵制不良诱惑，在职业生涯上走得越来越远。

首先，学习好金融廉政文化能够加强自身的理论学习和心态建设，树立起正确的权力观、价值观和人生观，更好地端正自身的思想作风，更高质量地提升自身的思想境界。金融廉政文化作为我国社会主义先进文化的重要组成部分，能够高质量地完善人们的精神世界，提升人们的精神境界，在催人奋进和潜移默化地培养人的方面具有极其重要的意义。在实际的从业过程中，学习好金融廉政文化能够坚定人们的信念，抵制住诱惑，在面对外界的“糖衣炮弹”时能够端正态度，始终保持高度的警惕，勇于对诱惑说不，做到见财物心不动，见诱惑心不痒。

其次，学习好金融廉政文化能够保障人们在面对利益的时候，做到从容不迫地处理好个人利益和企业利益之间的关系，能够在不伤害企业利益的情况下，正确获取自身利益，实现个人的社会价值，促进个人与企业的双赢。这些都表明，金融廉政文化建设能够使金融从业人员在面对利益诱惑的时候做到保持初心，从侧面反映了全面加强金融廉政文化建设的重要性。

此外，学习好金融廉政文化能够促使人们更好地融入金融市场中，更好

① 2014 年 5 月 8 日习近平在同中央办公厅各单位班子成员和干部职工代表座谈时的讲话。

地为金融行业的建设和发展贡献力量，使自身的价值得到激发。并且能够使人们在日常生活与工作中，将清正廉洁思想更好地贯彻在每一个细节之中，正确行使手中的权力，严格遵守道德义务，最终实现以小节成大义。

金融廉政文化作为我国的社会主义先进文化，能够更好地引领广大金融从业者保持清正廉洁的初心，遵守职业道德和法律准则，坚持以廉为荣、以贪为耻，引导其逐渐养成高度的自觉意识和自我约束意识，更好地提高其自身抵御贪腐的免疫力，为从业者的职业生涯更好地保驾护航，实现自我的价值。此外加强金融廉政文化建设，能够更快更好地促进廉洁从业风尚的形成，促进金融业的快速健康发展，对于整个社会都有极其重大的现实意义。

4.4.1.2 企业行业健康发展的保证

在金融业的不断发展过程当中，金融廉政建设从各个角度都在为与金融相关的企业保驾护航，在一定程度上更加高质量地促进了金融业的快速发展。但是，我国社会主义市场经济在现阶段进行体制改革的力度不断加大，相关思想意识的转变速度不断加快，人们的价值取向和思想观念也因此逐渐变得更加活跃，在激发市场活力的同时也导致贪污腐败和职务犯罪现象逐渐增多，严重地阻碍了金融业企业的发展。由于人们思想观念逐渐多元化发展，“笑贫不笑贪”的思想在现实生活中早已成为了见怪不怪的职业现象。在这种新形势的推动下，金融廉政文化的建设需要尽早提上日程，只有将金融廉政文化建设贯彻到企业运行的每一个环节，引导从业人员和领导干部树立正确的价值取向，才能够保障金融企业长久发展。

习近平总书记在2016年1月12日的十八届中央纪委六次全会上指出，要立“明规矩”、破“潜规则”。① 这表明，在企业的实际运行过程中，必须要明确制度，摧垮企业的规则暗门，坚决杜绝贪污腐败，引导企业良性发展。金融廉政文化建设要以制度为基础，引导人们走正途、谋发展，拒绝投机取巧，不钻法网漏洞。只有将廉政文化贯彻到每一个从业者的心中，才能够更好地做到防微杜渐，将影响企业健康发展的不安因素遏制在萌芽中。因此，企业在进行廉政文化建设的过程中要从根源出发，通过宣传和讲座，在企业

① 2016年1月12日习近平在第十八届中央纪律检查委员会第六次全体会议的讲话。

内部营造廉政文化的氛围，充分激发出廉政文化对企业职工的教育和引导作用。通过树立廉政模范，宣传社会主义文化中的先进文化，引导人们升华自身的精神境界，进而筑牢自身的思想道德防线，做到在面对诱惑时坚定自我，不迷失方向，始终维护企业利益，保证企业的发展。

一个相对完善的廉政文化体系不仅要包括核心廉政价值观，还要全面包括和该价值观相对应的其他规范及标准。只有全面建立起健全的廉政文化体系，才能够更好地使企业表述出自身存在的问题，明确在廉政建设方面应该反对什么、批评什么和赞扬什么。企业是行业的基本单位，只有各个企业都能够做到健康发展，整个行业才能够拥有更加美好的前途。金融廉政建设是金融业内部企业的立身文化之本，将廉政深入人心才能够使企业营造出廉洁自律的氛围，才能够通过潜移默化的手段引导企业的高层和内部管理者将勤政廉政内化于心，成为自身严格遵守的一项道德准则，进而反作用于企业廉政文化建设，促进企业廉政文化建设工作的开展，逐步形成良性循环，带领企业的发展更上一层楼，并以此促进金融行业的整体欣欣向荣。

4.4.1.3 社会稳定民生安全的保证

自党的十八大以来，习近平总书记从党和国家工作全局的角度出发，通过一系列重要论述，深刻阐释了廉政建设和反腐败斗争等许多重大问题对于社会和民生的重要意义。在新形势下，金融行业开展廉政文化建设是顺应时代潮流的重要举措，有利于更好地保障民生安全，促进社会整体地稳定发展。

加强金融廉政建设能够更好地发挥社会整合作用。现阶段，我国社会主义市场经济得到了极大的发展，也因此导致各个群体之间的利益矛盾逐渐迸发。存在决定意识，在现阶段的社会快速转型过程中，原有的社会的心理平衡状态逐渐被打破，不同群体之间的价值观念出现了偏差，道德危机频频出现。个别公共权力的掌握者以权谋私，导致社会不公平问题时有出现。因此，只有全面调节和完善社会整合机制体制才能够在现阶段更好地维持社会秩序，保障社会的和谐运行，实现长治久安。从这一方面来看，廉政文化建设无疑具有很好的整合和调节社会的作用。将廉政文化的社会调节功能充分发挥，能够促进人们各尽所能、和谐共处的社会局面的形成，既能够保障各群体自身的合法权益，又能够更好地遵循公平公正的原则将社会运行机制理顺，全面整合好社会群体利益，协调好各方利益矛盾，促进民生安全的实现，保障社会稳定运行。

加强金融廉政文化建设能够规范社会伦理，凝聚社会力量。先进文化通常能够给一个社会绘画出美好的蓝图，并提供优质的材料，也能够使人们互相之间实现功能协调，做到相互配合，增强社会群体的凝聚力。廉政文化是社会主义先进文化中相当重要的一项组成部分，不同于一般的文化，廉政文化是一种强有力的文化体系，是一种高效的廉政理念，它能够使人们在从业的过程中得到积极向上的教化，给人们一种无形的约束，规范其自身的行为习惯和工作方式。金融廉政文化能够将金融从业者团结起来，从根本上形成相对之前更加强大的凝聚力和向心力，高质量地促进金融业的健康发展，进而实现保障民生、稳定社会的远大目标。

4.4.1.4 国家金融安全的文化保障

金融行业作为市场经济的一项重要组成部分，其自身的首要特征是逐利，即将主体的利益做到最大化。在现阶段我国市场经济的不断发展过程中，金融业逐渐开始为实体经济和社会服务，但这种服务的实质依旧是追逐利益。因此，从维护国家安全和利益的角度出发，金融安全和国家安全战略在一定程度上实现了统一，金融安全能够从经济角度保障国家安全，国家安全则为金融安全提供了现实保障。一方面，金融能够通过自身的运行和发展，将资源营养以“资金融通”的方式和手段输送到国家各个安全领域，保障国家安全体系的建设高效、高质量进行。另一方面，金融本身具有相当敏感的风险防范意识，当国家面临安全威胁时，金融能够通过内部的资金异常流动数据敏锐地预知风险，有利于国家及时进行高效的风险防范。

对于现阶段的我国而言，金融业逐渐转变成了我国市场经济运行中的核心产业，对于我国现阶段的实体经济和相关产业而言，不仅是服务的作用，更是强有力的引领。从国家层面来看，金融战略在一定程度上是国家安全战略组成部分中的核心战略，而金融廉政文化在一定程度上是金融发展策略组成部分中的核心策略。可以说，制胜在金融，金融制胜在廉政。

中共中央总书记习近平在主持维护国家金融安全第四十次集体学习时强调：“金融安全是国家安全的重要组成部分，是经济平稳健康发展的重要基础。维护金融安全，是关系我国经济社会发展全局的一件带有战略性、根本性的大事。"① 加强金融廉政文化建设，能够通过文化的力量，引导金融业自身良性发展，进而促使金融能够更好地保障自身维持其支持国家安全的特性。通过加强金融廉政文化建设，能够在无形中将金融本身存在的经济影响力进行改变，使其逐渐转化为强有力的政治影响力，为我国在经济全球化的变革过程中逐渐赢得主动权，更快更好地实现经济外向发展提供更加强有力的金融支持。因此，只有不断加强和完善我国现阶段的金融廉政文化建设，才能够为国家金融安全提供更可靠的文化保障，也能够激发金融产业的力量，更好地维护国家安全。

4.4.2　金融廉政文化的涵养与养成

以习近平同志为核心的党中央，将廉政文化建设作为中国共产党反腐败斗争的重要方式与手段之一，高度重视党内廉政文化建设的引领作用。中国共产党将廉政文化建设内嵌于党的建设之中，并以党的建设促进社会主义国家的建设，以党的作风引领新时代中华民族的良好文明风尚，形塑出"公正廉明、刚正不阿"的政治生态、"诚实守信、爱岗敬业"的社会生态与"传承文明、更新文化"的文化生态，三者之间既交相呼应又彼此关涉的一种新型的、具有中国社会主义特色的文明样态。这凸显出新时代中华民族强大的文化软实力，并彰显出中国共产党作为一支人民型政党、使命型政党在百年栉风沐雨的历史长河中所积淀出的文化硕果，也是中国共产党对中华民族廉政文化的主动传承与更新再造。对于中国共产党而言，文化兴，则国家盛；党员廉，则民族威。廉政文化是中华民族站在"两个一百年"的历史机遇期与世界百年未有之变局的历史转型期实现新的历史性飞跃的文化根脉与血脉灵魂，更是中华民族实现伟大复兴中国梦、共建人类命运共同体的精神动力与力量源泉。金融廉政文化作为廉政文化中的一部分，同样承担着塑造时代新人、勇挑时代使命的历史任务，具有深远的历史意义与现实意义。因此，基于中国特色社会主义政治建设的内在要求，明确金融廉政文化建设的根本价值导向，从宏观的视角探索金融廉政文化的建设路径，并从微观的视角探索

① 2017年4月25日，习近平在十八届中共中央政治局第四十次集体学习时的讲话。

高校金融廉政文化的建设路径，以期“以文化人、成人成己”，培育出一支思想信仰坚定、业务素质过硬的马克思主义继承者，勇立时代潮头、勇担时代使命。

4.4.2.1 金融廉政文化建设的根本价值指向

金融廉政文化建设既要求党内政治生态清明，又要求公民文化生态健康。因此，从更深刻的角度思量金融廉政文化建设就会发现，金融廉政文化建设内蕴着外在的制度建设与内在的信仰培育这两条主线，这两条主线相互交错、共同作用使得廉政从“外”至“内”，直指人心，从而达到不敢腐到不想腐的深刻变革。这也就意味着，金融廉政文化建设需要以制度规范之器用最终走向信念培育之本体，不断培植新时代百年政党的精神家园，铸守马克思主义信念的坚强堡垒，开拓社会主义国家建设的全新风貌。

(1) 信仰培育

金融廉政文化的信仰培育是指发挥金融廉政的文化功能，以廉服人、以德润心、以文化人，在全党、全社会潜移默化地营造公正廉洁、刚正不阿的文化氛围，培植廉洁金融、贬斥贪污的文化土壤，积极弘扬社会主义核心价值观。这具体体现在如下三个方面：

①金融廉政文化培育廉洁信念过硬的社会价值取向。金融廉政文化以马克思主义廉政学说为基础，以习近平新时代中国特色社会主义思想为指导，旗帜鲜明地亮剑“腐败是什么、廉洁是什么”的理论基础，同时也蕴含着“金融反腐应该如何”、“金融廉洁为何如此”” 的价值判断，为全党、全社会在信息爆炸的多元主义社会中指明社会价值取向的正确方位。万物得其本者生，百事得其道者成。党的十八大以来，习近平总书记屡次强调廉政文化具有立德树人的根基指向作用，它直接关乎着“马克思主义政党、社会主义国家的精神力量和前途命运”①，是党和国家建设的根本指针，决定着一个社会，一个国家，乃至一个民族的根本价值取向与行动方向。因此，金融廉政文化从根本上为全体中华民族指明了实现复兴伟业的精神航标。为此，培育金融廉政文化必须高举马克思主义旗帜，坚持以马克思主义的科学理论武装

① 习近平2018年1月5日在新进中央委员会的委员、候补委员和省部级主要领导干部学习贯彻习近平新时代中国特色社会主义思想和党的十九大精神研讨班开班式上的讲话。

头脑，以共产主义信念坚守初心，不断补给全党全社会廉洁奉公的精神营养，从根本上治愈损公肥私的“软骨病”。

②金融廉政文化培育公正服务人民的行动准则。古语有云：“先立乎其大者，则其小者弗能夺也。”金融廉政文化的信仰培育是通过一个人内心的坚定信仰，自觉主动地约束自己的一言一行。众所周知，文化实践是道德认知的来源与归宿。一个人的理想信念是否坚定只有通过真真切切的实际行动才能显现出来。正如马克思所言，“劳动过程结束时得到的结果，在这个过程开始时就已经在劳动者的表象中存在着，即已经观念地存在着。”① 一言一行不忘公仆形象，一举一动常思百姓冷暖。只有将奉公守法、防贪拒腐落实在细微之处，才能真正地将廉洁奉公从观念的道德形态化为真实的道德行为，从而在日常点滴之事中窥见崇高生活的精神价值与生命质量。

③金融廉政文化培育弘扬正气、鞭挞腐败的社会情感。金融廉政文化的信仰培育即通过信仰导引人们弃恶扬善、疾恶如仇的道德情感，它对人们的行为产生一种激励、鼓舞的作用。现代社会日益多元化的传播媒介以及自媒体，为弘扬社会正气、鞭挞腐败提供了更为便捷的宣传渠道，它一方面能够通过各种文艺作品、书籍、电影、视频等人民喜闻乐见的文艺表现形式宣传金融反腐倡廉过程中涌现出来的先进事迹和重大成果，积极弘扬社会主义核心价值观，唱响公正廉明的社会主义主旋律；另一方面可以从历史的角度分析各种腐败现象，以及西方国家的腐败案例，并大力宣传中国共产党反腐倡廉的决心与初心，消除人民对腐败的偏见与误解，增强人民群众对党和国家的信任与支持，化腐败之危机为提升党的力量和形象的契机，不断增强人民群众的“四个自信”，从而于社会点滴生活之中浸润公正廉明、奉公守法的社会情感，陶冶防腐拒贪、严格自律的高尚情操。因此，金融廉政文化信仰培育的深刻之处在于，金融廉政文化需要从精神形态转化为行动表现、厚植道德情感，进而持续深入到中华民族的文化根脉之中，使廉政成为中华儿女深厚的文化根脉与高尚的精神灵魂。

(2) 制度规范

金融廉政文化的制度规范，是指金融反腐的各项规章制度、党纪法规、

① 卡尔·马克思. 资本论（第1卷）[M]. 北京：人民出版社，1975：202.

纪律条例等政治手段规范金融行业行为、净化政治生态环境。党的十八大以来，中国共产党屡出重拳，呈现前所未有的反腐态势，以“不敢腐”的高压举措震慑各种“老虎”、“狐狸”与“苍蝇”，表现出党中央惩治腐败行为的坚定决心。更为深刻的是，党中央将“不敢腐”的心理震慑上升至治国理政的国家行为，通过制度规范从根源上破除贪污腐败的“毒瘤”。唯有如此，反腐倡廉才能常抓不懈、清正为官为民才能长久，国家才能长治久安。为此，中国共产党在治国理政过程中运用法律的刚性形式制约权力云行，以最严党章、“八项规定”、“严反四风”等形式将权力放在制度的笼子里，以党纪国法的权威捍卫勤政为民的初心，以“踏石留印”“抓铁有痕”的制度建设力度肃清腐败的根源。这具体体现在如下两个方面：

①倡导为民、清廉、务实三位一体的金融廉政文化制度规范。

首先，金融廉政文化制度规范要将为民摆在首位。“公权为民，一丝一毫都不能私用。”① 中国共产党自成立之日起，始终不忘为人民服务、为中华民族谋复兴的伟大使命，想人民之所想，急人民之所急，以位卑不敢忘忧国的孺子牛精神开拓进取、继往开来，取得了令世界瞩目的光辉业绩。为此，金融廉政文化建设必须秉持人民利益至上的价值观念，将金融安全和社会稳定放在突出的战略地位。

其次，金融廉政文化制度规范要求清廉。清者自清。习近平同志屡次强调共产党员要修身养性，讲德性、谈自律，告诫每一位共产党员要练就“金刚不坏”的过硬本领，要“心存敬畏、手握戒尺，慎独慎微、勤于自省”，② 这关乎党纪国法的尊严，关乎社会主义事业的千秋伟业。

最后，金融廉政文化制度规范要求务实。智足以权变、勇足以决断。习总书记强调求真务实，是要求广大党员干部自觉主动地将马克思主义普遍真理与具体问题结合起来，发现问题、分析问题、解决问题，有勇有谋、言行一致、表里如一。当今世界，金融全球化风险系数愈高、利益纠葛更加复杂、化解金融风险的难度不断增加，金融安全成为国家总体安全中的重要一环，党员干部必须积极主动应对金融突发事件，创新防范金融风险举措，以“钉

① 2014 年 1 月 14 日习近平在十八届中央纪律检查委员会第三次全体会议上的讲话。

② 2014 年 3 月 9 日习近平在参加十二届全国人大二次会议安徽代表团审议时的讲话。

钉子精神”保持力度、保持韧劲、善始善终、善作善成，不断拓展作风建设的深度与力度，不断提升金融廉政文化建设的效度。

②构建“惩、约、督、育”四位一体的金融廉政文化制度规范。

首先，严惩腐败是党和人民群众的共同愿望。十八大以来，党中央坚决严惩贪腐，构筑出“打虎”、“猎狐”、“拍蝇”并重的严惩体系，向广大人民群众递交了一份力度够大、范围够广的成绩单。十九届中央纪委四次全会将深化金融领域反腐败工作作为一项重要工作进行部署。各级纪检监察机关始终坚持“严”的主基调，持续保持案件查办高压态势，狠抓作风建设，纠治歪风邪气，坚决惩治金融领域腐败，为打赢防范化解金融风险攻坚战提供坚强保证。

其次，构筑健全的约束体系。在新时代更为严峻的国际形势面前，金融廉政文化建设的制度规范凸显出党章党纪的权威与尊严。习近平总书记之所以强调严守党规，谨遵党章就是将党纪国法看作不可逾越的雷池、不可触碰的高压线。习近平总书记要求：“把权力关进制度的笼子里，形成不敢腐的严惩机制，不能腐的防范机制，不易腐的保障机制”，“抓牢制度篱笆，真正让铁规发力，让禁令生威”。① 再次，构筑以巡控腐的监督体系。中国自古以来就有以巡控腐的政治智慧与经验。要大胆借鉴西方巡控经验，努力创新中国古代巡控智慧，以严格的规章制度规范巡控的力度与节奏，使得“御剑有度”、“巡控有据”，积极发扬全党全民上下一心、严惩腐败的政治优势与组织优势，做到层层部署、巡控推进、横向覆盖、纵向链接的巡视监督格局，扎实推进新时代金融廉政文化的制度规范与建设。

最后，构建寓廉于教的教育体系。习近平总书记高度重视反腐倡廉教育，坚持依法治国与以德治国相结合，指出：“所有领导干部都必须把反腐倡廉当作政治必修课来认真对待”②，特别指出当前形势下的廉政文化教育要构建出党员领导干部为主体，面向全社会的育人格局。习近平指出，“学习是文明传承之途，人生成长之梯，政党巩固之基，国家兴盛之要”。③ 因此新时代金融

---

① 中共中央纪律检查委员会，中共中央文献研究室．习近平关于党风廉政建设和反腐败斗争论述摘编［M］．北京：中央文献出版社，中国方正出版社，2015：125.

② 中共中央纪律检查委员会，中共中央文献研究室．习近平关于党风廉政建设和反腐败斗争论述摘编［M］．北京：中央文献出版社，中国方正出版社，2015：111.

③ 习近平．在中央党校2009年秋季学期第二批进修班开学典礼上的讲话［N］．人民日报，2009－11－13.

廉政文化建设必须以拓宽育人渠道，创新育人形式，增强金融廉政文化教育的感染力、吸引力与说服力，在法理人情之中感悟马克思主义真理的光芒，在历史文化之中感受“理财乃义”的正义使命，古为今用、推陈出新，切实用先进的金融廉政文化战胜落后的贪腐旧弊，从而从源头上解决由于贪污腐败所导致的党群关系疏离等问题，切实打造风清气正的朗朗乾坤。

③金融廉政文化建设的基本路径

金融廉政文化建设既是深刻总结中国共产党近百年金融反腐败斗争的实践经验，更是提升国家治理效能，全面开启社会主义现代化国家建设的内在要求。因此，新时代金融廉政文化建设不仅需要坚持马克思主义廉政学说的普遍真理，继承发扬中华民族公正清廉的道德传统，借鉴吸收西方廉政理论的合理要义等需要科学构建金融廉政文化建设的长效机制，全面提升金融廉政文化的治理效能，切实发挥“以文化人”的育人功能，具有重大的现实意义与历史意义。

④建立金融廉政文化建设科学化水平的长效机制

完善防治金融腐败的法律体系。长期以来，党中央反腐举措难有实效的一个重要原因就在于法律体系的不完善、不健全。研究表明，一个国家的反腐败法律体系健全程度直接关系着腐败事件数量的多少。① 一个运作绩效低下、法制不健全的企事业单位、政府或国家很容易为政治精英获取金融利益提供可乘之机，滋生任人唯亲、唯利是图、权钱交易的“毒瘤”。因此，有必要建立健全以债权人权益为核心、防范侵权行为的法律体系，在党纪国法的基础上完善与金融相关的法律法规，并制定《金融业监督管理法》等，明确金融监管的基本原则、职责、任务等内容，充分发挥法律对人们行为的规范与引导作用。同时，建立健全金融刑事犯罪方面的律法与条款，研究金融犯罪新形势、新问题，加大刑法对金融腐败的惩治力度，严格执法、公正司法，增加金融腐败的犯罪成本，有效发挥法律对金融腐败行为的震慑作用。

优化金融行业反腐激励机制。首先，从宏观层面来讲，金融反腐的激励机制需要内嵌于全面深化改革背景下的市场体制革新之中。一是要厘清政府

---

① 张雪兰，何德旭．法制建设、激励机制与社会规范——治理金融腐败的长效机制设计刍议［J］．经济管理，2010，32（05）：159－163.

与金融行业的边界，从制度层面破除政府以权谋私、损公利己的观念与行为；二是政府需要加大宏观调控力度，在充分保障发挥市场在资源配置过程中决定性作用的同时，积极创造公平、公正、公开的市场竞争环境；三是面向世界金融形势，完善金融监管机制，拓展信息公开渠道，鼓励公众监督。四是建立健全以巡防控的金融监管机制，改进监管方式，转变监管内容从一般行政性的外部监管转变为金融机构内部的依法监管，从注重合规性监管转向注重风险性监管，始终将防范金融风险、维护社会稳定作为金融廉政文化建设的首要任务与目标。其次，从微观层面来讲，金融机构增强金融风险防范的意识，加强金融腐败的风险管理，不断提升公司内部的治理能力。如定期开展金融反腐倡廉的学习教育活动。2020年，驻银保监会纪检监察组组织系统全体党员干部观看学习银保监会系统重大腐败案件专题警示教育片《穿透》，对党员干部开展理想信念教育、党章党规党纪教育和职业道德教育。银保监会机关36个党支部结合专题教育，共查出党风廉政建设和监管业务方面的风险漏洞和薄弱环节117个方面234条，班子成员收集批评意见建议249条，对培育中国特色清廉金融文化，引导金融从业人员树立正确的财富观、价值观具有重要的警示教育意义。同时，公司管理层或第三方金融机构对腐败风险的预测与评估，制定反腐败政策，重构金融机构管理人员的薪酬福利等激励机制，降低其腐败意向，并设立有效的举报奖励机制等，不断增强企业员工对金融权力主体的约束与监督，有效提升金融机构防贪拒腐的治理效能。

⑤培育金融廉政文化建设的现代理念

新时代加强金融廉政文化建设，是中国特色社会主义廉政文化建设的深入与拓展，是完善国家治理体系与治理能力现代化的本质要求，是新时代中国特色社会主义先进文化建设的重要组成部分，更是中华民族全面开启社会主义现代化建设、奋力实现中华民族伟大复兴中国梦的精神力量与文化源泉。因此，必须以鲜明的现代化理念引领金融廉政文化的建设，全面构筑金融廉政文化的现代观念体系。

培育现代公民的主体理念，严以律己。现代公民是指具备积极参与公共事务的意识与能力的现代人，具有普遍的权利意识与义务观念，能够在政治生活中严以律己、宽以待人、顾全大局。金融廉政文化的现代发展需要有深厚的现代公民主体理念，稳住心神、管住行为、守住清白、慎始慎终。具体来讲，与金融廉政文化密切相关的主体理念主要有如下两个方面：一是清正廉洁的从业理念。营造风清气正的从业氛围，已经成为构建清廉金融生态，增强拒腐防变能力的重要之举。对金融而言，清正廉洁的从业理念，主要有诚信、责任、服务、合规、稳健、创新等等。诚信是金融从业之本，人无诚信不立，业无诚信不兴，国无诚信不强；责任是金融从业之德，身处金融系统，靠近国家血脉，每一个金融工作者，无论监管人员还是每一个具体从业者都身负重责。服务是金融从业之魂，金融本质上是具有中介性质的现代服务业，每一位金融从业者，都需要用知识去创造价值，用劳动去赢得客户，用严管去规避风险；合规是金融从业之需，唯有依法合规经营，才能有效防范金融风险，确保金融安全；稳健是金融从业之基，在任何时候适合任何市场，在任何历史阶段和背景下都需要遵循。二是公正为民的从业行为。构建清廉金融从业行为，必须坚持以人为本。对金融机构而言，廉洁从业是事业发展的前提和需要；对员工而言，廉洁从业是做人做事的责任和风骨。清廉的金融从业行为主要包括党员领导干部、各级管理者、广大员工和重要岗位人员的廉洁从业行为。对内旨在提高金融人自我修养，提升自律意识；对外要严明规则，夯实制度根本和文化根基，打造整体合规氛围，紧抓人这一核心要素，只有人“清”才能事“清”，事“清”才能行业整体“拨云见日”，构建“朗朗乾坤”的“平安金融、健康金融、和谐金融”。总之，廉洁从业是我们每个人的立身之本和终生课题，所有金融企业员工都必须提高廉洁意识，树廉洁之心，行廉洁之事，做清廉之人。

培育现代公民的法治意识，奉公守法。金融廉政文化建设需要现代公民的法治意识。公民的现代法治意识是树立法律权威的内在支撑，真正的法律权威只能来自公民自觉自愿的认同和推崇。公民只有自觉遵守党纪国法，自主捍卫法制尊严，金融廉政文化建设才能行稳致远。对金融行业的党政领导干部而言，需要提升如下两个方面的法治素养：一是坚定政治立场，强化法治意识。作为社会公平正义的一道把关人，党政领导干部必须坚定正确的政治立场，坚持中国共产党的领导，坚定不移地贯彻执行党的路线方针政策，做制度坚定的执行者，严禁以言代法、以权压法、徇私枉法；二是要带头遵法学法，做制度执行的表率。党的十九大报告明确指出：“全面依法治国是中国特色社会主义的本质要求和重要保障。”这是新时代对于法治认识的进一步深化，也是新时代对法治的基本要求。十三届全国人大第一次会议表决通过了宪法修正案、监察法，中国特色社会主义民主法治建设不断向前推进，开辟了全面依法治国的新境界。在此形势之下，各级领导干部肩负着推进依法治国的重要责任，必须身体力行、以上率下，发挥好“头雁效应”，切实做尊法学法守法用法的表率。在推进全面依法治国的伟大历史进程中，领导干部必须身先士卒、以身作则，将尊崇宪法法律作为最基本的政治素质和法治素养，牢固树立宪法法律权威，把党领导人民制定和实施宪法法律同党坚持在宪法法律范围内活动统一起来，做尊法敬法的引领者。领导干部只有尊法敬法，始终对宪法法律怀有敬畏之心，才能有效维护人民的根本利益。

本章小结

金融廉政文化事关中国特色社会主义国家建设的千秋伟业，任重而道远。从实践层面看，金融廉政文化建设是一个长期的动态的融入经济、政治、文化、社会和生态文明建设各方面、全过程的系统工程，不可能一蹴而就、一劳永逸，必须坚持永远在路上，全过程、深层次、广覆盖地予以推进。既要覆盖全社会，抓住“关键少数”、管住“绝大多数”，着力营造正气充盈的社会生态；又要融入全过程，与社会公德、职业道德、家庭美德、个人品德教育有机结合起来；更要实现全浸润，在时间上常态化、在空间上立体化、在对象上精准化、在手段上多样化，使全体社会成员时时处处受到清廉文化的教育感染，在潜移默化、润物无声中内化于心、外化于行，从而达到教育教化、正心正行、成风成俗的作用。只有将金融反腐工作与意识形态有机结合起来，才能真正树立先进的金融文化理念，涵养良好的金融政治生态，形成普遍的、自发的文化价值认同，以价值取向引领金融行业高质量发展，金融廉政文化的现代化发展才能真正实现。

第5章　金融廉政历史与人物

5.1　中国古代的廉政监察与清官名吏

现代著名历史学家王亚南先生曾经指出："历史家昌言中国二十四史是一部相斫史，但从另一个视野去看，则又是一部贪污史。廉吏循吏在历史上之被重视与崇敬，乃说明这类人物该是如何的稀罕。"① 在漫长的中国封建社会里，官场贪污腐败俯拾皆是，令人触目惊心，成为赘生于专制政体上的巨大毒瘤。其恶性发展和泛滥成灾的直接后果是激化了地主阶级与农民阶级、专制君主与官僚集团两类不同性质的矛盾，导致王朝倾覆，人亡政息。

历代有作为、有远见的统治者均不得不正视该严酷现实，采取各种措施加以防范、遏制和惩治，加强廉政制度建设，以维护统治阶级的根本利益和封建王朝的长治久安。

5.1.1　中国古代廉政监察制度

5.1.1.1 官员选拔制度

选官制度是中国政治制度上一个最主要的大题目，中国古代即建立了一套选贤任能的官员选拔制度。它是和西方的民主选举制相对应的。所谓贤，

① 王亚南．中国官僚政治研究［M］．北京：商务印书馆，2010：116.

并不是我们在一般道德层面上所说的贤惠、贤良，而是指领导者的公心，是一心为百姓、为社会着想，而不是只想着为自己谋名利。所谓“能”，则是指为服务他人、服务社会的能力。

中国古代依次有三个主要的选官制度，即察举制、九品中正制、科举制。这三项制度，都为了从社会基层选拔才俊，为统治集团注入新生力量。

（1）察举制

察举是自下而上推选人才的制度，也叫“选举”。它的主要特征是：由中央的三公九卿和地方的郡国守相向皇帝推荐能够担任官职的人才，经过试用考核再任命官职。两汉的察举，以孝廉（孝顺亲长、廉能正直）最多，所以人们也常用“举孝廉”来指代整个察举制。

汉高祖刘邦首下求贤诏，要求郡国推荐具有治国才能的贤士大夫，开察举制先河。汉武帝时察举制达到完备，各种规定相继推出。这种制度统一了官吏的价值标准，并由此而产生了一批以文人为主的职业官吏，适应了当时的大一统王朝治理国家的需要，该制度实行了1300年之久。

但察举作为一种自下而上的举荐方式，会造成用人权的下移，地方官员举荐自己人，形成地方集团，造成权力割据现象，长此以往，中央集权受到严重冲击。

（2）九品中正制

魏晋时期察举制改为了九品中正制，该制度从曹魏始至隋唐科举制确立，约存在了四百年之久。

九品中正制是指由各州和各郡分别推选大中正一人，所推举大中正须在中央任职且德名俱高。大中正再产生小中正。大、小中正产生后，由中央颁发人才调查表，将人才分为九个等级，分别为：上上、上中、上下、中上、中中、中下、下上、下中、下下。中正依据道德、才干和家世，分别对人才开展品第，并加评语。小中正襄助大中正审核后将表呈交吏部，吏部依此进行官吏的升迁与罢黜。中正只有品评权，没有任用权。政府虽有任用权，但须根据中正的评定来任免官员，不得擅自做主。

九品中正制相较于察举制有一定的优点，但也存在诸多不足。优点在于剥夺了州郡长官自辟僚属的权力，将官吏任免权收归中央，有利于加强中央的权力。不足之处在于九品中正制创立之初，评议人物的标准是家世、道德、才能三者并重。但由于魏晋时担任中正者一般为二品官员，而二品官员几乎全部出自门阀世族，故门阀世族把持了官吏的选拔权。于是在中正品第过程中，才德这一标准逐渐被忽视，家世却越来越重要，甚至成为唯一的标准，到西晋时形成了选官全凭门第，“上品无寒门，下品无世族”的局面。

（3）科举制

科举制始于隋朝，在中国存在了一千三百年。科举制的核心和精髓在于考试。可以讲，没有考试，科举的意义就不存在。

相对于禅让、世袭、举荐、九品中正法等选才制度，科举考试无疑是相对公平、公开及公正的方法。自宋朝伊始，科举即做到了不问出身、贫富，这不但扩宽了政府选拔人才的范围、扩展了统治集团的社会基础，还让平民有机会通过科考向社会上层流动，打破了官贵世家对政权的垄断，这对维持整体社会的稳定起了重要作用。明清两朝的进士中，接近一半是祖上没有读书的或虽然读书但并未做官的“寒门”出身。与此同时，选举制还把官吏的选拔权上收至中央，适应了强化中央集权的需要。

5.1.1.2 官员使用制度

在官吏的任用方面实行试用和回避制度。试用制度是指：中国自汉代始即建立了官吏试用制度，期限为一年，发给一半俸禄。官员试用期满经考察合格，才能被正式录用，发给全俸，并规定如果在试用期间或正式录用之后有贪赃枉法等行为，不仅本人会受到严惩，还要以“所举非人”、“任人不善”等罪名追究上级主管官员或举荐者的连带责任。

回避制度是指：为防止官员以家族裙带关系损公养私，中国在任用官吏方面实行了亲属回避与籍贯制度。例如：唐代规定地方官员应回避本籍和邻近州县，有父子兄弟、姻亲及师生关系者，不得在同一衙门或同一地区为官，也不得在不同衙门但职责相连的衙门为官。宋代将回避关系扩大到五服以内的家族成员和所有姻亲，并规定致仕官员不得在曾任职过的州县“寄居”，现任官员不得在任职州县“典买旧宅”。明代将本籍回避范围扩大到一省，洪武年间规定除京官外，所有地方官员实行南北更调制度。

5.1.1.3 官员考核制度

历代封建王朝均建立了较为完备的政绩考核制度，在促进官吏奉公守法和尽职尽责方面发挥了良好作用。

历代王朝对政绩考核项目、标准，以及根据考核结果予以相应的奖惩举措都有详细规定，根据考核结果和政绩优劣分别进行奖惩。一般考核百官都与监察机关的纠察同时进行，以便对不合格者进行处理。唐代官员考核结果分为三等九级，优者加禄晋级，劣者则依次夺禄、降级、免官，直至刑律惩罚。明代将官员考核结果分三级：称职、平常、不称职。称职者升迁提拔；平常者留用；不称职者则分为八种评定。分别为：贪、酷、浮躁、不及、老、病、疲、不谨。贪、酷者，免职并交刑部议处，追究刑事责任。浮躁、不及者，撤职免官。老、病者，勒令退休，不给予退休金。疲、不谨者，降级留用。

5.1.1.4 监察系统

中国古代形成了一套严密的监察制度，在相当程度上改善了吏治。历代统治者为了发挥监察机关对官员的威慑制约作用，赋予了监察官较为广泛而充分的权力。

监察官的权限主要包括：第一，弹劾权。监察官的弹劾对象是除皇帝之外的所有官员。例如：明代只要官员有违反财政律令、贪赃枉法的行为，都察院都可以举劾。皇帝同意后，再对被弹劾官员调查取实，取证定罪。凡是被举劾的官员，都将面临被调查的风险，这种监察方式，具有较强的威慑力。第二，谏诤权。谏官有权参与讨论军国大事。凡遇朝廷决策，谏官有权闻政事，并对政策得失发表意见。第三，司法权。司法监察权自设立御史即有此权。唐时，刑部、大理寺和御史台三者共同审理案件，史称“三司推事”。清朝除沿用“三司”制外，如有重大案件，还会实行九卿会审制，即刑部、大理寺、都察院会同吏、户、礼、兵、工部和通政司的官员共同审理。古代御史可以讲既是监察官又是司法官。第四，审计权。监察官员对国家财政预算编制与执行实行审核，稽查财政上的不法行为。例如，监察官员可以对官员在经济方面的政策开展审核，审核官员在任职期间户口的增减、田地荒野的开垦数目、储蓄粮食的数量、税收的盈亏，以及是否存在侵瞒贪污等情况。此外，监察官还有监试权、监军权、调查权等等，都是为了有效防范、制止官吏的违法乱纪行为，加强国家统治与管理。

但是，作为体制内的架构，监察职能的发挥仍受制于管理体系，一旦王朝腐败透顶或出现统治危机，监察官往往难以正常发挥作用，甚至会催化吏治的腐败。例如明代宦官刘瑾专权，操纵东厂、西厂、锦衣卫，增设大内行厂，厂、卫乌合，大兴特务恐怖之治，残害忠良，陷害异己，把社会搞得乌烟瘴气。

5.1.1.5 官僚系统对皇权的制约

中国传统社会并非死水一潭，它充满着种种紧张和冲突，如君主与官僚制度之间的紧张与冲突。

专制主义与官僚政治是贯穿中国古代政制的两条主线，它们共同构成了中华帝国的制度结构。其中，皇权专制主义居于核心和主导地位。但是，皇权不能无限制扩张，它还要面对一套相对独立的治理系统，即官僚政治系统。

官僚政治系统的首脑是宰相。宰相可以是一个人，但在古代中国一般不是某个人，而是一个最高行政长官的集体。例如：秦代的宰相就囊括了丞相和御史大夫。唐代的宰相则包括三省长官，实际上是一个政治委员会。在皇权之外构建一套根据皇帝意志建立、但又独立于皇帝的政府机构来统治国家，在一定程度上有助于防止皇权泛滥和腐败。

但是，如果皇帝感到掣肘和僭越的威胁，皇帝往往就会对相权进行削弱或剥夺。中国古代总体上呈现出皇权上升、相权逐渐下降的态势。明朝废除宰相，使皇权专制空前强化。

5.1.1.6 严刑重典

中国古代除极少数王朝和特殊历史时期外，大多数王朝都以严刑重典惩治贪官污吏，若官员贪赃数额达到月俸甚或一半，即按国家法律规定处以极刑。

明代开国皇帝朱元璋出身草莽，了解民间疾苦，痛恨贪官污吏，他认为“吏治之弊，莫过于贪墨”。因此，他以前所未有之重典酷刑惩治贪官污吏。

例如：朱元璋创立了两种特殊的法外之刑——“廷杖”和“皮场庙”制度，前者打掉了在朝官员的自尊与廉耻，后者则使州县官吏触目惊心，不敢贪污腐败。

“皮场庙”是指专门扒贪官污吏人皮的地方。朱元璋规定，各级官吏贪污受贿数额凡在八十贯以上者均应绞死并示众，然后将其人皮剥下来，填入杂草，做成一个人形的皮草袋，称为“皮草囊”，悬挂在“皮场庙”里，以震慑其他官员。

总体来看，中国封建社会的廉政制度与惩贪举措在某个王朝的某一个时期有效遏制了官僚集团的私欲，刹住了官场腐败之风，推动了生产力的发展，开创了一些著名的“盛世”。如西汉的文景之治、东汉的光武中兴、唐朝的贞观之治、明朝的洪宣之治、清朝的康乾盛世等等。但是，中国封建社会严密的廉政制度、苛酷的惩贪措施，并未从根本上铲除官场的贪污腐败，反而是愈禁愈贪，终至一发不可收拾的地步，导致一代王朝人亡政息。以惩贪严酷闻名于史的朱元璋，临死前就曾发一百思不得其解之叹：我欲为天下百姓杀尽贪官污吏，奈何朝杀而暮犯？是什么原因使贪官污吏禁而不绝、造成朱元璋这种“有心杀贼，无力回天”的遗憾呢？

①专制皇权是官场腐败的总根源。皇帝是封建社会的最高统治者，官僚集团的总代表，视天下之财为己有，肆无忌惮地侵吞国库，搜刮民财，成为古代惩贪法律的最大践踏者，廉政制度的最大破坏者。其导致的严重后果体现为上行下效，贪官污吏充斥于统治阶级的各个层面。

②官吏选拔制度存在弊端。历代官吏选拔制度除正式途径外，还有许多为有权势者开方便之门的特殊途径，如汉代的任子制①、唐代的门荫制②、两宋的恩荫制③、明清的捐纳制④等，皆成为贪官污吏之渊薮。

③监察考核制度存在空白区。在封建政治体制中，监察机构虽然独立于

① 任子制指任用子弟为官的一项制度。汉朝就规定：两千石以上官员，只要任满三年，即可任“同产若子”一人为郎官。

② 门荫制指由于封建制度下，祖辈、父辈的地位而使得子孙后辈在入学、入仕等方面享受特殊待遇。

③ 恩荫制指遇朝廷重要庆典时，官员子孙承恩特许入国学读书并入仕。

④ 捐纳制度在清朝是一个很重要的制度，它和科举制度互相补充，一部分人通过科举考试做官，一部分人通过捐纳制度做官。

行政系统之外，考核制度亦严密细致，但唯独对作为最高统治者的皇帝没有任何监督权和考核权，且一切秉承皇帝的意志办事。神圣不可侵犯的皇权是监察考核制度的空白区，严重阻碍着监察权和考核权的发挥。

④监察考核人员自身的腐败。监察考核人员知法犯法、执法犯法，与贪官污吏狼狈为奸，沆瀣一气，欺下瞒上成为中国古代官场常见的现象，这也是贪污腐败禁而不绝的重要因素之一。

5.1.2 中国古代的清官廉吏

5.1.2.1 海瑞

(1) 为官廉洁，一生清贫

海瑞为官，始终以最高的廉洁标准要求自己，除了领取政府下发的俸禄外，他绝不领取一分一毫的“灰色收入”。明代的官员俸禄，是历代王朝中最低的。海瑞任淳安知县时，每年的实际收入仅为12石大米，27.49两银子，360贯钞。依据购买力合算，他的月薪大概相当于今天的1130元。有一次海瑞为母亲庆祝生日，买了二斤肉，这居然成了新闻，传到了总督胡宗宪耳朵里，胡总督竟以传播消息的口吻说：“听说海知县给老母过生日，买了二斤肉!”

海瑞最后死于南京右都御史任上。这位二品大员去世之后，仅余白银20两，连丧葬费都不够。他的好友王用汲去看他，只见布衣陋室，葛帷还是破的，连个穷书生的境况都不如，感动得直流眼泪，并为他凑丧葬费。

一个正部级干部，竟清贫到如此地步，其道德操守不由得令人肃然起敬。

(2) 坚持原则，不畏权贵

海瑞不仅严格要求自己和下属，对待上级也一视同仁，不畏权贵。海瑞任知县时，总督胡宗宪的公子路经淳安。据说这位胡公子一路过来，各地都是按一二百两银子的规格接待，府县长官不仅出面宴请、出城迎送，还要孝敬银子。然而到了淳安，海瑞不仅不出面，驿丞还仅以五六钱银子的规格接待他，胡公子之怒可想而知，他大发淫威，令人将驿丞绑了，倒着吊起来。

海瑞闻讯，立即令人将他拘押，没收了他随身携带的数千两白银，将其押送至总督衙门，并附信一封称：此胡公子必系假冒，总督大人节望清高，不可能有这样的不肖之子，也不可能拥有如此多的金银财物。海瑞这样做，胡总督也无法怪罪于他。

（3）厉行节约，反对奢侈

海瑞十分节俭，对下属也严格约束，除了严禁收受各种“灰色收入”外，公费支出也大大缩减。

淳安县地处交通要冲，过境官员很多。按照当时流行的规格：一般官员路过，大概需驿费二三十两银子，折合人民币六七千元；如果督抚大员路过，需银三四百两，折合人民币近10万元。明朝时，官府无此项经费预算，均为当地百姓负担。海瑞做知县前，淳安县每年的驿费开支高达白银12000多两，百姓每丁需纳银三两五钱。

海瑞到任后，调整了接待标准：一般官员接待费为五六钱银子；如果是督抚大员，可增加二钱银子。一年下来，淳安的驿费仅需银900多两，每丁仅纳银二钱五分，为此前的7%。仅此一项，每年向老百姓少征白银1万多两。

九年后，海瑞出任应天巡抚，发布《督抚条约》36款，规定：巡抚出巡，府县官员不得出城迎接，伙食标准为每天白银二至三钱；境内公文，使用廉价纸张；境内的若干奢侈品要停止制造……

（4）冒死谏皇帝

明世宗为人猜忌刻薄，凡是敢说真话冒犯皇帝的官员，不是被杀头、监禁，就是被革职、充军。因此，之后没人再敢批评他。但是到嘉靖四十五年，晚年的明世宗遇到一个不怕死、敢于揭他痛处的官员——海瑞。

此时，严嵩父子虽已倒台，但贪污腐化，吏治败坏的风气并未有丝毫改变，明世宗仍沉溺于求仙问药中，老百姓越来越穷困。海瑞当时在户部任主事，他想上一道奏章，希望皇帝从迷信中醒悟。他明白，奏章一旦呈上去，免不了杀身之祸。但他决心已下，就事先遣散家人，安排好后事，又给自己买了棺材，诀别了妻子，才将他的奏章呈进宫去。

明世宗耐着性子读完了他的奏章，越看越气。奏章上写道：“陛下即位之初确做过些好事，之后却沉溺于仙药中，追求长生不老之术。但是，尧、舜、禹、汤、文、武这些古圣贤，还有秦、汉那些自称有仙术的方士，至今还有在的吗？陛下叫人到处采购炼丹的药材，并大兴土木，修建道宫，耗尽了民脂民膏，搞得民穷财尽。怪不得现今老百姓都说：陛下年号“嘉靖”，是家家户户干干净净的意思。陛下二十多年不上朝，滥派官职，猜忌、杀戮大臣，导致国弱民穷，君道不正，臣职不明，形势异常严重。陛下自比为尧、舜，臣下以为连汉文帝都不如……”

明世宗气得七窍生烟，将奏章狠狠摔在地上，大喊道：“赶快把这个家伙抓起来，别让他跑了！”宦官黄锦说：“听说这个人做官清廉，不怕死。他自知会触怒陛下，活不成，已经安排好后事，准备了棺材，不会逃跑的。”明世宗沉默半晌，将奏章拾起又反复阅读，觉得海瑞的话多少还是有些道理，连声叹息说：“这个人倒像比干，只是朕还没有商纣王那么坏吧！”他好几个月没有作批复，但之后还是下旨将海瑞抓起来。但过了两个月，明世宗就死了。他的儿子明穆宗即位，才将海瑞从监狱放出，并恢复官职。

5.1.2.2 党崇雅

清代康熙年间，陕西关中一带遭受大旱，庄稼颗粒无收，人民流离失所。可是，地方官却向朝廷谎报：“国泰民安，五谷丰登。”当时，出任大学士的党崇雅是陕西人，他了解实情后即向皇帝进谏，希望朝廷速拨钱粮，赈济灾民。但康熙深信地方官的禀报，对党崇雅的奏折不予理睬。党崇雅气闷心郁，遂向皇上辞官，告老还乡。

离开京城前，党崇雅对管家说：“你去制作 24 个大木箱，每只木箱上雕刻‘御赠’两个大字。”不几日，24 只大木箱全部制作完成，摆在了党府大堂之上，蟠龙翔凤的雕刻大字“御赠”肃穆庄严。党崇雅挨个儿看过，脸上掠过深不可测的神情。

是夜，万籁俱寂，党崇雅令管家把自己这些年来积攒的银两装在四只木箱里，每箱只装 2500 两，合计 1 万两。其余的 20 只木箱全部装满石头。管家惊诧不已，问道：“老爷啊，装这么多石头弄啥？我们陕西还缺石头！”党崇雅严肃地说：“你懂什么？听着，任何人问你，只说里面装的是银子，绝不许说是石头。”

一切准备就绪，党崇雅择吉日离京。起程那天，他要管家雇来 6 辆马车，每车装 4 只木箱，竖一面旗幌，上写“三朝阁老离京返乡”。车队浩浩荡荡，专拣繁华之处走。驻足观看的百姓无不慨叹：“好个气派的阁老，皇上竟御赠银两 24 箱!”

消息很快传进皇宫，大臣们议论纷纷，24 箱白银，足有五六十万两。党阁老定是受人之贿，得了不义之财。于是，联名向皇上禀报，要拿党阁老是问。康熙皇帝见大臣们轮番参奏，心中不禁诧异。原来，党崇雅是朝廷重臣，曾辅佐过清太宗、清世祖，康熙皇帝还是他抱着登上皇位的。因此，康熙一直唤党崇雅皇伯。现在，大臣们参奏党皇伯运走巨额银两，是受人贿赂，康熙不得不管了。他命禁卫军将银车追回，宣党崇雅上殿问话。

党阁老闻讯窃喜，款款走上殿来，行过朝礼。康熙令他坐下，问道：“听说皇伯有 24 箱银两要运回老家，此事莫非有假?”党阁老答道：“银箱就在殿外，岂能有假!”康熙笑道：“皇伯在位时年俸多少?”“1000 多两。”1000 多两年俸要管吃喝，还要养家，皇伯能剩多少?”“老臣平日节俭，几十年来有 1 万多两银子的余头。”“这就对了。”康熙起身踱步：“你只有 1 万多两的余头，可 24 箱白银少说也有五六十万两，请问皇伯，那几十万两从何而来?”党阁老一本正经地说：“这些都是皇上御赐的啊!”“哈哈哈哈……”康熙大笑道：“皇伯竟开玩笑，寡人从未给大臣御赐过银两，此话从何谈起?”

党阁老神色不变，一再说银两皆皇上御赐。康熙面露怒色，令宫人当场开箱，验明数量。24 只木箱一一打开，满朝文武一看，个个目瞪口呆，20 只木箱内全都装的是石头。康熙诧异不解，问党阁老此为何故。党阁老连忙跪倒说：“为臣犯了欺君之罪，罪该万死。”康熙令人扶起党阁老说：“寡人恕皇伯无罪，但不明白，皇伯为何要将石头运回陕西?”。

党阁老谢过康熙，说：“老臣官至太傅，为三朝皇帝尽力多年，关中百姓总以为老臣会广受皇恩，挣回不少银两，可老臣余银颇微。石头代银，虽显拙劣，百姓定会说皇上宽厚仁慈，皇恩浩荡。如今既被皇上识破，老臣只好如实禀奏，望皇上恕罪!”康熙听罢，不禁内疚，立刻令人倒出箱内石头，换上银两，送党阁老上路。

5.1.2.3 欧阳修

欧阳修，字永叔，号醉翁，晚号六一居士，庐陵人。幼时家穷无钱读书，便在昏黄的灯光下由母教授。无钱买笔纸，便用荻草为笔，以沙滩为纸，练习写字。终因发愤读书，后科考入仕。

欧阳修为官后，荐人出以公心，外举不避仇。他任参知政事时，皇帝要他举荐三个可任宰相的人，他举荐了吕公著、司马光、王安石。吕公著的父亲吕夷简曾诬陷过欧阳修，害得欧阳修下狱。司马光、王安石，与欧阳修政见不一，矛盾尖锐，曾使其遭贬。但欧阳修并不计较这些，世人无不敬服。

欧阳修痛恨贪官污吏，敢于同贪官污吏斗争。守边将军葛宗吉贪污巨额军费，建造华丽宅第，大肆挥霍。案发后，有人主张从宽发落。欧阳修坚决反对，认为不严惩无以劝善。淮南转运使吕绍宁，搜刮10万钱进献朝廷，企图取媚升官。欧阳修上奏："吕绍宁刚至淮南，竟用何术，于何处得10万钱以进，若是搜刮所致，则百姓困苦不堪。"经派人核查后，将吕绍宁以苛剥人民、谋取私利治罪。

欧阳修为官主张节用，反对浪费。至和元年，全国苦旱无雨，国穷民困，而宋仁宗还在大兴土木。欧阳修尖锐指斥那些鱼肉百姓、迎合皇上，竭天下之财、兴无用之役的官吏，说他们是"但欲广耗国财，务为己利，恣侵欺于官场，图酬奖之功劳"。他坚请宋仁宗停修宫殿，节财用，养民力。

5.1.2.4 三块石头与廉吏清官的故事

故事一：三国时期，苏州人陆绩出任郁林太守，在他的努力下，百姓生活水平大为改善，陆绩也因此深受百姓爱戴。

任期即至，当时陆绩返乡只能走水路，起程当天风高浪急，船在码头摇摆不定。船夫见轻舟渡江难压风浪，不敢开船，建议陆绩找些重物压船。陆绩任职期间从不收受金银财物，他的行李只有一些轻便的生活用品。他便请人将岸边一块大石头搬上船来压舱，船夫和前来送别的百姓无不感叹陆绩为官清廉。这块乘风破浪的"廉石"，也被后人保留在陆绩的故乡供人瞻仰。

故事二：在上海松江醉白池公园内也竖立着一块凌霄怪石，这是明代张弼任南安知府时留下的。张弼一生为官清廉，任期畅道路、建社学，逢荒年开仓济民，深得民心。离任返乡时，他只有简单的行李和一些书籍，由于船体太轻不胜风浪，张弼便效仿陆绩的做法，与儿子一起作挑夫打扮上山寻石。

山上百姓认出了张弼，对他说："像您这样勤政爱民又清廉的官员，不要说一块巨石，您就是要这座山，我们也乐意给您。”张弼归乡那天，来送别的百姓无不动容，张弼自言：“为官十载无家财，青石压船抗风浪。”说完便向父老作揖道别。

故事三：扬州评话中有一段严清的故事。清代兴化县官严清，刚一上任就自许要在此地留下清名，上任后他努力公事，清廉自守。离任前，他摆酒席答谢众人，谁知开席前，有人特意送来一条青鱼，只见该鱼从头至尾都是青色，就是在尾部被人为洒了点石灰水变成了白色。严清恍然大悟，这叫头清尾不清，问题直指今天的宴席。

严清立即命人撤去宴席，准备开船返乡。严清没有多少行李，只身一人返乡，想到轻舟不胜风浪，就请船夫搬来河边一块大石压在船头，自己坐在船尾。下船时，严清感慨道：“头清尾不清，石头压船身，千里还青石，寄望后来人。”并请船夫将这块压船石带回兴化。

5.1.2.5 包拯

包拯，字希仁，北宋庐州人。他为官清廉，执法如山，亲民爱国，视贪如仇，刚正不阿，千百年来被后世称颂。

(1)“不持一砚归”

北宋年间，朝廷规定端州每年都要向皇宫交纳一定数量的端砚，或留皇室使用，或赐公卿大臣。当时的大臣、学士们都以家中存有几方端砚为荣。

包拯升任端州知州后，翻阅前任文卷，发现上任知州额外征收的端砚太多。按朝廷进贡的要求，每年要供奉八块。可去年的登记中，写的都是“三十又六方”。这三十六方比朝廷的要求高出数倍！包拯十分惊讶，当即向原知州的下属官员了解情况。官员们异口同声地说：“大人，您哪里知道，前知州为贿赂当朝权贵，才动得大手大脚啊！”包拯诙谐地说：“对待权贵，恐只能小手小脚吧？”于是他下令：按朝廷规定，进贡之端砚每年只做八块。

后来，又有人来送端砚，他开着玩笑拒绝说：“如今我来到产端砚的端州，便收端砚；明日去产金的金岭，又收金子，我岂不成了天下鼎鼎富有的珍玩大盗？”直到庆历三年他即将离任时，当地精制一方好砚，赠给他作纪念，他也婉言谢绝，“不持一砚归”。

(2) 只取护城河一段

传说北宋嘉祐七年春，北宋仁宗皇帝因包拯居官清廉又家境贫寒欲将整个庐州城赏赐给他。但包拯坚辞不受，在宋仁宗的坚持下，包拯最后才要了庐州城郊的一段淤塞已久的护城河。

由于河不比田产，它分不开卖不掉也富不了，因此包拯的后代子孙多依河而住，靠捕鱼挖藕采莲为生。后人为纪念这位为政清廉的官吏，便把这一段护城河称为包河。

(3) 外甥打舅舅，认法不认亲

包公首次响亮地喊出了“有法必依，执法必严”八个大字，流传至今。要做到这八个字，只能先从自身做起。

他调任庐州知州时，家乡亲友均笑逐颜开，以为可以大沾其光，纷纷跑去拜望，不料全吃了闭门羹。他娘舅觉得外甥来当官，自己犯点儿事也会得到“照顾”，但包公照例开庭审讯，按律责打其七十大板。

从此，亲戚朋友都格外小心，不敢仗势胡来。“外甥打舅舅——不认老娘亲”，此事哄传四方，老百姓拍手叫好，亲友们则有的骂包公六亲不认，不近人情，成心沽名钓誉。

(4) 为了父母辞官职

包拯在宋仁宗天圣五年，即公元 1027 年中了进士，时年 28 岁。他先任大理寺评事，后出任建昌知县，因为父母年老不愿随他去他乡，包公便马上辞去了官职，回家照顾父母。他的孝心受到了官员们的交口称颂。

几年后，父母相继辞世，包公才重新踏入仕途。这也是在乡亲们的苦苦劝说下才去的。在封建社会，如果父母只有一个儿子，那么这个儿子就不能扔下父母不管。只顾自己去外地做官，这是违背封建法律规定的。

一般情况下，父母为了儿子的前程，都会跟随去的。父母不愿意随儿子去做官的地方养老，这在封建时代是很少见的，因为这意味着儿子要遵守封建礼教的约束，辞去官职照料父母。史书上并未说明具体原因，可能是父母有病，无法承受路上的颠簸，包公这才辞去了官职。但不管情况如何，包公能主动辞去官职，说明他并不是那种迷恋官场的人。

5.2 中国共产党的红色金融管家

1927 年由于国民党右派叛变革命，轰轰烈烈的国民大革命失败了，这便促使中国共产党人开始了独立领导中国革命和开展武装斗争的实践进程，而在这个过程当中，中国共产党也日渐认识到了经济工作和金融事业的开展对于革命走向成功的重要意义。从 1927 年当年，第一批布钞被湖南农民第一银行印制发行，到长征行进中因陋就简的马背银行；从中华苏维埃共和国国家银行的迁徙流变到中国人民银行成功筹建；从巧计“移花接木”恢复边币信用到建国伊始平抑物价、统一财经这场经济战的大获全胜，在革命时期异常艰苦的情况下，党的红色金融事业一直在逐步坚韧生长，成长壮大。伴随着红色金融事业的开创与发展，老一辈金融家在枪林弹雨的洗礼中，为新民主主义革命的成功与新生人民政权的建立积聚了充分的物质准备，对于新生共和国的成立他们功不可没。在这里，我们从这些党的老一辈金融家中选取了四位代表人物，他们是陈云同志、董必武同志、毛泽民同志、南汉宸同志。

让我们一同回顾以上四位元老与红色金融的故事，一同体会他们的聪明才智，体会他们的铮铮铁骨，体会他们的壮烈情怀，通过他们对党的红色金融事业做出的卓越贡献，感悟其中蕴含的廉政精神。

5.2.1 红色金融廉政人物事迹

5.2.1.1 陈云：新中国财经工作第一人

作为中国共产党领两代中央领导集体的重要一员，陈云同志新中国成立以来在经济战线上发挥了领头羊的作用，也是财经领域影响最大的智囊人物，堪称中国财经第一人。追溯起来，早在新民主主义革命时期，陈云同志就已经在财经领域中“摸爬滚打”，进行了颇富成效的探索与实战。让我们以陈云同志生平所从事的财经金融工作为依托，一路追溯他的理财思想，把中国经济金融从战争时期到和平时期的发展历程进行一番俯视。

陈云同志出生于江苏青浦（今属上海），1905 年出生后先是丧父而后丧母，年幼时期就成了孤儿，由舅父抚养长大。由于家境贫寒，陈云同志在高小毕业后无法继续学业，在师长的推荐下，以学徒的身份进入了商务印书馆。在国民革命时期，陈云同志积极投身工人运动，并于1925年加入了中国共产党。陈云同志在大革命失利的情况下，继续坚持在江苏、浙江、上海等地开展工农运动，1930年进入中央工作，1934年入选中共中央政治局常委，1937年担任中共中央组织部部长。

中国共产党领导下的敌后抗日根据地在抗日战争进入战略相持阶段的后期，挺过了在百团大战之后日本侵略者的反攻报复，度过了最为艰苦的两年。随后的1943年，情势有所好转。然而与此同时，中共中央的驻扎地——陕甘宁边区，产生了比较严重的金融动荡。边币的发行失去了控制，币值大跌，物价疯涨。边区银行出于压制物价的考虑，决定停止边币的发行。措施的实行尽管暂时缓解了金融物价形势，却引发了市场萧条的后果，极大地影响生产的进行，经济活动濒于停滞的困境。

在这样困顿的时刻，陈云同志临危受命，担负起了陕甘宁边区的财经事务，在扭转财政金融的颓势中显露了不凡的工作能力。陈云同志在毛泽东同志的提名之下，于1944年被中共中央政治局任命为中共中央委员、西北财经办事处副主任兼政治部主任，全面接手陕甘宁边区与晋绥边区的经济工作。

陈云同志在接手财经工作之前，组织参与过工农运动，管理过中央特科，做过党的组织工作，但一直没有接触过经济事务，他自己说“做生意我是一个外行”，尽管如此，陈云同志始终践行“不唯上、不唯书、只唯实，交换、比较、反复”的十五字箴言，把这样的工作理念融入财经工作中，并在此后工作生涯中贯彻始终。

陈云同志从边区生产的旺盛与财政金融的混乱不相匹配的现实着手，经过调查分析，他发现导致这一矛盾状况的原因在于，把边区银行定位于财政的出纳的失误，单方面强调金融支持财政预算，造成了财政发行失控。陈云同志得出的结论是，解决问题的核心，聚焦在了稳定边币的币值，币值稳定下来的边币才有可能再次在流通市场中占据优势，如此这般方能稳住市场，边区的生产、流通和群众生活以及党政军供给才能被稳定的市场提供切实的保障。

陈云同志随即开始整顿金融，恢复边币信用。他先是明确了作为企业的银行的定位，这样银行就摆脱了财经出纳的位置，有利于控制财政发行，在边币发行处解决问题；他提出财政部门和军队后勤部门必须发挥表率作用，保证有借有还，并将发行货币的职能交予财经办事处，这样一来，对于货币发行的控制权限就被极大地集中了。除此之外，针对特殊放款的情形，陈云同志还专门进行了规定，一律要求借款机关必须开具正式的借据，详细写明金额、用途、归还日期、利率和付息方法等事项，更加凸显了边区银行的独立性。

这个时候，边币与法币关系的妥善处理，以及如何让边币重新占领流通市场就成了重中之重。陈云同志详尽梳理了数年来金融工作中的经验教训，历经反复剖析与比较，终于理清了边币与法币的关系，发现了让边币重新焕发生机的关键，他提出了一个据他自己说是"偷梁换柱"的解决办法，即：由盐业公司发行一种与法币构成一比一的比价的流通券，同时这种流通券与边币的比价是一比九，发行之后，让盐业流通券在边区内流通一段时间，自然而然地逐步将边币收回，在达成逾期状态之后，再放出边币以收回盐业流通券。如此一来的结果是，边币与法币比价提升到了一比一，法币受到了有效驱逐，与此同时金融市场又不会受到干扰。

这样，随着财政、金融与贸易的妥善整顿与逐步恢复，边区的金融物价自1944年7月至1945年8月，其间再也没有出现较大的波动，经济生产继续保持良好发展势头，为即将建立的新生人民共和国准备了不容小觑的家底。经过陈云同志的悉心治理，边区稳定的财政金融不仅与此前不断波动的金融物价形成了鲜明对比，也更加凸显了物价飞涨、经济萧条的国统区的崩溃局面。在治理整顿的过程中，陈云同志施展了他在财经领域的聪明才智，受到了一致的好评，就连毛泽东同志也对他不凡的工作能力跷起了大拇指。

此后的解放战争时期，陈云同志被派往东北地区掌管财经工作，对于东北经济迅速恢复功不可没，并为解放战争的胜利提供了强大的物力和财力支持。新中国成立当年，陈云同志担任了中央财经委员会主任，在他的运筹帷幄之下，仅仅花费了几个月时间，新中国的财经部门就击退了投机和不法资本的连续猖狂进攻，取得了被誉为新中国财经战线"淮海战役"的全面胜利，至此史上长达12年的恶性通货膨胀最终落下了帷幕，创造了举世瞩目的经济奇迹。陈云同志领导制定和实施了新中国国民经济的第一个五年计划，把握住了苏联等社会主义国家和人民民主国家大力援助中国工业化的难得机遇，成功奠定了中国从落后的农业国转变为先进的工业国的物质基础，建立了比较完整的现代工业与国民经济体系，使得近代以来无数仁人志士怀揣的国家富强的梦想终于有了实现的可能。在20世纪50年代末60年代初，那场导致数百万人口非正常死亡的大灾难来临时，陈云同志先后提出了包括进口粮食、高价出售商品回笼货币、组织城镇人口下乡、按短线平衡对国民经济进行伤筋动骨的调整等一系列行之有效的措施，使新中国闯过了三年经济困难时期。

十一届三中全会以后，陈云同志出任了中央委员会副主席和中央政治局常委，同时担任中央纪律检查委员会第一书记，再一次全面主持国家的财经工作，作为左膀右臂，与以邓小平为代表的老一辈同志们一道开创了改革开放和社会主义现代化建设的新局面。陈云同志与邓小平同志密切配合，为新时期的中国取得的全方位的辉煌成就奠定了重要的思想基础和实现方式。

20世纪80年代，中国佛教协会会长赵朴初为一张陈云同志手打算盘的照片题诗一首，诗中描绘道，“唯实是求，珠落还起。加减乘除，反复对比。运筹帷幄，决胜千里。老谋深算，国之所倚。”短短32个字高度凝炼地刻画出了这位金融大家的风骨。

5.2.1.2 董必武：红色金融事业的推动者

作为中国共产党和中华人民共和国的创始人和缔造者之一，董必武同志拥有众多的头衔：伟大的无产阶级革命家，马克思主义政治家与马克思主义法学家，新中国人民民主与法制建设的重要奠基者，党和国家主要领导人之一，等等。在这些头衔之下，董必武同志还有一段家喻户晓的金融轶事，他在其中展现了作为中国共产党老一辈金融家的智慧与魄力。中国人民银行档案馆保存了大量关于新中国建立人民银行的历史资料，在这些珍贵的史料中，董必武同志的名字频频出现，这些史料见证了他在红色金融发展史上短暂却重要的故事。

董必武同志早年间曾两度前往日本专修法律，在孙中山先生的影响下秘密参加了中华革命党，踏上了追随马克思主义的道路。五四运动爆发后，董必武同志回到了祖国，与同乡陈潭秋同志相识，两人一起组建了武汉共产主义研究小组。1921年，董必武同志以代表的身份前往上海，参加了中国共产党第一次全国代表大会。1934年，年近天命之年的董必武同志坚持拖着孱弱的身体，走完了艰苦卓绝的两万五千里长征，一路走来，他拉着马尾翻越雪山，拄着拐棍穿过草地。中共中央在抗日战争爆发后，调派董必武同志再度回到武汉，担任长江局常委。在此后十年的岁月里，身在国民党统治区的董必武同志深入开展了统一战线工作，结交各方友人，他渊博的学识和独特的个人魅力给人留下了深刻的印象。在1954年召开的第一届全国人民代表大会上，董必武同志当选为全国最高人民法院院长，为建立和健全社会主义民主和法制贡献了毕生精力。

作为红色金融事业的推动者，董必武同志早在1945年前后就担任过中共中央财经部长，还在新中国成立后出任过中央财经委员会主任，他对我国的金融事业，特别是建国初期金融制度的建立与人民银行的成立，付出了卓有成效的努力，做出了重大的贡献。

1948年9月，在中央书记处的指示下，董必武同志全面负责并主持召开了华北财经委员会第一次会议，华北、华东、西北三个大区的负责同志被组织起来进行讨论，与会成员一致通过了对三区的财政经济工作实行统一领导的决议，决定成立人民银行，同时发行统一的货币——人民币，供三区统一使用。10月，董必武同志再次召开会议，会议决定于1949年1月1日成立中国人民银行并发行人民银行券，发行人民银行券的这一举措重在统一货币发行，而不是进行货币改革。为此，董必武同志亲自题写了“中国人民银行”字样，准备统一印制在人民币正反两面的上方位置。然而，计划赶不上变化，战争形势的进展使得原定的安排被打破，淮海战役取得胜利，北平和天津两座大城市亟待解放，原本确定的1949年1月1日建立人民银行同时统一货币发行的计划不得不提前实施。1948年12月1日，中国人民银行正式宣告成立，人民币也开始发行。中国人民银行的成立是红色金融史上浓墨重彩的一笔，它是解放区的财政金融得以巩固的重要鉴证，与此形成鲜明对比的则是，国统区的不得人心和全面崩溃。

5.2.1.3 毛泽民：红色金融事业的先行者

作为毛泽东同志的胞弟，毛泽民同志担任过中华苏维埃共和国国家银行第一任行长，同时也是中华苏维埃共和国中央印钞厂和中央造币厂的创始人和杰出领导人，而之所以被称为红色金融事业的先行者，是因为他在土地革命战争时期亲自筹建了第一个真正意义上的中央银行。

毛泽民同志1896出生于湖南湘潭韶山冲，幼年时期只读过四年私塾便辍学务农，在父母双亡后，他更是担起了经营家业的重任。

就在中国共产党成立的那一年，毛泽民同志毅然追随他的大哥毛泽东同志，踏上了革命的征程，并于次年加入了党组织。毛泽民同志在1923年组织参与安源路矿工人罢工时，创办了中国第一个工人消费合作社，并担任合作社经理一职。

毛泽民同志在1925年参加了广州农民运动讲习所组织的学习活动后，赶赴上海出任了中共中央出版发行部经理。1931年，毛泽民同志离开上海途经香港转赴中央苏区，同年11月，在中央苏区，中华苏维埃共和国临时中央政府这一中国共产党领导下的第一个国家政权于江西瑞金成立，临时中央政府在其第一次执委会会议上通过了成立国家银行的决议，这个国家银行，就是后来正式成立的中国人民银行的前身，也是红色金融的肇始。毛泽民同志被委以重任，担当第一任行长，成为红色金融事业的先行者。

1932年2月1日，国家银行正式投入运营。值得注意的是，它是真正意义上的“全能”银行，它不但具备中央银行的金融管理职能，同时还具备商业银行的经营职能；它不但经营存款放款等金融业务，同时还直接介入生产流通。国家银行之所以如此“全能”，主要是因为毛泽民同志充分考虑了中央苏区的实际情况，量身打造出来的。中央苏区地处自给自足的自然经济为主的偏远的农村地区，经济十分落后，对开展金融工作极端不利。为尽可能充分发掘金融工作对经济工作的助力作用，毛泽民同志带领金融部门身先士卒，踏实工作，使得中央苏区的经济获得了很大发展，而经济的发展反过来又为金融工作的开展提供了强有力的物资支持，扩大了中央苏区金融阵地。

为促进国家银行的发展，毛泽民同志先后起草了《统一苏区货币及其办法》和《发行纸币、铸造辅币的报告》，报经中央批准后，国家银行获得了发行货币的权限。发行纸质货币需要大量的纸张，而当时中央苏区纸张供应很是紧张，毛泽民同志索性又开办了造纸厂，因陋就简，土法造纸，造油墨，使得中央苏区的纸币得以顺利发行。货币发行后，由于承诺兑换银圆，确立起了货币信用，推广起来几乎没有什么阻碍，并迅速在流通领域占据了优势，多种货币在中央苏区“诸侯争霸”的混乱局面由此宣告结束。

1934 年 10 月，由于第五次反围剿斗争的失败，红军被迫进行战略转移，长征开始了，同时进行转移的，也包括中华苏维埃国家银行，银行的工作人员收拾好全部家当，随军踏上了漫漫征途。

国家银行在毛泽民同志的全面负责下，两万五千里的迁徙全程，居然没丢一两金银！全体工作人员有六人长征途中牺牲，余下八人胜利到达陕北，他们是毛泽民、钱希均、曹菊如、任远志、黄亚光、郭金水、曹根全和莫钧焘，可以说，他们成了红色金融得以后继的火种。

毛泽民同志在抵达陕北后改任国民经济部部长，主管根据地生产经营活动的组织管理，物资供应的保障，同时仍然担负着银行的一些工作。

1938 年，新疆边防督办盛世才向中央提出，邀请毛泽民同志前往新疆，支援财经工作。出于建立和巩固抗日民族统一战线的考虑，中共中央同意了盛世才的请求。毛泽民同志在中央的指派下，在身体抱恙的情况下，出任了新疆省财政厅副厅长，兼行厅长职务。

来到新疆后，只用了一年多的时间，精明能干的毛泽民同志就让濒于崩溃的新疆财政金融摆脱了困顿的局面，边疆日渐繁荣。然而好景不长，最终投靠了蒋介石的盛世才在 1942 年 9 月捏造了“暴动”这个莫须有的罪名，毛泽民同志在被捕入狱后遭到秘密杀害，作为红色金融事业的先行者，就这样为党和人民的事业献出了生命。

5.2.1.4 南汉宸：中国人民银行第一任行长

作为中国人民银行的第一任行长，南汉宸同志为中国人民银行的顺利筹建做出了卓越的贡献。

南汉宸同志出身于山西省的一个中农家庭，1926 年参加革命，同年 10 月加入了中国共产党，此后的十余年间，他所从事的工作与金融财经并无关联，而是党的秘密工作和统战工作。

1941 年 2 月，已经担任中央统战部副部长的南汉宸同志，在延安杨家岭与毛泽东同志进行了一次长达四个小时的畅谈之后，改变了他此后的生涯走向。原来，经过一番考察，中央有意让南汉宸同志出任陕甘宁边区政府的财政厅厅长，做“无米之炊”的巧媳妇，解决延安四五万人的穿衣吃饭问题。

南汉宸同志临危受命，勇担重任，做起了陕甘宁边区的“大家务”。

欣然赴任的南汉宸同志，刚刚接手财政工作就敏锐地察觉到边区发行自己货币的重要性，于是他向中央提请，在边区范围内禁止法币流通，由边区银行发行自己的钞票。南汉宸同志带领大家集思广益，战胜困难，在物资极其匮乏的边区，因陋就简又不失规范地印制并发行了边区货币。边币发行的意义不仅在经济的层面，在政治上也产生了深刻的影响，有力地支援了抗日战争的胜利。

南汉宸同志在抗日战争取得胜利后被派往张家口，赴任晋察冀边区政府财政处处长，主持晋察冀边区的财政工作，并作为该区代表团团长出席了1947年召开的华北财经会议，与会的各解放区代表团就筹建全国统一的国家银行达成共识，并希望南汉宸同志着手准备，使得解放区的货币能够实现统一。

随后，华北财经办事处通过了成立中国人民银行筹备处的决定，由南汉宸任筹备处主任。1948年12月1日，由原华北银行、北海银行、西北农民银行合并而成的中国人民银行在河北省石家庄市宣告成立，即日起发行解放区统一的钞票“人民币”，同时南汉宸同志出任中国人民银行总经理，新中国第一套人民币由此诞生，至1955年3月1日收回。

1949年10月1日，中华人民共和国成立。中国人民银行属政务院直接领导的部委序列，南汉宸被任命为中国人民银行行长。

截至新中国成立当年的年底，中国人民银行遵循“边接管，边建行”的指示，建立了华东、中南、西北、西南4个区行，40个省、市分行，1200多个县（市）支行及办事处，再加上中国、交通两行和中国人民保险公司，全国共有金融机构1308个，职工28万余人。在金融战线工作人员的共同努力下，在南汉宸同志的出色领导下，遍及全国各地的、规模巨大的、规制统一的金融系统终于建立起来了。

南汉宸同志在新中国成立初期，带领中国人民银行通过“收存款、建金库、灵活调拨”的办法，把信用集中于国家银行，建立起了一整套统一健全的货币制度，这套货币制度集调节货币、稳定金融、调控经济等诸多职能于一身。在南汉宸同志积极地努力和推动下，早在社会主义改造大规模正式的开展之前，全国私营金融业的公私合营就在1952年底全面完成了，成为最先完成生产资料所有制的社会主义改造任务的一个行业。

1952年5月4日，中国国际贸易促进委员会在北京正式宣告成立，南汉宸同志任主席，中国贸促会在他的辛勤付出下，通过民间渠道，积极广泛的同世界各国开展经贸往来与交流合作，多领域、全方位地促进了我国对外贸易的发展，在国际市场上赢得了颇高的赞誉与声望。

5.2.2　红色金融廉政精神思想

5.2.2.1 崇高的革命理想与坚定的政治信仰

前文没有提到的川陕银行行长、共产党员郑义斋，被誉为“红色理财家”。第二次国内革命战争时期，郑义斋胸怀共产主义的理想信念，在主管鄂豫皖工农银行的艰苦岁月里，抵御住了钱色诱惑的浸染与侵袭，尽忠职守，彰显了作为共产党员的崇高气节。长征结束后，在一场与敌军狭路相逢的战役中，为了掩护战友、保护军费，郑义斋身先士卒，主动请缨，牵制敌人，最终寡不敌众，突围失败，壮烈牺牲，年仅36岁。在长达近三十年的革命战争年代里，郑义斋不过是成百上千的胸怀崇高的革命理想与坚定的政治信仰的老一辈金融家的缩影。

5.2.2.2 高尚的道德情操与先进的荣辱观

在炮火纷飞的革命战争年代和一穷二白的建国初期，老一辈金融家怀揣着对于革命事业的无限忠诚，在金融岗位上兢兢业业。他们艰苦奋斗，廉洁奉公，和员工并肩作战，一同挨过风霜雨雪、严寒酷暑；为了省下每一笔经费，他们吃亏在前，旨在为党的革命事业累计和提供更多的财富支持。在红色金融的历史上，留下了很多诸如“守着银圆吃草根，拿着票子宿旷野”这样的令人感慨的感人事迹；他们以集体主义为工作的价值准则，以为人民服务为荣，与人民群众结下了深厚的鱼水情谊；他们遵规守法，克己奉公，不遗余力地为党和人民的红色金融事业发光发热。

5.2.2.3 实事求是的科学态度和与时俱进的创新精神

不同于今天的经济环境和社会条件的是，党在成立之后领导进行的金融工作和事业必须服从和服务于开展革命斗争、巩固新生政权和恢复生产等特定时期核心任务，这一点是不容置疑和不可动摇的。尽管如此，在遵守这一前提之下，老一辈金融家力求从金融和经济发生发展的实际出发，按照运行规律办事。比如，第二次国内革命战争时期，闽浙赣省苏维埃银行最早发行了现代意义的股票；不同阶段的战事告捷之后，遵照中央的统一部署和安排，党的金融工作者随即跟进统一货币发行的工作，及时终止了各个革命阶段的初期混乱的金融市场状况，抑制了恶性通货膨胀的发生；在进入改革开放和社会主义现代化建设的新时期以后，在邓小平同志的“要把银行真正办成银行”的这一非常具有前瞻性的理念的指示下，金融业解放思想、与时俱进，展开了大刀阔斧的金融改革与金融创新。

物换星移，时光流转。中国特色社会主义新时代的金融业相较于革命战争年代已经发生了翻天覆的变化，在当前建设现代化经济体系中，金融业已然位于中心地位，金融业的从业人员面临着愈加复杂的环境和日益艰巨的任务。进入新时代以来，改革开放事业步入了深水区，而经济和金融改革也进入了攻坚克难阶段，从国内方面来看，面临的是人民币发行速度过快、贷款增长量过大、资金流通性过高、经济金融结构亟待调整等内部问题；从国际方面来看，面临的是金融市场已然全面地对外开放和全球经济一体化的外部形势。与革命时期相比，新时代承载着更多的复杂性和不确定性，然而，尽管如此，在党的领导之下，开展金融工作的根基不可触动。

毫无疑问，在新时代的背景下，金融业的地位发生了重大的变化，但是，党的全心全意为人民服务的根本宗旨没有变化。站在新的历史起点上，我们更应弘扬老一辈金融家把自身崇高的革命理想同金融事业的发展牢牢结合在一起的精神，不管时代如何变迁，社会如何发展，都要坚守政治立场，铸牢政治信仰。

今时今日，尽管中国的金融家们被赋予了更多的权力，党的优良作风与传统却是一刻也不能丢弃的。金融工作者要继续秉承老一辈金融家高尚的职业操守，任凭时代变迁，都要恪守社会主义核心价值观，做到克己奉公，清正廉洁，强化“人民群众创造历史”的唯物主义观点，践行群众路线，一以贯之地把党所代表的亿万人民的利益放在第一位。

相比过去，中国今天金融业具有比较广阔的发展方向和空间，然而，一直作为党的思想路线精髓的实事求是的态度和理念是不能忘记的。老一辈金融家的雄才伟略和工作智慧值得金融工作者继续学习，无论何时何地，都要坚持以联系和发展的观点看待问题，遵循客观的经济规律和金融规律，坚持看实情、说实话、办实事、讲实效，在新时代中国金融改革的浪潮中顺势而为，担当重任，摸索出一条符合国情的中国特色社会主义金融的发展道路。

党的红色金融事业在创立和发展的不同阶段、不同方面都涌现出一批又一批的金融管家，前文所表述的老一辈著名金融家是其中的优秀代表。通过回顾他们与红色金融发生的事迹与故事，发掘其中的红色金融廉政精神思想，对于身处中国特色社会主义新时代的后人而言，特别希望今天的金融行业从业者能够继承和发扬前辈对民族对事业的这份热爱、这份赤诚，为进入新时代的中国特色社会主义金融事业做出新的贡献。

第6章　新中国成立后党的廉政思想与我国金融廉政制度

6.1　中国共产党的反腐倡廉历史与主要思想

近代中国遭受西方侵略，陷入亡国灭种的危机之中，中国的志士仁人前赴后继寻求救国救民的道路。中国共产党就诞生在这样的国度之中，因此从诞生之日就肩负为中华民族谋复兴、为中国人民谋幸福的伟大使命，这是和西方政党很大的不同。中国共产党成立之初，知识分子党员居多，他们生活的具体社会环境，使得他们对晚清民国以来官场腐败所造成的国家积贫积弱，政府管理效能低下，有着切肤之痛。同时作为知识分子，他们更加深知，历代政权的衰亡很大程度都是由于腐败造成的。尤其是中国共产党作为工人阶级先锋队的性质和全心全意为人民服务的宗旨也决定着对各种腐败现象是极其敏感而不能容忍的。

因此，中国共产党不论是在建党初期，革命高涨时期，抑或是在革命处于极度昏暗的低潮遭受重大损失时期；不论是局部执政时期还是在建立新中国之后，都将自身的清廉、反对党内腐败作为自己工作的重中之重。当然不同时期，中国共产党反腐倡廉的探索又有着各自的特点。今天我们对这些经验进行研究归纳总结，有利于我们在新时代反腐倡廉工作的深入而富有成效的展开。

6.1.1　建党初期

在理论上高度自觉并且注重制度建设，是中国共产党建党伊始对待腐败问题的鲜明态度。探索建立制度来预防治理腐败问题也成为中国共产党一以贯之的思路。即便是处于襁褓时期的中国共产党也是如此。

1921 年 7 月在上海召开的党的一大就确定了党在各方面的建设的重大原则，初步制定了党的纪律。随着中国革命形势的发展，党的队伍、数量有了较快的增长。在这一过程中应该讲绝大多数的中国共产党党员都是富有强烈的理想主义人格及献身精神的人。但是，由于党员数量增长过快，也不可避免地造成泥沙俱下鱼龙混杂。有些甚至是与党渐行渐远最终变节投敌造成恶劣影响。因此，在严酷的革命斗争中年轻的中国共产党选择建立专门的纪律检查机构以铁的纪律从严管党治党。1926 年 8 月 4 日中共中央扩大会议发出《关于坚决清洗贪污腐化分子的通告》，这是中国共产党第一个明确提出反腐的文件。到了革命形势最为危险的 1927 年，党在这方面的发探索也没有停止，在党的五大上选举产生了中央监察委员会。

在党中央领导下，各地方党组织也纷纷建立完善相关机构、制度。1925 年中国共产党人就在广州建立了党的地方纪律检查机构——中共广东区委监察委员会。1926 年广东区委组织扩大，监察委员会由林伟民、杨殷、杨匏安等组成，开启了中国共产党地方党组织通过建立专门的纪律检查机构进行自我监督、自我净化的探索。总之，不管是中央层面还是地方党组织层面纪律检查机构从诞生的那一天起，就以正视问题的勇气和刀刃向内的自觉，在推动党的自我革命、从严治党中发挥着重要作用。

由此我们可以说，在建党初期无论是顺利或是受到挫折，新生的中国共产党始终保持理论上清醒与制度、行动上的自觉来反对腐败。

6.1.2　苏区时代

随着中国国内革命形势的发展，尤其国共第一次合作发动的北伐战争取得重大成果。国共双方内部的矛盾逐渐显露，最后国共分裂，大量优秀的中国共产党党员被屠杀。中国共产党进入生死存亡时刻，而国民党政权在全国范围内初步建立，成为中国的执政党。国民党开始把城市作为自己的执政重心。在这种情况下，如何生存下去是中国共产党必须回答的问题，以毛泽东为代表的一部分中国共产党人开始打破苏俄经验及共产国际的束缚，开始把马克思主义的普遍真理同中国革命具体实践相结合，开始独立自主地探索适合中国国情的道路，这个道路日后被经典地概括为“农村包围城市、武装夺取政权”。

在这个道路的指导下，在中国的南方出现了大大小小的若干根据地，到了1931年11月成立了中华苏维埃共和国，由此中国共产党进入苏区时代，开始了在苏区根据地局部执政的尝试。面对执政的新考验，对于腐败的危害，中央苏区领导层更加敏感。1931年中央苏区就设立了工农检查部控告局，并设置了第一个控告箱。这一时期党的反腐工作呈现出鲜明的战时特点，即发动广大人民群众，以群众运动的形式来查处贪腐案件。

当时中央和各地的检察机关都根据各地的不同情况，成立了名称各异的群众监督组织，以此来监督约束各级领导干部。这些群众组织名称带有那个时代特有的特点，如突击队、轻骑队、工农通讯员、群众法庭、巡视员等。在各级党组织的领导下，通过这些不同类型的群众组织，就能够达到深入到基层群众中调查、检举、揭发贪污腐败分子的目的，从最后的实际效果看应该说成绩斐然。当时的很多答案都首先是中央工农检查部接到群众的控告信，从而最终破获的。此外，在一些疑难案件的侦破中，党更加注意走群众路线广泛发动群众，从而迅速破案。如当时有人检举中央印刷厂、中央军委印刷所和中央造币厂的会计科科长都有贪污行为，但是当相关检察机关派人深入其部门反复核对检查账目时却无论如何也查不出来问题。最后检察机关发动群众，针对不同的部门分别组织了轻骑队、突击队，吸收群众参加审查工作，终于查出了三个会计科科长的贪污行为。同时，在制度建设上也注意给予及保护群众在反腐败中的地位。如《工农检察部的组织条例》第十二条规定：工农检察机关如果发现各机关内的官僚主义者和腐败分子，有必要时可以组织群众法庭，以审理不涉及犯法行为的案件。群众法庭有判决开除工作人员、登报宣布其官僚腐败罪状等职权。当然在发动群众运动的同时，我党的制度建设并没有结束，此后逐渐走上了法制化的轨道，在对熊仙壁案和唐仁达案的查处中，当时的工农检查部就是依据相关训令进行的。

在苏区时代，发生过几次比较重大的案件：如苏区中央政府成立后的反腐第一枪——谢步升案件。谢步升，1930年参加中共，案发时任瑞金县（现为瑞金市）叶坪村苏维埃主席，职务虽不高但在当时影响不小。谢案主要涉及贪污公款3000多元及300块大洋，同时还有包庇富农私刻公章等罪行，经过公开审判谢被判处死刑。此外，这一时期还有左祥云案、瑞金系列案、于都案等都震惊一时。尤其是于都系列案件，贪污案件类型主要有：冒领公款，贪污公款做生意，贪墨公物，从烟土到金戒指大小不一；涉案人员从县到乡的工作人员共90多人。案发后，经过巡回法庭审理，根据贪污数额，参照中央执行委员会第二十六号训令，判处相关涉案人员死刑等不同刑罚。

总结苏区时代党的反腐工作，除依靠发动人民群众大力查处大案要案，以树立反腐斗争典型特点外，还有以下几点值得注意：

（1）重在查处大案要案，对身居要职的领导干部严惩不贷

在中央苏区的反腐败斗争中，尤其是在处理重大案件过程中，有关部门始终秉持从重从严的原则，对于涉案的党员干部，尤其是高级领导干部更是严惩不贷。在具体的一些案件当中，有些涉案人员的罪行其实并不严重，但当时的领导人，尤其是毛泽东，熟悉中国历史，深谙中国历代王朝因腐败而人亡政息的规律，尤其是在苏维埃政权的初创时期，一个清正廉洁的政府，对于苏维埃政权的巩固，对于中国革命胜利的意义所在。所以最后都处以极刑。其目的就是向世人昭示，苏维埃政府是不同于其他政权的全新政府，要形成清正廉洁的苏区好作风。

（2）中央领导以身作则率先垂范反腐败

民间俗语“上梁不正下梁歪”，只有中央领导以身作则坚决反对腐败，才能昭示决心。尤其是涉及一些大案要案，背后利益纠葛矛盾盘根错节，只有中央领导以身作则昭示一查到底的决心，查处才能顺利进行。在苏区时代，对一些大案要案的处理彰显出上述特点。很多情况下，为避免外来或者地方势力的干扰，案件的查处都是由中央直接负责。或者是由中央主要领导同志亲自过问批示，例如前文涉及的谢步升案件案发后，毛泽东针对此案做出批示，必须严办，他一再指出：“腐败不清除，苏维埃旗帜就打不下去，共产党就会失去威望和民心！与贪污腐化作斗争，是我们共产党人的天职，谁也阻挡不了！”坚决主张一查到底决不姑息；在左祥云案件的处理过程中，毛泽东

更是直接下令扣押左祥云，并责令中央工农检查部把此案查个水落石出。而有些案件中央领导同志则是亲自赶往事发地点参与调查取证。

(3) 在大案要案查处中充分体现了舆论的宣传和监督作用

外在环境尤其是舆论的宣传及监督作用，在任何时代对于贪腐的治理，尤其是对大案要案查处的作用都是有目共睹的。在整个苏区反腐败工作中，当时苏区比较重要的报刊，如《红色中华》《青年实话》《斗争》等都肩负起了上述重任。它们一方面广泛深入细致地刊登宣传各级党和政府在廉政建设方面的有关方针、政策、法令、条文，以达到深入人心人尽皆知。另一方面则针对中央及各级党组织处理的大案要案深入报道，如刊登查处经过和处理结果，甚至有些刊物如《红色中华》和《青年实话》还专门开辟了专栏即红版、黑版和反贪污浪费专栏。红版着重介正面榜样人物的事迹即苏区干部清正廉洁的典型事例；黑版专栏则专门批评各级党和政府中存在的那些消极怠工、贪污浪费分子；更为醒目的反贪污浪费专栏则及时揭露重大贪污浪费案件，公布对这些贪污分子的处理结果以起到警示人心的作用。

6.1.3 延安时期

延安时期是我党在局部长期执政的时代，具体时间则是指从 1935 年 10 月 19 日中共中央率领红军陕甘支队到达陕北吴起镇算起到 1948 年 3 月 23 日中共中央东渡黄河进入华北为止，大约 13 年时间。这个时期主要是全民族抗战，打败日本帝国主义对中国的侵略，中国共产党逐渐发展壮大成为抗战中流砥柱。在这个时期中国共产党各级党组织发展很快，党员人数迅速增加。在党中央的领导下，各级党组织廉政建设等方面工作重点在于纯洁组织、整顿党内非无产阶级思想，以此提高党员素质增强理想信念和凝聚力，夯实党的基础以预防腐败的发生，同时进一步完善制度。主要措施如下：

(1) 清党审干

为了进一步巩固党，必须纯洁党的各级组织，把那些隐藏在革命队伍之中的奸细分子（敌人，国民党派来的与收买的分子）、投机分子（为个人利益混进党内表现严重的贪污腐化与脱离群众的分子）与太落后分子（不到会、不交党费、又不做任何工作的挂名党员）洗刷出去。所以 1940 年 7 月 7 日，中共中央决定，开展干部审查及清党工作。① 与此同时中共中央还决定在各根据地逐次开展整风运动，即“反对主观主义以整顿学风，反对宗派主义以整顿党风，反对党八股以整顿文风”，其最终的目的就是在思想上进行一次大清理，清除和纠正干部中的非无产阶级思想，教育干部坚定阶级立场，增进党性修养，以求全党思想的大统一。不论是清党审干还是整风运动都起到了让各级党员增强了党性，加强党的统一，“使一般干部养成了注重客观、实事求是的精神”，这在一定意义上可以说是在党内普遍铸就了拒腐防变的堤坝。

（2）大生产运动

抗日战争进入相持阶段后，由于日寇和国民党两方面对中国共产党领导的各个根据地的经济封锁，再加上一些自然灾害的影响，陕甘宁边区及全国其他根据地都面临严重的经济困难，为打破封锁解决最基本的物资供应问题，也为了提振精神，中共中央决定开展大生产运动。当时在陕甘宁边区以毛泽东为首的中央高层领导人率先垂范，深入基层劳动，掀起了一个大生产运动的高潮，直到今天在延安还都流传着很多关于毛泽东、朱德、周恩来参加大生产运动和著名的南泥湾生动故事。在党的各级领导人的带领下大量党员走向田间地头，深入群众之中从事生产劳动。大生产运动成绩显著，极大地改善了边区的物资供应，除此之外在其他方面也产生了极其重要的影响：一是各级党的领导干部尤其是知识分子干部，通过大生产运动体会到了生产劳动的不易，从而增强了对农民的认同，改掉了很多非无产阶级的思想；二是密切了党群关系，大家在一起同吃同劳动，是一次深刻的劳动教育课。后来毛主席对大生产运动曾有过精辟的总结：一，改善了官兵关系；二，增强了劳动观念；三，增强了纪律性；四，密切了党政军民关系，增强了团结；五，促进了解放区人民的大生产运动。可以说大生产运动一定程度上起到了让党员尤其是领导干部了解百姓理解百姓，同时也受到了很大的教育，纯洁了思想，提高了预防腐败的能力。

（3）边区政府廉政制度建设

腐败问题的治理最根本的还是在于制度建设，延安时期我党在制度建设方面做出了重要的探索。1941 年 5 月 1 日，中共中央政治局批准边区中央局

① 鑫垚．浅谈中国共产党建党初期与延安时期反腐倡廉建设［N］．中国文物报，2008－12－19．

提出的《陕甘宁边区施政纲领》。这份文件全面反映了中共中央在陕甘宁边区的执政要点，其中特别提到对党员领导干部的监督及权力的制衡，即边区的共产党员要与党外人士实行民主合作不要包办一切，以此来保证一切抗日人民的人权。为体现上述意志，在实践层面推行广为人知的“三三制”。同时也提到人民可以采用任何方式控告公务人员的非法行为。尤其是施政纲领明确规定边区政府要“厉行廉洁政治，严惩公务人员贪污行为，禁止任何公务人员假公济私行为，共产党员有犯法者从重治罪。”注意，共产党员犯法要从重治罪，可以说是从严治党的宣言。

后来边区发生了黄克功枪杀陕北公学女学生刘茜事件，一时间边区沸沸扬扬，国民党控制的一些媒体更是大肆渲染，说什么延安出了“桃色事件”，造成了很大的舆论，给中国共产党造成了很大的不良影响。尽管黄克功曾经为革命做出过贡献，其本人也写信要求上战场戴罪立功。但是毛主席还是本着共产党员有犯法者从重治罪的原则，亲笔给当时的边区高等法院院长雷经天写信，信中严正指出正是考虑到黄克功的不同身份，所以更不能姑息养奸，明确指出“共产党与红军，对于自己的党员与红军成员不能不执行比较一般平民更加严格的纪律”。“一切共产党员，一切红军指战员，一切革命分子，都要以黄克功为前车之鉴”。① 最后黄克功被处以极刑，震惊海内外。

综上所述，当时的陕甘宁边区在毛泽东的倡导和带领下，在上述各项政策推动及其制度的完善下，边区党和政府为政清廉蔚然成风，被称之为中国最干净的地方，与国民党统治区的政治黑暗、贪污横行、官僚大发国难财等腐败现象形成了鲜明的对照。很多外国观察员及民主党派、无党派人士到边区参观后都给予了极高的评价，认为中国共产党代表着中国未来发展的方向。

6.2 当前我国金融廉政制度创新与实践效果

中国共产党是引领中国人民走向中华民族伟大复兴的领导核心，党自身的建设尤为重要。因此，全面从严治党是党中央对全国人民的庄严承诺。党

① 毛泽东著作选读（上卷）[M]. 北京：人民出版社，1986：184.

的十八大以来，党风廉政建设工作不断推向深入，在党中央的集中统一领导下，广大纪检监察干部兢兢业业，腐败蔓延势头得到了有效遏制，在反腐倡廉方面取得了一定成绩。习近平总书记在中共第十八届中央纪律检查委员会第六次全体会议上提出："党中央坚定不移反对腐败的决心没有变，坚决遏制腐败现象蔓延势头的目标没有变。"① 应该说，党中央确定的不想腐、不能腐、不敢腐的效应正在呈现。但不能否认的是仍旧存在一些党内蛀虫无视党纪国法，心存侥幸，顶风作案，破坏党的健康肌体。"当前，腐败问题依然存在。有的仍心存侥幸，搞迂回战术，卖官帽、批土地、抢项目、收红包，变着花样收钱敛财，动辄几百万、几千万甚至数以亿计；有的欺瞒组织、对抗组织，藏匿赃款赃物，与相关人员订立攻守同盟，企图逃避党纪国法惩处。"② 面对这些腐败行为，我们既要从严治党、依规治党，又要标本兼治，健全法规制度。从近年来金融系统出现的腐败案件来看，大部分腐败分子在政治坠落、经济腐化、工作作风、生活作风等方面都存在严重的问题。因此，强化金融廉政建设势在必行，金融廉政建设必须从源头上有效防范和遏制腐败，过往的反腐廉政方式和政策存在一定漏洞，治标不治本。在反腐败过程中，流传着"人管人累死人，制度管人管灵魂"的顺口溜，足以证明反腐倡廉制度化的必要性和重要性。因此，有效遏制腐败行为不能总靠"人盯人"，还必须通过制度根本治理。要想使金融廉政建设取得根本性成效，必须从顶层设计上使其制度化、规范化，从制度层面对廉政进行系统规划，从宏观整体层面统筹各项规章制度，使得廉政效率得到有效发挥，廉政制度建设相比于其他反腐倡廉的方式与途径更加有效。此外，强化金融系统党的领导是根本之策。从金融系统的腐败案件分析，很多案例都存在着党的领导弱化、领导干部理想信念淡化的问题。因此，在中国共产党的集中统一领导下，强化廉政制度建设的顶层设计，才能从根本上有效遏制腐败。党的十八大以来，党风廉政建设政策的转变、制度的完善为正在形成的反腐败斗争压倒性态势提供了根本的保障。

---

① 习近平．习近平谈治国理政（第2卷）[M]．北京：外文出版社，2017：161.
② 习近平．习近平谈治国理政（第2卷）[M]．北京：外文出版社，2017：162.

6.2.1 中国古代廉政制度演变历程

纵观古今，反腐败的形式多种多样，每个时期、每个朝代都会根据所处阶段的特点制定惩治腐败的方式，但归根到底，真正的反腐败还是要靠制度。运用法律制度惩治腐败不是当今时代的产物，早在原始社会便存在运用法律制度规范社会成员的行为。原始社会的法律制度起源于惯例与习俗。社会成员行为的规范离不开一定的制度约束，习俗和惯例是最早用来调整社会关系的社会准则。到了原始社会后期，习俗和惯例开始慢慢向法律制度过渡，但内涵始终是不变的，是更具有强制性的法律制度。在这些法律制度中，有一部分涉及廉政的范畴，这便是惩治腐败，规范成员行为的法律制度。

6.2.1.1 奴隶社会：由习俗和惯例转化为法律制度

奴隶社会的法律制度起源于夏朝，夏朝在原始社会惯例和习俗的基础上逐渐上升为强制性的法律制度。“夏朝建立后，将原始社会的某些习俗、惯例改造成为习惯法，同时还制定了一些奴隶制的法律和制度，并依靠国家权力加以实施。夏朝的法律制度是中国最早的法律制度，它奠定了中国奴隶制法律制度的基础。”① 这是中国最早的法律制度的雏形，真正的法律制度的产生还是要追溯到国家诞生之后。夏朝的法律制度是建立在原始社会“天地鬼神”的观念之上的，在法律制定上奉行“奉天罚罪”，这是奴隶社会制定法律制度的基本出发点和基本依据，着重体现的是奴隶主的统治地位，确保的是奴隶主的核心利益。商朝时期，伴随着奴隶制度的日趋发展，法律制度的日趋完善，但总体上来说，商朝时期的法律制度是“天命”与“祖命”的结合，仍然认为君主的权力是上天授予的，这也成为当时统治阶级权力合法性的依据。但商纣王暴政的结局给了周朝立法上的借鉴，西周统治者在沿用商朝法律制度依据的基础上提出了“敬天保民”的思想，体现了对老百姓的敬重，在一定程度上争取了民心、缓和了阶级矛盾。“敬天保民”注重以德配天，“明德慎罚”。在法的基础上，西周的周公还运用礼来调整和规范社会成员的行为。礼，在某种程度上也扮演着法律制度的角色。礼和刑成为当时奴隶社会统治

① 麻承照．廉政文化概论［M］．北京：中国方正出版社，2014：87.

者统治社会的工具，两者相互补充、相互配合，共同构建起了奴隶社会治理国家的基本机制，礼也成为统治者定制立政，治理国家的重要基础，也为封建社会的礼治、德治打下了基础。

6.2.1.2 封建社会："以法治吏" 强化廉政制度建设

封建社会惩治贪污腐败的法律制度在奴隶社会的基础上更加规范、完备，成为古代社会廉政制度建设的重要内容。封建社会的统治者往往把贪污腐败等行为作为最严重的罪行，历代统治者都会运用最严酷的刑法进行处理。中国古代对贪污腐败的惩治，还实行连带责任制度。自秦朝以后，历代朝廷中如果有官员发现周围有其他官员腐败而不报告，则按照同罪论处。封建社会廉政制度建设遵循"以法治史"的原则。用法来规范官吏的行为，官吏必须在法的范围内行事。《管子·七主七臣》有云："法律政令者，吏民规矩绳墨也"，"法令者，君臣之所共守也"。在以人治为主的封建社会中，用法作为社会规范和官吏行为的准则，体现了封建社会对法律制度的重视。

封建社会的法律制度中对官吏的罪行也进行了详细的划分，不同的罪种按照不同的刑罚论处。比如，汉代对官吏的罪行可划分为"①主守自盗，汉律规定，'法有主守盗，断官钱自入己也，主守而盗值十金弃市'；②利用职务之便'贱买贵卖'，私自经商牟利；③挪用公款公物，即放散官钱，以贪污论；④贪污救济钱物，即'禀贪人不实'，如《汉书·鲁丕传》载陈留太守鲁丕因'禀贪人不实，司寇论'；⑤受财枉法，汉文帝十三年颁布诏令，'吏坐受赇枉法，守县官财物而即盗之，已论命复有笞罪者，皆弃市'，对于受贿者处以极刑。对受财不枉法者，与盗窃同罪，即'今可改不枉法受财科同正盗'。"① 秦汉时期的法律制度对惩治官吏腐败行为起到了重要的遏制作用，但秦汉时期的法律制度过于烦琐复杂，到魏晋南北朝时期，法律制度在之前的基础上删繁就简，并且加重了对官吏腐败的惩戒力度。如魏明帝时期的《魏律》把前代诸多相似的法律条文进行整合，形成了我国最早的惩治贪污腐败的综合性法律制度。《晋律》突出了职务犯罪，对唐宋时期的法律制度产生了很大影响。总之，魏晋南北朝时期的法律制度突出了运用法律约规官吏的

---

① 麻承照. 廉政文化概论 [M]. 北京：中国方正出版社，2014：94.

行为，促进廉政建设进而维护封建地主阶级的统治利益的重要性。

廉政制度发展到隋唐时期就比较完备、成熟，从法律条文、条例、规范、办事细则和公文程式等方面形成了律、令、格、式等四种形式。唐朝贞观时期形成的《唐律》把“不遵法式”作为惩治官吏贪污腐败的主要内容。《唐律》分一百九十二项条款分门别类地规定不同形式的罪行，并且把官吏的贪污腐败分为“公罪”和“私罪”，“公罪”一般指无意而为之的过失犯罪，“私罪”一般指有意而为之的主观犯罪。“私罪”的惩处力度和惩罚标准要高于“公罪”。此外，隋唐时期还建立了司法诉讼制度，规定了司法部门和司法人员的职务职责，标志了廉政制度建设的成熟，也为随后的廉政法律制度建设起了积极作用。宋元时期的法律制度加重了对官吏贪污腐败的惩治力度，并且也细化、全面了贪污腐败的罪名，特别是对官吏集体腐败、官吏亲属子女腐败等行为加重惩治力度。除此之外，元朝对投案自首的腐败官吏也进行了规定，贪污腐败的官吏，自首者，可减轻甚至免除刑事处罚。这对当今反腐倡廉中的主动投案的腐败官员的惩处具有一定借鉴意义。明清时期在法律制度方面惩治贪污腐败的力度比以往更加严厉。如《大明律》更改了以往朝代的法律制度体系结构，细化了腐败行为的罪行及其惩处规定。明朝以严苛的法律制度促成官吏廉洁爱民，对贪污腐败官吏具有一定震慑作用。清朝的法律制度在很大程度上是对明朝的延续，当然，对清朝贵族和八旗子弟也有一些特殊的规定。清朝倡导“以德化民，以刑弼教”的理念，但在德治方面始终没有能够形成一套完善的道德规范。

封建社会在廉政法律制度方面还有一套较为完善的管理制度。突出表现在官位设置、官吏选拔、官吏考核等方面。在官位设置方面，封建君主往往采用权力的分离制衡的方式来维护自身的统治权威。如秦汉时期采用“分离”策略（具体体现在中央官位与地方官位的分离、权与位的分离、监察权与行政权的分离、建议权与决策权的分离等），以达到削弱和制衡官吏权力的目的。值得注意的是，秦汉时期创立的监察机构是一个独立于行政部门的完整的监察系统，对于行政权的制衡具有重要意义；唐宋时期的“三省六部”制在很大程度上对皇权和高级官吏（如宰相的权力）的权力进行了制衡。宋朝在官位设置上倡导重文抑武，以此来巩固中央的权威。明清时期为防止官吏独断专行，开始废除宰相，设置内阁。此外，历朝历代都设置了专门的监察机构，如御史台、都察院等，对官吏的行为具有一定制约作用。在官吏选拔方面，历代封建统治者都非常重视官吏选拔廉政制度的建设，形成了符合自身统治利益的选拔制度，对廉政文化建设发挥了重要作用。比如，官吏选拔上往往以廉洁为用人标准，强调以德为先。秦汉以后，在官吏选拔上采用“察举”制度，“察举”制度最重要的考核科目是“孝廉”。在选拔人员范围上也是“布告天下”、“唯才是举”，扩大选拔范围，选举贤才。在官吏考核方面，封建统治者都设置了严格的考核奖惩机制，对官吏的日常行为进行约束和规范，防止其腐败贪污。考核制度强调以廉为本，倡导廉者上、贪者下的做法。在官吏管理廉政规范方面也大抵形成了约束官吏的“八项规定”，在吃喝迎送、社交规范、工作作风等方面都有严格的规定，实行官吏俸禄制度，防止官吏无度克扣、肆意盘剥。在明清时期，还制定了任用回避、任职升迁和廉政奖励的制度。这些官吏管理制度对保持历代朝廷清正廉洁，维护封建统治阶级的统治利益和地位都起到了积极作用。

总之，中国古代的廉政法律制度建设是在所处时代的背景下渐渐完善起来的，是我国古代廉政文化的重要组成部分，是我国历史上反腐倡廉的重要的宝贵遗产，对当今社会构建新时代廉政制度具有重要的借鉴价值。正如习近平总书记所讲：“研究我国反腐倡廉历史，了解我国古代廉政文化，考察我国历史上反腐倡廉的成败得失，可以给人以深刻启迪，有利于我们运用历史智慧推进反腐倡廉建设。”①

6.2.2 从权力反腐到制度反腐

以史为鉴可以明得失。任何朝代、任何时期都要加强反腐败斗争。反腐败斗争关系国家和民族的生死存亡。因此，党风廉政建设和反腐败斗争也是加强党自身建设的必要任务，是不可或缺的重大课题。习近平总书记在第十八届中央纪律监察委员会第二次全体会议上指出：“我们党把党风廉政建设和反腐败斗争提到关系党和国家生死存亡的高度来认识，是深刻总结了古今中外的历史教训的。核心的问题是党要始终紧紧依靠人民，始终保持同人民群众的血肉联系，一刻也不脱离群众。要做到这一点，就必须下最大气力解决

---

① 习近平．习近平谈治国理政（第1卷）[M]．北京：外文出版社，2014：390.

好消极腐败问题，确保党始终同人民心连心、同呼吸、共命运。”① 在任何时代，强化廉政建设和反腐败斗争已然成为共识。但如何进行反腐败斗争，不同时代有不同的方式方法。纵观古今中外的廉政建设和反腐败斗争，出现过多种反腐败斗争的类型。如，严刑反腐、运动反腐、高薪反腐、权力反腐等等。

6.2.2.1 反腐败模式的四种类型及其局限

严刑反腐即是通过严刑、酷刑来压制腐败分子、警示官吏。实行严刑反腐的当属明朝开国之君朱元璋。应该说朱元璋是古代皇帝中反腐败最用心、力度最大的一个。朱元璋是农民出身，对腐败官吏坚持零容忍的态度。在反腐制度立法方面，朱元璋采用“严刑峻法”。只要是贪腐行为都会被判刑，严重者处以极刑。如洪武二十五年（1392 年），朱元璋颁布《醒贪简要录》，其中规定对贪污六十两以上的官吏进行枭首示众、剥皮楦草，并把塞满草的腐败官吏的人皮悬挂于衙门门口用于警示官员。但这一反腐做法并没有根除明朝的腐败问题，反而是明朝越是酷刑反腐、严刑反腐，腐败现象越是猖獗，根本原因是中央集权下的制度缺陷，缺乏制度上的顶层设计。运动反腐即是主要依靠群众来发起运动的形式进行反腐败斗争。运动反腐主要是采取自下而上的方式进行，最大限度地依靠了人民群众。比如在新中国成立后，我国发动的“三反运动”“五反运动”“四清运动”等就是其中的典型。运动反腐能够在一定时间段抑制腐败现象，起到一定警示作用。但运动反腐具有不可持续性，运动发起可以警示，运动结束腐败泛起。此外，运动反腐往往也会在一定程度上破坏社会秩序的稳定，也并不能从深层次上触及腐败现象的根源，只能说是一种权宜之计，而不是长久之策。高薪反腐即是通过给予政府官员高额的薪水来消除官员的腐败心理和腐败行为。谈到高薪反腐、高薪养廉，很多人往往会想到新加坡。新加坡是全世界为数不多的有效遏制腐败问题的国家之一。新加坡政府官员的薪酬要高于其他一些国家。但有效遏制腐败现象根本并不在于高额的薪酬，而是标本兼治的防止贪污腐败的制度及反贪污腐败的教育体制。那么，高薪养廉在我国到底奏不奏效？党的十八大以

① 习近平．习近平谈治国理政（第 1 卷）［M］．北京：外文出版社，2014：390－391．

来，从查处的落马高官、国企领导、高管等来看，他们都有着高额的薪水，足以使其及家人过上优越的生活，但仍旧在“哭穷”，觉得自己赚得少，归根到底在于人的无穷贪欲，欲壑难填。这些案件再次说明了高薪反腐的失灵，高薪养廉是伪命题。权力反腐是以领导人的权力为主导进行反腐败的一种模式，是一种自上而下的权力输出与监督，权力反腐往往是通过领导人的领导权威和反腐意志来进行的，具有很强的执行力，也往往能够很快地压制腐败现象，但也存在反腐败政策和实施随意性强，影响反腐败工作持续性的问题，也很难有效遏制腐败问题的滋生，难以标本兼治，也容易造成权力内斗的严重后果，影响政治生态。

6.2.2.2 制度反腐及其特征

权力需要制度来规约，廉政需要制度来保障。要想有效遏制、根除腐败现象最终还要靠制度。制度反腐即是指通过党和国家通过体制机制建设，建立、完善相关法律制度来预防和遏制腐败的一种反腐模式。制度反腐可以有效消除人为的随意性问题，具有稳定性、长期性的特点，是在长期反腐败工作中被公认的一种行之有效的，能够标本兼治的反腐败模式。中国共产党在长期的反腐倡廉工作实践中，不断强化体制机制建设，形成了制度反腐的有效路径。2003年颁布的《中国共产党党内监督条例（试行）》被认为是制度反腐的开端。

制度反腐模式为什么会被如此青睐？为什么具有稳定性、长期性的特点？源于制度反腐模式自身的特点。一是制度反腐模式具有法律的硬性、刚性特征，是不能随意被意志所改变的刚性。二是制度反腐模式具有良好预防和惩戒效应，可以对领导干部的权力和权威进行有效规约，有效提升政府公信力。但制度反腐还要强化基础性法律制度的立法工作，规范法律制度的程序与实施，有效落实法律制度的执行。习近平总书记指出：“制度问题更带有根本性、全局性、稳定性、长期性。关键是要健全权力运行制约和监督体系，让人民监督权力，让权力在阳光下运行，把权力关进制度的笼子里。要更加科学有效地防治腐败，全面推进惩治和预防腐败体系建设，提高反腐败法律制度执行力，让法律制度刚性运行。要加强对典型案例的剖析，深化腐败问题多发领域和环节的改革，最大限度减少体制缺陷和制度漏洞，通过深化改革不断铲除腐败现象滋生蔓延的土壤。"① 党的十八大以来，我国高度重视反腐倡廉体制机制的构建，反腐败制度的顶层设计越来越合理、规范，制度反腐的程度、强度和力度也越来越大。十八届四中全会通过的《中共中央关于全面推进依法治国若干重大问题的决定》中明确指出要加快推进反腐败的国家立法工作，完善惩治和预防腐败的体制机制和相关法律制度，完善监督体制，加强对权力的监督和制约。

总之，反腐倡廉工作不是一场运动，也不是一场风，不是敲锣打鼓、隔靴搔痒就能完成的，而是一项重大的、关系党和国家生死存亡的系统工程。运用法律制度反腐需要有决心、有恒心，持之以恒、常抓不懈。正像习近平总书记所讲："党风廉政建设和反腐败斗争是一项长期的、复杂的、艰巨的任务。反腐倡廉必须常抓不懈，拒腐防变必须警钟长鸣，关键就在'常'、'长'二字，一个是要经常抓，一个是要长期抓。我们要坚定决心，有腐必反、有贪必肃不断铲除腐败现象滋生蔓延的土壤，以实际成效取信于民。"② 要把反腐败的法律制度建设落实到国家治理框架内，置于"建设中国特色社会主义法治体系"的总目标下一体推进，将党纪与国法相协调，完善我国廉政制度的顶层设计，真正让领导干部不想腐败、不能腐败、不敢腐败。

6.2.3 当前我国金融廉政制度的顶层设计与实践效果

金融是现代经济发展不可或缺的重要领域，是现代经济的核心，是整个国民经济的血脉。应该说，金融系统是否稳定对经济社会健康发展至关重要。因此，金融领域的反腐倡廉工作是党和国家党风廉政建设的重要内容。十八大以来，党和国家高度重视金融系统反腐败工作，对金融系统的反腐倡廉工作坚持常抓不懈、持之以恒，查处了金融系统多个腐败案件。据统计，2019年，我国查处金融系统违纪违法案件 6900 余件。在 2020 年的十九届中央纪委四次会议上，习近平总书记特别强调要"要坚决查处各种风险背后的腐败问题，深化金融领域反腐败工作，加大国有企业反腐力度，加强国家资源、国有资产管理，查处地方债务风险中隐藏的腐败问题"③。结合金融系统的特

---

① 习近平. 习近平谈治国理政（第 1 卷）[M]. 北京：外文出版社，2014：391 - 392.
② 习近平. 习近平谈治国理政（第 1 卷）[M]. 北京：外文出版社，2014：386.
③ 习近平. 习近平谈治国理政（第 3 卷）[M]. 北京：外文出版社，2020：548.

殊性以及金融反腐败工作的专业性，当前开展金融系统反腐败工作必须从古今中外的历史中汲取智慧，从党和国家反腐倡廉建设历程中汲取经验。“党的十八大以来，我们党把制度建设摆到更加突出的位置，强调‘全面建成小康社会，必须以更大的政治勇气和智慧，不失时机深化重要领域改革，坚决破除一切妨碍科学发展的思想观念和体制机制弊端，构建系统完备、科学规范、运行有效的制度体系，使各方面制度更加成熟更加定型’。”① 因此，金融系统的反腐倡廉工作也要从制度建设与创新的角度来开展，标本兼治，惩防并举，将金融系统的反腐败制度建设纳入中国特色社会主义制度建设的总框架内一体推进，不断强化金融系统反腐倡廉制度的顶层设计与规划，进而将制度优势转化为治理效能，推进金融系统反腐败工作取得实效。

6.2.3.1 金融系统腐败案件的特点

一般意义上的腐败是指公职人员对公共权力滥用，甚至公权私用，造成对法律权威的践踏，对经济社会，乃至政治基础产生威胁的现象。一般腐败案例的突出表现为职权滥用、权钱交易、徇私枉法、贪污腐败等等，也就是说，腐败往往会与金钱、货币有关联，大多腐败官员都是“拜倒在金钱的石榴裙下”的，而金融是货币资金的融通，金融行业是距离货币、金钱最近的行业。根据国际货币基金组织定义，金融腐败就是金融行业的人员利用经营金融业的权力如资金配置权进行谋取私利或小集体（小团体）利益的违法犯罪行为。金融系统的腐败问题除了具有一般意义上的腐败特征之外，又显现出了自身的特点。

第一，金融机构及其从业人员的专业化水平较高，腐败手段隐蔽，技术含量高，涉案金额巨大。金融系统腐败主体往往是高学历、高智商人群，善于钻法律空子，作案手段带有很强的专业性，并且大多都是金融系统的“能人”。如中国邮政储蓄银行原行长陶礼明，业内人士堪称其为“能人”，从邮储系统体制改革后，几年期间将一家新成立的银行迅速发展为资产规模前十的银行。2012 年陶礼明因涉嫌经济问题被查，通过超发国债谋取私利，2000 年到 2004 年，陶礼明与他人同伙，累计超发国债 4.2 亿多元，其中 3.436 亿

---

① 习近平．习近平谈治国理政（第 3 卷）［M］．北京：外文出版社，2020：110.

元被私人牟利。这一腐败问题之所以在 2012 年才被发现，其原因在于陶礼明等人的作案手段极为专业、隐蔽。此外，陶礼明等金融系统高管人员拥有支配资金配发的巨大权力，能够决定巨大资金的流向，寻租空间巨大。金融系统中的“能人腐败”问题，引发了我们对金融系统制度反腐的关注。

第二，“抱团腐败”严重，权钱交易深度勾连。“抱团腐败”是金融领域腐败的一个新的特点，从近年来的金融系统的腐败案件来分析，大多都是多人联合作案，往往是金融系统内部高管勾结下属运用专业手段进行腐败，个人腐败逐渐向内外牵连复合型腐败转变。除了上面谈到的陶礼明伙同其下属合伙通过超发国债谋取私利的腐败问题外，中国华融资产管理股份有限公司原党委书记、原董事长赖小民，也是利用职务便利，伙同他人非法占有公共资金有 2000 多万余元。此外，赖小民还依靠自身的权力在华融集团安插亲信人员，编织利益“关系网”，为个人牟利打基础，华融也由此被戏称为“36 司”。金融系统的腐败案件，大多发生在新兴的金融业务上，如金融信贷、证券买卖等领域。这些腐败案件大多存在着权和钱的深度勾连。腐败主体运用手中掌控的调配资金流向的权力，公权私用，“靠金融吃金融”，为他人解决资金问题，自己谋取不正当利益，一般来讲，涉案金额巨大，往往会对国家财产造成严重流失。

第三，金融系统监管不到位，存在制度短板。金融系统的腐败问题涉及方方面面，既有腐败主体的主观因素，也存在金融系统监管的问题。从监管的角度来讲，金融系统内部的监察监督体系缺乏独立性，监管容易流于形式。近年来金融系统监管部门落马高管的级别和数量也说明了金融系统监管的漏洞与腐败问题。党的十八大以来，中国保监会原主席项俊波、中国银监会原主席助理杨家才、中国证监会原副主席姚刚、原主席助理张育军等金融领域监管高管相继落马，监管失守，监管随意“放水”问题严重，暴露出监管主体与金融系统、企业之间“见不得光”的内部交易，折射出金融系统内部诸多深层次问题。2018 年，中央办公厅印发《关于深化中央纪委国家监委派驻机构改革的意见》，要加强中央纪委国家监委派驻机构改革，并且要完善派驻监督体制机制，其中，金融系统内部的监管力度与监管制度的加强与完善是重中之重。

6.2.3.2 金融系统制度反腐的重要性与必要性

金融系统反腐败工作是党风廉政建设的重要组成部分。党的十八大以来，我国金融系统的反腐倡廉工作取得了巨大成就，查处一些金融系统内部的腐败蛀虫，金融系统反腐倡廉体制机制建设明显加强，为促进金融机构健康发展，经济社会稳定发展奠定了基础。但不可否认的是金融系统的腐败问题仍然存在，惩治和预防金融系统腐败的体制机制还需加强。习近平总书记指出："要继续全面加强惩治和预防腐败体系建设，加强反腐倡廉教育和廉政文化建设，健全权力运行制约和监督体系，加强反腐败国家立法，加强反腐败党内法规制度建设，深化腐败问题多发领域和环节的改革，确保国家机关按照法定权限和程序行使权力。要加强对权力运行的制约和监督，把权力关进制度的笼子里，形成不敢腐的惩戒机制、不能腐的防范机制、不易腐的保障机制。"① 因此，把制度反腐作为构建金融系统惩治和预防腐败体系的核心和基础，是金融系统党风廉政建设和反腐败工作的战略性选择。

制度的特质和优势是金融系统制度反腐的基础。制度是一定历史条件下形成的调整人们行为的规范体系或运作模式。制度具有极强的规约性，它明确了行为主体应该做什么，不应该做什么。正像美国学者约翰·罗尔斯所讲："制度理解为一种公开的规范体系，这一体系确定职务和地位及它们的权利、义务、权力、豁免等等。这些规范指定某些行为类型是可允许的，另一些则为被禁止的，并在违反出现时，给出某些惩罚和保护措施。"② 从反腐败的角度来讲，通过制度构建可以明确哪些是腐败行为，哪些是违法违规的，警示和约束人们不要去做，不要去碰。一些腐败问题的产生从根本上讲是由于相关制度的缺失或制度执行力不够。管住权力、抑制腐败不能靠说教，也不能完全依赖道德，必须要依靠制度的规约性、稳定性以及制度的激励功能和惩戒功能来把"权力关进制度的笼子里"，让腐败行为无地自容。"权力是一把双刃剑，在法制轨道上行使可以造福人民，在法律之外行使则必然祸害国家和人民。把权力关进制度的笼子里，就是要依法设定权力、规范权力、制约

---

① 习近平．习近平谈治国理政（第1卷）［M］．北京：外文出版社，2014：388.

② 约翰·罗尔斯．正义论［M］．何怀宏，等译．北京：中国社会科学出版社，1988：50－51.

权力、监督权力。"① 因此，反腐败的制度笼子越是扎的坚固，抑制腐败问题越有成效。对于金融系统的党风廉政建设和反腐败工作也必须依靠制度反腐，制度本身的特性和独特优势决定了金融系统制度反腐的有效性。

制度反腐是推进我国金融系统由"人治反腐"转向"法治反腐"的必由之路。腐败是人类社会的顽疾。反腐败斗争是任何时代都十分重视的课题。纵观古今中外，任何一个朝代或国家的反腐败模式都不是任意选择和"拍脑袋"拍出来的，而是和一个时代、一个国家的治理模式息息相关的。过往的时代，很多的国家都建构了适合于自身发展的反腐败制度，但受限于社会历史发展的进程，及不同国家和朝代的文化背景，反腐败斗争"人治"的因素占据一定比重。比如，我们在上几节所谈到的"运动反腐"、"权力反腐"等，这些反腐败模式虽能在一定时期压制腐败行为，但无法治标治本，甚至有可能会引起新的权力争斗，破坏社会稳定和国家长治久安，不具稳定性、长期性和根本性。依靠制度构建我国反腐败长效机制，既是践行全面依法治国的有效举措，又是推进"人治反腐"转向"法治反腐"的必由之路。对于金融系统的反腐败工作更是如此。从查处的金融系统腐败案件来分析，"人治"反腐的不稳定性，相关制度（包括监管制度）的缺失是一项重要因素。当前，我国正在加大力度推进国家治理能力和治理体系现代化，金融系统反腐也必须走向法治化道路，遵循中国特色社会主义和国家治理体系的历史逻辑、理论逻辑和实践逻辑，通过制度构建推进我国金融系统由"人治反腐"转向"法治反腐"。

制度反腐是构建金融系统资本与权力运作内控机制的有效举措。市场经济背景下，货币、资本逻辑所产生的经济效应对人们的心理和行为都产生了深远影响，特别是对掌握公共权力的领导干部，在理想信念不坚定、自身私欲膨胀、金钱与资本诱惑的情况下，容易产生权力与资本的不正当交易，权力寻租等异化问题，也即腐败的产生。美国学者亨廷顿分析了金钱对人们心理及欲望满足的影响，"在社会金钱竞争中，濒临失败、垮台的人，最初还只是扫兴（欲望得不到满足），继而是忧郁，最后干脆变得麻木不仁了。人们很

① 习近平. 领导干部要做遵法学法守法用法的模范带动全党全国共同推进依法治国［J］. 人民监察，2015（4）：1.

清楚，一旦没有钱，便削弱了奋斗的基础，这种心理上的影响会降低自我价值感”①。市场经济充斥着资本驱动的内在逻辑，诱发公权者利用手中掌控的公共权力来谋取经济利益，从而促使社会法治与公正的效率大大降低。对金融系统而言更是如此，金融是现代经济的血脉，是经济行为交往的枢纽，金融系统的掌权者控制着大量资本资源及资金的流向与配置。因此，金融系统的权力与资本极易产生权力与资本的勾结，产生金融系统内部的腐败问题。建立健全金融系统权力内控机制，有效约束金融系统掌权者的权力运用是割断权力与资本不正当“交易”重要举措。不断完善金融系统反腐败制度建设，构建金融系统资本与权力运作内控机制，用制度规约掌权者的权力，用制度明确掌权者的权力运用，将权力运行纳入制度化轨道，才能持续深入推进金融领域反腐败工作，营造金融领域良好政治生态。

6.2.3.3 当前我国金融系统制度反腐的顶层设计

党的十八大以来，以习近平同志为核心的党中央坚持把党风廉政建设和反腐败工作作为一项重大政治任务常抓不懈，以零容忍的态度坚决查处一切腐败案件，取得了明显成效。“坚决反对腐败，防止党在长期执政条件下腐化变质，是我们必须抓好的重大政治任务。反腐败高压态势必须继续保持，坚持以零容忍态度惩治腐败。”② 追根溯源，反腐败成绩的取得既得益于党中央反腐败的坚定决心和零容忍的态度，也得益于我国反腐败体制机制的顶层设计。正像习近平总书记所讲：“建立健全惩治和预防腐败体系是国家战略和顶层设计。”③ 金融系统反腐败体制机制的构建也是其取得成效的根本所在。面对未来发展，金融系统反腐败形势依然严峻复杂，反腐败斗争也将长期存在。2021 年 1 月召开的中国共产党第十九届中央纪律检查委员会第五次全体会议也指出，要深化金融、国企、政法等领域反腐败工作，着力整治群众身边腐败和作风问题。因此，金融系统在未来反腐败斗争的路途上必须强化制度反腐的顶层设计，一体推进不敢腐、不能腐、不想腐。

---

① 塞缪尔 · P. 亨廷顿 . 变化社会中的政治秩序［M］. 王冠华，等译 . 上海：上海人民出版社，2008：96.

② 习近平 . 习近平谈治国理政（第 1 卷）［M］. 北京：外文出版社，2014：394.

③ 习近平 . 习近平谈治国理政（第 1 卷）［M］. 北京：外文出版社，2014：394.

中国共产党领导这一中国特色社会主义制度的最大优势是首要原则。中国共产党在一百年筚路蓝缕、波澜壮阔的发展历程中，带领全国各族人民跨过一道道坎、迈过一座座山，无数实践证明中国共产党的领导是我们做好一切工作的坚强靠山，中国共产党的领导是中国特色社会主义制度的最大优势。党的十八届四中全会审议通过的《中共中央关于全面推进依法治国若干重大问题的决定》中明确指出，建设中国特色社会主义法治体系的首要原则就是坚持中国共产党的领导。习近平总书记也指出："党的领导是社会主义法治最根本的保证。全面依法治国绝不是要削弱党的领导，而是要加强和改善党的领导，不断提高党领导依法治国的能力和水平，巩固党的执政地位。必须坚持实现党领导立法、保证执法、支持司法、带头守法，健全党领导全面依法治国的制度和工作机制，通过法定程序使党的主张成为国家意志、形成法律，通过法律保障党的政策有效实施，确保全面依法治国正确方向。"① 当前我国金融系统反腐败制度的构建也是在全面加强和改善党的领导的前提下来开展的。从查处的金融系统腐败案件来看，很多腐败问题的产生都是由于金融系统党的领导弱化、党建缺失、从严治党不力造成的。一个系统如果没有坚强的领导核心，那便是一盘散沙，无法形成凝聚力和向心力。金融系统反腐败制度的顶层设计必须要发挥中国共产党的领导这一中国特色社会主义制度的最大优势，充分运用党的坚强领导，运用党总揽全局、协调各方的能力全面推进金融系统党风廉政建设和反腐败工作，让党旗高高飘扬在金融系统反腐败斗争的第一线。

"把权力关进制度的笼子里"，加强权力运行的制约和监督是核心理念。"把权力关进制度的笼子里"是习近平总书记为强化党风廉政建设和反腐败工作而提出的新理念，是对制度规约与权力运行之间关系的深刻阐释。"笼子"是存放物品或动物的容器或物件，"笼子"的牢靠与否直接决定了所存放物品或动物是否安全。习近平总书记把制度比喻为"笼子"，意喻运用制度来"存放"权力，不能让权力的行使超出制度的范畴，任何权力的行使都不是无约束的。无约束的权力行使是权力的滥用，必然会造成腐败问题。制度具有极强的规约性、激励性和奖惩性，"把权力关进制度的笼子里"可以对金融系统的权力运行形成有效制约与引导，要把反腐败的法律法规落实到金融系统的

① 习近平．习近平谈治国理政（第3卷）［M］．北京：外文出版社，2020：284.

各领域、各层面，充分发挥制度的执行力，加强对反腐败制度执行情况和效果的监督。正像习近平总书记所指出的："制度的生命力在于执行。有的人对制度缺乏敬畏，根本不按照制度行事，甚至随意更改制度；有的人千方百计钻制度空子、打擦边球；有的人不敢也不愿遵守制度，甚至极力逃避制度的监管，等等。因此，必须强化制度执行力，加强对制度执行的监督。"① 当然，制度的构建也不是一蹴而就的，而是一个动态的趋于成熟的过程。在未来金融系统反腐败征程中，要充分发挥好中国特色社会主义制度的优越性，完善党内各项反腐败法律法规，加强党内反腐败法律法规制度与国家法律之间的衔接和配合，使制度在金融系统党风廉政建设和反腐败工作中发挥重要作用。

构建一体推进不敢腐、不能腐、不想腐的体制机制是战略目标。党和国家重视党风廉政建设和反腐败斗争的目的在于从根本上消除腐败，营造风清气正的政治生态，因此，有效的防范机制和实施策略至关重要。党的十八大以来，党中央不断深化反腐败体制机制改革，制定并实施了一系列重要法规制度，就是想通过制度管住领导干部的思想、管住领导干部的行为。习近平总书记在多个场合谈到的构建一体推进不敢腐、不能腐、不想腐的体制机制是新时代深入推进党风廉政建设和反腐败斗争的战略目标。在中共十九届中央纪委四次全会上，习近平总书记指出："要深刻把握党风廉政建设规律，一体推进不敢腐、不能腐、不想腐。一体推进不敢腐、不能腐、不想腐，不仅是反腐败斗争的基本方针，也是新时代全面从严治党的重要方略。不敢腐、不能腐、不想腐是相互依存、相互促进的有机整体，必须统筹联动，增强总体效果。要以严格的执纪执法增强制度刚性，推动形成不断完备的制度体系、严格有效的监督体系。"② 在2021年1月召开的中共十九届中央纪委五次全会上，习近平总书记又是多次重申要坚持一体推进不敢腐、不能腐、不想腐战略目标。正像习近平总书记所讲，不敢腐、不能腐、不想腐的"三不"策略不是相关孤立、彼此分割的，而是相互依存、相互促进的。"不敢腐"是要在法律法规上形成威慑和震撼；"不能腐"是要扎紧制度的笼子，不能给腐败分子留下制度漏洞和可乘之机；"不想腐"是要净化领导干部的思想观念，从思

① 习近平．习近平谈治国理政（第3卷）[M]．北京：外文出版社，2020：128.
② 习近平．习近平谈治国理政（第3卷）[M]．北京：外文出版社，2020：549.

想源头上扼杀腐败苗头。金融系统的党风廉政建设和反腐败都要深化一体推进不敢腐、不能腐、不想腐的战略目标，通过建章立制、净化思想、深化体制机制改革、完善监管制度，不断改善金融系统政治生态，提升反腐败成效。

6.2.3.4 当前我国金融系统制度反腐的成效

党的十八大以来，在以习近平同志为核心的党中央的坚强领导下，我国金融系统全面推进金融系统党风廉政建设和反腐败工作，强化反腐败体制机制构建，落实“把权力关进制度的笼子里”的反腐败理念，加强权力运行的制约和监督，一体推进不敢腐、不能腐、不想腐的体制机制，在制度反腐层面取得了积极成效，为我国金融事业高质量发展提供了强劲动力。

第一，已经形成适合国情并卓有成效的系统性制度反腐体系。俗语讲的好，“鞋子合不合脚，只有自己知道。”在中国共产党的领导下，我们根据不同时期国家发展的实际，制定出不同的反腐败制度与政策。新时代，我们充分发挥中国特色社会主义制度的优势，不断推进中国特色社会主义法治体系建设，逐渐形成了适合国情并卓有成效的系统性制度反腐体系。正像习近平总书记所讲：“中国特色社会主义制度和国家治理体系具有丰富的实践成果。‘听言不如观事，观事不如观行。’我国国家制度和国家治理体系管不管用、有没有效，实践是最好的试金石。”① 在金融系统反腐败斗争实践中，我们从顶层设计上强化理念与制度建设，坚决落实“把权力关进制度的笼子里”，形成一体推进不敢腐、不能腐、不想腐的系统性反腐败体系，有效遏制了腐败问题的产生，获得了国际社会的赞誉与认可，也为今后党风廉政建设和反腐败工作的深入开展提供了体系保障。

第二，金融系统反腐败制度扎的更紧、更实。反腐败斗争取得实效，制度是保障。在一体推进不敢腐、不能腐、不想腐的系统性反腐败体系的前提下，党和国家依靠制度进行党风廉政建设和反腐败斗争的思路越来越明确和清晰，金融系统的反腐败制度建设不断向纵深发展，反腐败制度的“笼子”扎的更紧、更实了。党的十八大以来，党中央不断强化党内法规制度建设，如“八项规定”、《中国共产党巡视工作条例》、《中国共产党廉洁自律准则》、《中国共产党纪律处分条例》、《中国共产党问责条例》、《中国共产党纪律检

① 习近平．习近平谈治国理政（第3卷）[M]．北京：外文出版社，2020：124.

查机关监督执纪工作规则（试行）》的出台与修订等等。2018 年全年共印发中央党内法规 74 部，进一步捋顺了各项法规制度之间的协调性和衔接性，基本形成了以《党章》为核心，若干党内法规和制度并存的法规制度体系，彰显了党中央依靠制度进行从严治党的决心。与此同时，不断加强金融系统监管制度的构建，设立专门派驻纪检监察机构，建立和完善金融系统监督监察制度，强化金融系统巡视巡察工作，为党风廉政建设和反腐败工作的深入开展提供了制度保障。因此，制度反腐是金融系统进行党风廉政建设和反腐败工作的根本之策，推进金融系统制度反腐“要完善党和国家监督体系，统筹推进纪检监察体制改革。要继续健全制度、完善体制，使监督体系契合党的领导体制，融入国家治理体系，推动制度优势更好地转化为治理效能”①。

第三，金融系统多名“老虎”“苍蝇”密集落马彰显反腐败成效。金融是现代经济的血脉，金融的安全稳定直接影响着现代经济的健康发展。党的十八大以来，党中央对金融腐败问题高度重视，不仅在顶层设计上制定出台了一系列反腐败规章制度，而且在反腐行动上也发起了一场反腐“飓风”，一批“老虎”“苍蝇”密集落马，金融系统反腐败斗争取得了压倒性态势。其中，2019 年，全国纪检监察机关共立案审查调查金融系统违纪违法案件 6900 余件。2020 年金融领域共有 80 余人被查处，其中有至少 17 名中管金融企业党员干部被查。2021 年的十九届中央纪委五次全会又强调，要做好金融反腐和处置金融风险统筹衔接，强化金融领域监管和内部治理。

近年来部分金融领域干部腐败查处情况一览表（截至 2021 年 1 月）

序号	姓名	职务	通报时间
1	项俊波	中国保险监督管理委员会原党委书记、主席	2017 年 4 月 9 日
2	杨家才	中国银行业监督管理委员会原党委委员、主席助理	2017 年 5 月 23 日
3	赖小民	中国华融资产管理股份有限公司原党委书记、董事长	2018 年 4 月 17 日
4	赵景文	中国中信集团有限公司原党委委员、执行董事	2019 年 2 月 20 日
5	刘士余	中国证券监督管理委员会原主席、党委书记	2019 年 5 月 19 日

① 习近平．习近平谈治国理政（第 3 卷）［M］．北京：外文出版社，2020：549.

续表

序号	姓名	职务	通报时间
6	赵汝林	中国银行保险监督管理委员会广西监管局原党委副书记	2019 年 5 月 27 日
7	顾国明	中国工商银行上海分行原党委书记、行长	2019 年 6 月 6 日
8	胡怀邦	国家开发银行原党委书记、董事长	2020 年 1 月 11 日
9	亓新政	福建银保监局原党委书记、局长	2020 年 1 月 16 日
10	徐卫东	中国工商银行私人银行部原党委委员、副总经理	2020 年 1 月 16 日
11	刘富国	中国银行宁夏分行原总审计师	2020 年 1 月 19 日
12	王丽	青海省地方金融监督管理局原党组成员、巡视员、副局长	2020 年 2 月 21 日
13	孙德顺	中信银行股份有限公司原党委副书记、行长	2020 年 3 月 20 日
14	刘金明	内蒙古银保监局原党委委员	2020 年 4 月 29 日
15	张翔	中国光大银行呼和浩特分行原党委书记、局长	2020 年 6 月 3 日
16	薛纪宁	原中国银监会内蒙古监管局党委书记、局长	2002 年 6 月 4 日
17	冯增兵	中国进出口银行业务条线风险巡回工作组组长	2021 年 1 月 13 日
18	宋建基	原内蒙古银监局副局长	2021 年 1 月 25 日
19	陈志涛	原内蒙古银监局副局长	2021 年 1 月 25 日
20	王雪峰	国家开发银行山西省分行原行长	2021 年 1 月 27 日

金融系统反腐败工作成效的取得，得益于党中央的坚强领导，也得益于我们党从严治党、惩治腐败的坚定决心。正如习近平总书记所讲："坚定不移惩治腐败，是我们党有力量的表现，也是全党同志和广大群众的共同愿望。我们党严肃查处一些党员干部包括高级干部严重违纪问题的坚强决心和鲜明态度，向全党全社会表明，我们所说的不论什么人，不论其职务多高，只要触犯了党纪国法，都要受到严肃追究和严厉惩处，绝不是一句空话。从严治党，惩治这一手决不能放松。"① 金融系统涉腐领导干部纷纷落马，充分展现了金融反腐领域的制度改革取得实效，从严治党、反腐倡廉永远在路上。

① 习近平．习近平谈治国理政（第 1 卷）［M］．北京：外文出版社，2014：387－388．

第7章　习近平新时代金融廉政重要论述

崇廉尚洁是中华民族的传统美德，廉政文化是中华文化的重要组成部分。廉政文化以崇尚廉洁、鄙弃贪腐为价值取向，融价值理念、行为规范和社会风尚为一体，反映了人们对廉洁政治和廉洁社会的总体认识、基本理念和精神追求。持续不断地进行廉政文化建设，就会形成廉洁的公职人员、廉洁的政府、清明的政治、尚廉的社会。

党的十八大以来，以习近平同志为核心的党中央在推进党的建设伟大工程中将全面从严治党纳入战略布局，把加强廉政文化建设摆上重要位置，提出了一系列具有鲜明时代特点的反腐倡廉建设新思想、新观点、新论断、新要求，不仅丰富和发展了新时代廉政文化的理论与实践，推动党风廉政建设和反腐败工作不断向纵深方向发展，也为新时代金融廉政文化建设提供了基本遵循，指明了前进方向。

7.1　新时代廉政文化建设的理论创新

新时代廉政文化建设作为反腐倡廉和党风廉政建设的重要思想武器，是对马克思主义廉洁思想的继承和发扬，是以习近平同志为核心的党中央在总结党风廉政建设和反腐败斗争实践经验上，提出的具有鲜明时代特征的反腐倡廉建设新思想，标志着中国特色反腐倡廉道路进入了全面开拓和深化的新时期。

7.1.1 充分认识加强新时代廉政文化建设的作用和意义

党要管党，从严治党。十八大以后，全面从严治党上升为国家战略。廉政文化建设作为全面从严治党的重中之重，作用和地位也日益凸显。

(1) 新时代加强廉政文化建设是加强党的建设、推进全面从严治党的现实需要

十九大报告中，习近平总书记强调："一个政党，一个政权，其前途命运取决于人心向背。人民群众反对什么、痛恨什么，我们就要坚决防范和纠正什么。全党要清醒认识到，我们党面临的执政环境是复杂的，影响党的先进性、弱化党的纯洁性的因素也是复杂的，党内存在的思想不纯、组织不纯、作风不纯等突出问题尚未得到根本解决。要深刻认识党面临的执政考验、改革开放考验、市场经济考验、外部环境考验的长期性和复杂性，深刻认识党面临的精神懈怠危险、能力不足危险、脱离群众危险、消极腐败危险的尖锐性和严峻性，坚持问题导向，保持战略定力，推动全面从严治党向纵深发展。"①

而要实现全面从严治党，就不能忽视廉政文化建设这一问题，加强党内廉政文化建设可以为全面从严治党提供思想保证，从根本上减少"四风"问题，从而维护风清气正的政治生态。

(2) 新时代加强廉政文化建设是保持党的先进性和纯洁性、增强党的创造力凝聚力战斗力的现实需要

2017 年 10 月 25 日在党的十九届一中全会上，习近平总书记强调："坚持党的领导，坚持党要管党、全面从严治党，是进行具有许多新的历史特点的伟大斗争、推进中国特色社会主义伟大事业、实现民族复兴伟大梦想的根本保证，也是我们党紧跟时代前进步伐、始终保持先进性和纯洁性的必然要求。"②

党的十八大之后查处的领导干部，很多在享乐主义和奢靡之风上没有收

---

① 习近平．习近平谈治国理政（第 3 卷）[M]．北京：外文出版社，2020：48.
② 习近平．习近平在党的十九届一中全会上的讲话 [J]．求是，2018：1.

手，贪图享乐，大吃大喝，花天酒地，骄奢淫逸，依然我行我素。有的“四风”问题改头换面、花样翻新，出现了各种变异。种种现实表明，全面从严治党任务依然艰巨，必须持续保持高压态势，加强党风廉政建设，保持党的先进性和纯洁性，提高党抵御各种风险挑战的能力。正如2020年9月3日习近平总书记在纪念中国人民抗日战争暨世界反法西斯战争胜利75周年座谈会上的讲话中强调：“我们要聚精会神抓好党的建设，使我们党越来越成熟、越来越纯洁、越来越强大、越来越有战斗力。”①

(3) 新时代加强廉政文化建设是永葆党的性质和宗旨、保持党同人民群众的血肉联系的现实需要

“一切为民者，则民向往之”，人民是我们党执政的最大底气，是我们共和国的坚实根基，也是我们强党兴国的根本所在。纵观中国共产党百年的发展历程，党的作风建设一直受到高度重视，并随着革命胜利和社会主义建设实践的深入而日显重要。全心全意为人民服务，始终加强保持着同人民群众的血肉联系，是我们党区别于其他政党的显著标志和最大政治优势。

腐败同马克思主义政党的性质格格不入，同人民群众的利益背道而驰，是消磨党的意志、瓦解党的队伍、削弱党的战斗力、破坏党同人民群众血肉联系的腐蚀剂。腐败直接损害了人民群众的利益，从根本上动摇着党的群众基础。每一起腐败事件、每一个腐败分子都如同强烈的辐射源，直接作用于它所能辐射到的地方和群众，严重败坏了党的形象。人民群众认识一个政党，最直接、最简便的途径就是看它的作风与形象如何，从其行动中得出对它的感性认识，从而作出它是否代表自己利益的判断，作出拥护与否的选择。

党的十八大以来，以习近平同志为核心的党中央始终从人民的根本利益出发，高度重视反腐倡廉工作。2015年1月13日，在十八届中央纪委五次全会上，习近平总书记强调：“人民把权力交给我们，我们就必须以身许党许国、报党报国，该做的事就要做，该得罪的人就得得罪。不得罪腐败分子，就必然会辜负党、得罪人民。是怕得罪成百上千的腐败分子，还是怕得罪十三亿人民？不得罪成百上千的腐败分子，就要得罪十三亿人民。这是一笔再

① 习近平．习近平在纪念中国人民抗日战争暨世界反法西斯战争胜利75周年座谈会上的讲话［N］．人民日报，2020-09-04.

明白不过的政治账、人心向背的账!"① 2016 年 12 月 26 日至 27 日召开的中共中央政治局民主生活会上，习近平总书记再次强调："党要赢得民心，党中央要有权威，必须廉洁。"②

(4) 新时代加强廉政文化建设是坚持党的执政地位、提高党的执政能力、扩大党的执政基础的现实需要

党的十九大报告中，习近平总书记强调"一个政党，一个政权，其前途命运取决于人心向背。人民群众反对什么、痛恨什么，我们就要坚决防范和纠正什么。"③ 自十八大以来，我们初步构建起"不敢腐、不能腐、不想腐"的体制机制，反腐败斗争压倒性态势逐渐形成。

但是据透明国际公布的 2017 年度腐败印象指数统计数据，中国在 180 个国家和地区中排名第 77 位，得分 41 分，较之 2012 年提高了 3 分，但仍低于全球平均得分的 43 分。④ 透明国际的腐败印象指数以各国投资者和对外贸易决策者的观感为分析基础，其统计数据不可避免地具有一定主观性和局限性，但可以部分反映出我国反腐败形势依然严峻的问题。

所谓得民心者得天下，腐败问题是党风廉政建设中的拦路虎和绊脚石，如果对腐败问题置若罔闻，任其发展下去，必定会被人民所唾弃，且会动摇党的执政基础，甚至有可能会亡党亡国。因此，要从源头上根治腐败问题，推进党风廉政建设，给广大老百姓树立一个良好的形象，从而稳固党的执政根基。

7.1.2 以习近平同志为核心的党中央关于廉政文化建设的理论创新

党的十八大以来，以习近平同志为核心的党中央着眼于时代变化，把全面从严治党纳入"四个全面"战略布局，把党风廉政建设和反腐败斗争作为

---

① 习近平．习近平在十八届中央纪委五次全会上发表重要讲话［N］．人民日报，2015－01－04.

② 习近平．中共中央政治局召开民主生活会　中共中央总书记习近平主持会议并发表重要讲话［N］．人民日报，2016－12－28.

③ 习近平．习近平谈治国理政（第 3 卷）［M］．北京：外文出版社，2020：48.

④ 环球时报．2017"全球清廉指数"中国排名上升索马里最腐败新西兰最清廉［EB/OL］.（2018－02－23）［2021－04－15］．https：//world. huanqiu. com/article/9CaKrnK6JGg.

全面从严治党的重要抓手，在反腐倡廉的思想道德防线、监督、制度和体制机制等方面提出了一系列富有创造性的新思想新观点新论断，深刻回答了新时期党风廉政建设和反腐败斗争抓什么、怎么抓等关键问题，创新发展了党的反腐倡廉建设理论，为新时期完善惩治和预防腐败体系提供了强大思想武器和行动指南。

7.1.2.1 “补钙论”

筑牢拒腐防变的思想道德防线，以习近平同志为核心的党中央提出要补足共产党人精神上的“钙”，练就“金刚不坏之身”。针对在改革开放和发展社会主义市场经济新的历史条件下，一些共产党人出现信仰缺失的现实危险，习近平总书记强调：“理想信念坚定，骨头就硬，没有理想信念，或理想信念不坚定，精神上就会‘缺钙’，就会得‘软骨病’。”① 他提出，“从思想道德抓起具有基础性作用”，要“抓好思想理论建设、抓好党性教育和党性修养、抓好道德建设”。② 只有理想信念坚定，用坚定理想信念练就了‘金刚不坏之身’，干部才能在大是大非面前旗帜鲜明，在风浪考验面前无所畏惧，在各种诱惑面前立场坚定，在关键时刻靠得住、信得过、能放心。习近平总书记关于理想信念教育的补“钙”论，形象生动，切中肯綮，抓住了筑牢拒腐防变思想道德防线的关键，体现了对铸魂育人规律的深刻把握，具有鲜明的针对性和创新性。

7.1.2.2 “长细常论”

作风建设是党的生命线，以改进作风为从严治党的突破口，体现了以习近平同志为核心的党中央的政治智慧。针对作风问题具有反复性和顽固性，不紧紧抓住，就会产生反弹的现象，习近平总书记提出作风建设要“做好抓常、抓细、抓长的文章”。他在参加河南兰考县委常委班子专题民主生活会时对此进行了深刻阐释：抓常，就是要经常抓、见常态。作风建设贵在常抓不懈，时刻摆上位置、有机融入日常工作，做到管事就管人，管人就管思想、

① 习近平．推进党的建设新的伟大工程要一以贯之［J］．求知，2019（11）：6.

② 习近平在中共中央政治局第五次集体学习时强调积极借鉴我国历史上优秀廉政文化不断提高拒腐防变和抵御风险能力［J］．党建，2013（05）：7.

管作风。抓细，就是要深入抓、见实招。作风建设重在抓细节，必须环环抓。抓长，就是要持久抓、见长效。作风问题必须抓长、长抓，扭住不放，持之以恒，久久为功。

7.1.2.3 “细胞论”

党员是基层组织中的一员，而基层组织又是党的组织的基础部分，党员犹如党组织的“细胞”，基层组织则如党组织的肌体，两者的健康与活力影响着党的生命与战斗力。习近平指出，“贯彻党要管党、从严治党的方针，必须做好抓基层打基础的工作”，把基层组织锻造为带领群众响应党的号召、落实党的各项任务的战斗堡垒；他还指出，“党员是党的肌体的细胞”,① 党的先进性和纯洁性特质要靠基层党员来体现，党的历史使命和执政意识也要靠基层党员来完成，从严管党治党，就要深入到基层党员队伍中落实。

7.1.2.4 “打铁论”

中国的问题，关键在党。治国必先治党，治党务必从严。习近平旗帜鲜明地向全党宣告，“打铁还需自身硬。”② 正确的政治路线要靠正确的组织路线来保证，干部则是其中的决定性因素。他强调，要把党建设成各项事业和全国人民的领导核心，打好这块“铁”，必先锻造拥有“自身硬”特质的好干部。

7.1.2.5 “零容忍论”

在惩治腐败上，提出“无禁区、全覆盖、零容忍”，坚持“老虎”“苍蝇”一起打，让腐败分子永无“避罪天堂”。反腐没有休止符。针对滋生腐败的土壤仍然存在，反腐败形势仍然严峻，习近平总书记在中共十八届四中全会第二次全体会议上提出，“惩治腐败这一手必须紧抓不放、利剑高悬”，要坚持“老虎”“苍蝇”一起打，“不定指标、上不封顶，凡腐必反，

---

① 习近平. 建设一支宏大高素质干部队伍，确保党始终成为坚强领导核心［N］. 人民日报，2013－6－30.

② 新华社. 习近平等十八届中共中央政治局常委同中外记者见面［EB/OL］.（2012－11－15）［2021－04－25］. http：//www.xinhuanet.com//18cpcnc/2012－11/15/c_ 113697411.html.

除恶务尽”①，坚决把党风廉政建设和反腐败斗争进行到底。尤其是针对一些腐败分子把外逃作为后路的侥幸心理，习近平总书记还提出，“要把追逃追赃工作纳入党风廉政建设和反腐败斗争总体部署”②，要切断腐败分子的后路，不能让国外成为一些腐败分子的“避罪天堂”，并对搭建追逃追赃国际合作平台提出明确要求。

7.1.2.6 “笼子论”

在推动反腐倡廉制度和体制机制建设上，提出“全方位扎紧制度笼子”，“把权力关进制度的笼子里”。制度问题更带有根本性、全局性、稳定性、长期性。在制度建设上，习近平总书记提出，要“构建以党章为根本、若干配套党内法规为支撑的党内法规制度体系”“不留‘暗门’、不开‘天窗’”，“全方位扎紧制度笼子，更多用制度治党、管权、治吏”．习近平总书记进一步强调，要狠抓制度执行，绝不能让制度形同虚设，成为“纸老虎”“稻草人”，要“让铁规发力、让禁令生威”。“要善于用法治思维和法治方式反对腐败，加强反腐败国家立法。”③

7.1.2.7 “生态论”

习近平指出，自然生态要山清水秀，政治生态也要山清水秀。要着力净化政治生态，营造廉洁从政良好环境。严惩腐败分子是保持政治生态山清水秀的必然要求。如何营造“山清水秀”的政治生态呢？习总书记开出了拔“烂树”、治“病树”、正“歪树”这三剂药方，从而让领导干部受到警醒、警示、警戒。这三条形象生动的比喻，为我们建设山清水秀的政治生态注入了新动力，为从严治党战略举措增添了新内涵。

---

① 中共中央文献研究室．习近平总书记重要讲话文章选编［M］．北京：中央文献出版社，党建读物出版社，2016：224.

② 中国共产党新闻网．习近平谈海外反腐：让腐败分子在海外永无“避罪天堂”［EB/OL］．（2015－10－10）［2021－04－26］．http：//cpc. people. com. cn/xuexi/n/2015/1010/c385474－27680631. html.

③ 中国纪检监察．用法治思维和法治方式巩固发展反腐败斗争压倒性胜利［EB/OL］．（2020－07－03）［2021－04－26］．http：//fanfu. people. com. cn/n1/2020/0703/c64371－31770164. html.

7.2 以习近平同志为核心的党中央关于廉政文化建设的实践探索

7.2.1 关于廉政文化建设的战略部署和制度安排

7.2.1.1 党要管党，全面从严治党的战略安排

十八大以来，以习近平同志为核心的党中央将全面从严治党上升为国家战略。全面从严治党的目标定位是锻造中国特色社会主义的坚强领导核心。全面从严治党的重点环节是严明党的纪律与严肃党内政治生活。从严治党的战术安排是以正风反腐为突破口、形成从严治党新常态。全面从严治党的根本举措是思想建党与制度治党刚柔并济、双轮驱动。

7.2.1.2 加强反腐败制度体系的法律法规建设

十八大以来反腐败制度体系顶层设计不断完善，以法治建设为保障推动反腐败斗争地深入开展。我们党从延安时期开始，为打击遏制贪污腐化现象，陆续制定了一系列法规条例，使反腐倡廉工作有章可循、有法可依。进入新时代，党中央注重党内廉政法规与国家廉政法律法规的相互衔接，以党章为依据先后制定并颁布了《中国共产党党内监督条例（试行）》《中国共产党纪律处分条例》等一系列关于党风廉政建设的党内法规。全国人大及其常委会通过制定和修订《中华人民共和国刑法》《中华人民共和国行政监察法》等国家廉政法律制度，推进反腐倡廉建设法律法规制度体系的形成。

7.2.2 关于廉政建设的主要任务和政策举措

7.2.2.1 规范和健全制度体系

党的十九大报告中明确提到，新时代党的建设要求为："坚持党要管党，全面从严治党，全面推进党的政治建设、思想建设、组织建设、作风建设、

纪律建设，把制度建设贯穿其中，深入推进反腐败斗争。”① 所以，新时代进行廉政建设，必须规范制度体系。

在建立健全制度体系时，要针对当前我国廉政建设过程中出现的制度性空白问题，制定全面性、综合性的廉政制度，将反腐倡廉纳入法制建设，推进反腐立法进程。要建立相关的腐败预防机制，如财产申报制度、政务信息公开制度等，提前预防，消灭腐败态势；除此之外，还要健全腐败惩治机制等。

7.2.2.2 推进作风转变

习近平总书记指出，由于党内形式主义、官僚主义、享乐主义和奢靡之风，违背了党的性质、宗旨和原则，且严重损害党群与干群工作，还衍生出其他不正当问题，所以“四风”成为当前群众最厌恶、反应最强烈的问题。因此，反“四风”成为当前廉政建设的着力点。

为推进作风转变，十八大以来，以中央八项规定作为党改进工作作风的切入点，从实际出发，抓重点、抓要害，解决党员或党员干部工作不实问题、解决对人民群众利益不维护不作为问题、解决党内出现的及时行乐不思进取的思想问题、解决党内出现的骄奢淫逸不良风气问题。同时，还加强作风建设的考评以及进行作风检查问责，奖惩结合，发挥警示作用，以此优化党内作风。另外，通过发挥领导干部的模范作用，一级带动一级，发挥示范效应，促进整体作风转变。

7.2.2.3 加强思想教育

加强党建的首要任务就是加强思想政治建设，其中关键是要教育管理好党员和干部，要用党章党规来规范党员和干部的言行，用党的创新理论来武装全党，引导全体党员做合格的党员，使得各位党员和党员领导干部能够树立正确的世界观、人生观、价值观，使所有党员及领导干部能够坚守自己的政治立场，增强全心全意为人民服务的宗旨和意识，能够经受起金钱、权力和美色的考验，彰显共产党人的人格魅力。十八大以来，为了教育和管理好广大党员和领导干部，从党的群众路线教育实践活动、“三严三实”专题教

---

① 新华社．习近平强调，坚定不移全面从严治党，不断提高党的执政能力和领导水平［EB/OL］．（2017－10－18）［2021－04－28］．http：//www.gov.cn/zhuanti/2017－10/18/content_ 5232669.html.

育、“两学一做”学习教育到“不忘初心、牢记使命”主题教育，在集中教育的洗礼下，党风政风为之一新，党心民心为之一振。

7.2.2.4 强化纪律执行

党要管党、从严治党，靠什么管，凭什么治？当然是靠严明的纪律。正如习近平总书记在十八届中央纪委六次全会上强调，“把纪律建设摆在更加突出位置，坚持纪严于法、纪在法前”。

党的十八大以来，在以习近平同志为核心的党中央坚强领导下坚持重遏制、强高压、长震慑，坚持受贿行贿一起查，提高治理腐败效能，构建一体推进不敢腐、不能腐、不想腐体制机制，反腐败斗争取得了压倒性胜利。仅2020年1至9月，全国纪检监察机关共立案44.3万件，处分39万人。其中，处分省部级干部18人，厅局级干部1989人，县处级干部1.4万人。①

7.2.2.5 开展法治反腐

良法是善治的前提。习近平在十八届中纪委第二次全会上提出：“要善于用法治思维和法治方式反对腐败，加强反腐败国家立法，加强反腐倡廉党内法规制度建设，让法律制度刚性运行。”

党的十八大以来，反腐败斗争的规范性和法律制度的严谨性不断强化，一些地方客观存在的选择性执法、象征性执法、宽容性执法等问题得到纠正，有案必查、有腐必惩，“老虎”“苍蝇”一起打成为常态；党纪与国法一体建设，法律纪律面前人人平等，不开天窗、不留暗门，反腐败斗争迈向了法治反腐模式。同时，法治反腐过程中强化党的集中统一领导，十三届全国人大一次会议通过的宪法修正案和监察法，对坚持党对监察工作领导作出了明确规定，使党中央和地方各级党委更加理直气壮、名正言顺地依法领导开展反腐败工作，扛起全面从严治党和依法治国理政的政治责任。②

---

① 何韬．推进新时代纪检监察工作高质量发展之九一体推进不敢腐不能腐不想腐［EB/OL］．(2021－01－19)［2021－04－28］．https：//www.ccdi.gov.cn/toutiao/202101/t20210119_234137.html.

② 邱学强．迈向中国特色社会主义法治反腐新征程——深入学习习近平新时代中国特色社会主义思想［EB/OL］．(2018－06－27)［2021－04－28］．http：//www.rmlt.com.cn/2018/0627/522027.shtml.

7.2.2.6 加强“裸官”管理监督

所谓“裸官”就是指配偶或者子女已经移居国（境）外，或者没有配偶或子女的国家工作人员。“裸官”不一定就是贪官。但是近年来，国家查办的腐败案件中，有一部分腐败分子确为“裸官”，他们通过各种渠道将亲人送往国外，自己一人在国内做官，进行贪污腐败作为，并将钱财赃款向境外转移，一旦发生风吹草动方便潜逃。

自十八大以来，随着国家相关制度的建立健全，国家反腐力度不断增大，“裸官”现象已经得到了有效的遏制。2014 年至 2020 年 6 月，全国共从 120 多个国家和地区追回外逃人员 7831 人，包括党员和国家工作人员 2075 人、“红通人员”348 人、“百名红通人员”60 人，追回赃款 196.54 亿元，有效削减了外逃人员存量；新增外逃党员和国家工作人员明显减少，从 2014 年的 101 人降至 2015 年 31 人、2016 年 19 人、2017 年 4 人、2018 年 9 人、2019 年 4 人，有力遏制住外逃蔓延势头。① 2020 年，纪检监察机关克服疫情影响，一体推进追逃防逃追赃，持续保持高压态势，推动反腐败国际合作高质量发展。1—11 月，“天网 2020”行动追回外逃人员 1229 人，其中“红通人员”28 人，党员和国家工作人员 315 人，追回赃款 24.45 亿元。②

7.2.3　关于廉政文化建设的问责机制和斗争策略

7.2.3.1 落实“两个责任”

在十八届中央纪委第三次全会上，习近平总书记强调指出，要落实党委的主体责任和纪委的监督责任，党委、纪委或其他相关职能部门都要对承担的党风廉政建设责任做到守土有责。

---

① 王卓．连续六年开展天网行动疫情之下一刻不停歇向世界展示中国反腐决心［EB/OL］．（2020－11－10）［2021－04－28］．https：//www.ccdi.gov.cn/toutiaon/202011/t20201110_98381.html.

② 何韬．推进新时代纪检监察工作高质量发展之九一体推进不敢腐不能腐不想腐［EB/OL］．（2021－01－19）［2021－04－28］．https：//www.ccdi.gov.cn/toutiao/202101/t20210119_234137.html.

“两个责任”是具体的，不是抽象的。必须以党章党规为遵循，以“四个意识”为标尺，以正风肃纪为重点，坚持以上率下，层层传导压力，全面落实管党治党的政治责任，持续深化风清气正的政治生态建设，推动全面从严治党“两个责任”落地生效。党的十八大以来，各级党委高度重视管党治党政治责任，带头落实、督促指导各级党组织落实党委主体责任，对落实“两个责任不力”的官员进行通报。以陕西省为例，仅2016年，陕西省纪委就制定推动实施党风廉政建设主体责任清单工作方案，组织12个市区、92个省直部门制定党委（党组）主体责任清单，722家单位建立了“一把手”责任清单、班子其他成员主体责任清单。各级纪委负责人同下级党政主要负责人谈话6755人次，任前廉政谈话13285人次，诫勉谈话5489人次，述职述廉15704人次。就落实“两个责任”不力问题，实施责任追究329人，其中追究主体责任256人，追究监督责任73人；处分84人，组织处理148人；问责“一把手”164人。①

7.2.3.2 把权力关进制度的笼子

习近平总书记在十八届中央纪委二次全会上指出：“要加强对权力运行的制约和监督，把权力关进制度的笼子里，形成不敢腐的惩戒机制、不能腐的防范机制、不易腐的保障机制。”②

为了强化对权力运行的制约和监督，党第十九届四中全会作出了明确部署，一方面通过坚持科学有效的权力运行制约监督体系，把制约监督权力作为永葆党的肌体健康的重要保障，以党内监督带动促进其他监督，健全党和国家监督体系，不断增强党自我净化、自我完善、自我革新、自我提高能力，使党在新时代新征程中焕发出更加强大的生机活力；另一方面通过完善全面加强党的领导和监督的体制机制，完善决策科学、执行坚决、监督有力的权力运行机制，完善权力配置、用权公开、责任落实和监督协调机制，强化权力运行制约监督，使权力在阳光下运行。2020年7月1日，《中华人民共和国

---

① 中央纪委监察部. 陕西：2016年164个“一把手”落实两个责任不力被问责［EB/OL］.（2017－02－07）［2021－04－29］. https://www.ccdi.gov.cn/yaowenn/201702/t20170207_58302.html.

② 习近平. 习近平谈治国理政（第一卷）［M］. 北京：外文出版社，2018：388.

公职人员政务处分法》施行。作为新中国成立以来第一部全面系统规范公职人员政务处分工作的国家法律，政务处分法构筑起惩治职务违法的严密法网，对于健全反腐败国家立法，强化对权力运行的制约和监督具有重要意义。①

7.2.3.3 开展主题教育活动

党的十八大以来，通过开展主题教育活动，形成良好的反腐倡廉社会氛围。一方面通过讲述党的反腐倡廉理论、方针政策及形势、任务，宣传反腐倡廉的成果和先进典型，来增强广大党员干部群众的廉政意识。另一方面通过创新廉政文化形式，注重利用报纸、广播、书刊、墙报、动员大会等传统形式和互联网、手机等现代传媒手段对党员干部进行党风教育、理想信念教育、权力观教育和党纪国法教育，引导广大党员干部增强廉洁自律能力，提高政治鉴别力和政治敏锐性，同党中央保持高度一致。同时，推动廉政文化进社区、家庭、学校、企业和农村，把廉政文化建设与机关文化、社区文化、企业文化和农村文化建设融为一体，增强全社会的反腐倡廉意识。

7.2.3.4 利用好巡视巡察这把反腐“利剑”

党的十八大以来，以习近平同志为核心的党中央把巡视作为加强党内监督的战略性制度安排，在坚持中深化，在深化中坚持，体现了党内监督的韧劲和严肃性。

发现问题、反映问题、推动问题解决，这是巡视工作的“三部曲”。当前，党风廉政建设和反腐败问题涉及方方面面，巡视工作不可能面面俱到，更不能平均用力，习近平总书记明确提出要把发现问题、形成震慑作为巡视工作重点，主要体现为“四个着力”②。这“四个着力”的对象涉及“四

---

① 何韬．推进新时代纪检监察工作高质量发展之九一体推进不敢腐不能腐不想腐［EB/OL］.（2021－01－19）［2021－04－28］. https：//www.ccdi.gov.cn/toutiao/202101/t20210119_234137.html.

② “四个着力”主要是指：着力发现是否存在形式主义、官僚主义、享乐主义和奢靡之风等违反中央八项规定的问题；着力发现领导干部是否存在权钱交易、以权谋私、贪污贿赂、腐化堕落等违纪违法问题；着力发现领导干部是否公开发表违背中央决定的言论、散布违背党的理论和路线方针政策的意见、搞“上有政策、下有对策”等违反政治纪律的问题；着力发现是否存在买官卖官、拉票贿选、突击提拔干部等选人用人上的不正之风和腐败行为。

风”、贪腐、政治纪律和用人选人等问题，可以说都是当前党风廉政建设方面存在的突出问题，也是人民群众反映强烈的突出问题，当然也是巡视要着重发现和反映的问题。

仅2020年，中央巡视工作领导小组结合中央第六轮巡视，对17个省区市和新疆生产建设兵团党委的巡视工作进行指导督导。中央巡视办还首次组织开展对31个省区市党委巡视组组长的培训，并且实现了对全国3100余名市县巡察办主任提级培训全覆盖。① 数据显示，2020年全国市县巡察覆盖6390个乡镇、6.6万个部门和企事业单位、18.9万个村级党组织。② 中央巡视组总共受理47.9万件次信访。有力地推动解决了一批在脱贫攻坚、社会医疗保障、征地拆迁、扫黑除恶等等领域当中的一批突出问题，增强了群众的获得感、幸福感、安全感。③

7.2.3.5 “老虎”“苍蝇”一起打

2013年1月22日，习近平总书记在十八届中央纪委二次全会上指出，从严治党，惩治这一手决不能放松。要坚持“老虎”“苍蝇”一起打，既坚决查处领导干部违纪违法案件，又切实解决发生在群众身边的不正之风和腐败问题。这是以习近平同志为核心的党中央对反腐败斗争严峻复杂形势的清醒判断，也是肃清腐败毒瘤的坚定决心。

党的十八大以来，一批高级干部因严重违纪违法被绳之以党纪国法，这向世人昭示，党纪国法面前一律平等，没有人能够凌驾于党纪国法之上。“老虎”顾名思义，代表权势和地位都较高的极少数贪污腐败、影响恶劣的领导干部。“苍蝇”是指处于基层，少数侵害群众利益的一般干部。“老虎”露头就要打，“苍蝇”乱飞也要拍。各级纪检监察机关持续加大对群众身边腐败问

---

① 中央纪委国家监委. 中央纪委国家监委部分厅部室局相关同志谈高质量发展——不断完善巡视巡察工作战略格局［EB/OL］.（2021－01－21）［2021－04－29］. http://v. ccdi. gov. cn/2021/01/21/VIDE4UYejnZnp5heWr52sTt4210121. shtml.

② 姜永斌. 贯彻全会部署——推进巡视巡察上下联动［EB/OL］.（2021－01－25）［2021－04－29］. https://www. ccdi. gov. cn/yaowen/202101/t20210125_ 234689. html.

③ 中央纪委国家监委. 中央纪委国家监委部分厅部室局相关同志谈高质量发展——不断完善巡视巡察工作战略格局［EB/OL］.（2021－01－21）［2021－04－29］. http://v. ccdi. gov. cn/2021/01/21/VIDE4UYejnZnp5heWr52sTt4210121. shtml.

题的查处力度，损害老百姓切身利益、啃食群众获得感的“蝇贪”被拍落，不仅净化了基层政治生态，更给群众带来了实实在在的获得感，增强了人民群众对党的信心、信任和信赖。

7.2.3.6 强化监督执纪“四种形态”

落实全面从严治党要求，重要的是靠纪律管住大多数，就是要秉持《中国共产党廉洁自律准则》的道德标尺和《中国共产党纪律处分条例》的纪律戒尺，准确把握运用好监督执纪“四种形态”，即：党内关系要正常化，批评和自我批评要经常开展，让咬耳扯袖、红脸出汗成为常态；党纪轻处分和组织处理要成为大多数；对严重违纪的重处分、作出重大职务调整应当是少数；而严重违纪涉嫌违法立案审查的应当是极少数。

党的十九大把运用监督执纪“四种形态”写入党章。十九届中央纪委二次全会强调“坚持惩前毖后、治病救人方针，深化运用监督执纪‘四种形态’”，三次全会强调“贯通运用‘四种形态’，使监督更加聚焦、更加精准、更加有力”。各级纪委监委合署办公以来，一体履行纪检、监察两项职责，依规依纪依法开展工作，深化运用监督执纪“四种形态”，持续强化不敢、知止的氛围，实现减存量、遏增量全面推进，确保反腐败斗争力度不减、节奏不变。据统计，年前三季度，仅全国纪检监察系统就接收涉及纪检监察干部问题线索或反映2.1万件次、处置1.9万件，运用监督执纪“四种形态”批评教育帮助和处理纪检监察干部1.6万人次，给予党纪政务处分2100余人，涉嫌犯罪移送检察机关70余人。①

7.3 新时代金融廉政文化建设

党的十八大以来，面对更加复杂的国内国际环境，在以习近平同志为核心的党中央坚强领导下，我国金融领域取得了一系列的重大成就。然而，随

① 段相宇．推进新时代纪检监察工作高质量发展之十以高素质队伍保障高质量发展［EB/OL］．（2021－01－20）［2021－04－29］．https：//www.ccdi.gov.cn/toutiao/202101/t20210120_234234.htm.

着从严治党全面深入推进，金融领域反腐败力度不断加大，一些金融腐败案已成为全社会关注的焦点，金融行业迫切需要加强新时代金融廉政文化建设，激浊扬清弘正气，正风肃纪树形象。

7.3.1 习近平关于新时代金融的重要论述

十八大以来，习近平总书记高度重视金融工作，从战略全局的高度，对新时代的金融改革发展安全以及金融治理等方面发表了一系列的讲话，从而形成了习近平关于新时代金融的重要思想。

(1) 坚持和加强党对金融工作的集中统一领导

党政军民学、东西南北中，党是领导一切的最高政治力量，坚持中国共产党的领导是中国特色社会主义制度的最大优势。2013 年中央经济工作会议上，习近平总书记就强调："要履行党领导经济工作的职能，议大事、抓大事，把领导经济工作的立足点转到提高发展质量和效益、加快形成新的经济发展方式上来。要加强领导干部能力建设，提高领导经济工作科学化水平，围绕经济社会发展重大问题加强学习和调研，提高把握和运用市场经济规律、自然规律、社会发展规律能力，提高科学决策、民主决策能力，增强全球思维，战略思维能力，做到厚积薄发。"① 在2017 年召开的第五次全国金融工作会议上习近平总书记更明确指出，"做好新形势下金融工作，要坚持党中央对金融工作集中统一领导，确保金融改革发展正确方向，确保国家金融安全"②。

除了明确党领导金融工作的原则，习近平总书记还为坚持党对金融工作的领导明确了具体方向。一是健全和完善党领导金融工作的体制机制建设，"完善定期研究金融发展战略、分析金融形势、决定金融方针政策的工作机制，提高金融决策科学化水平"③。二是加强党中央集中统一领导金融工作权威性，根据党中央的统一决策部署，金融部门"要按照职能分工，负起责

---

① 习近平．中央经济工作会议在北京举行［N］．人民日报，2012 - 12 - 7 (1)．

② 习近平．习近平在全国金融工作会议上强调：服务实体经济防控金融风险深化金融改革促进经济和金融良性循环健康发展［N］．人民日报，2017 - 07 - 16 (1)．

③ 习近平．习近平在中共中央政治局第四十次集体学习时强调：金融活经济活金融稳经济稳做好金融工作维护金融安全［N］．人民日报，2017 - 04 - 27 (1)．

任”，地方各级党委和政府要“做好本地区金融发展和稳定工作，做到守土有责”①。三是金融领域要落实全面从严治党，加强党风廉政建设。一方面，“建好金融系统领导班子，强化对关键岗位、重要人员特别是一把手的监督”②。“要管住金融机构、金融监管部门主要负责人和高中级管理人员，加强对他们的教育监督管理。”③ 另一方面，金融系统要“加强理想信念教育，加强党性教育，加强纪律教育，加强党风廉政建设”④。四是加强金融人才队伍建设，要培养、选拔和使用“政治过硬、作风优良、业务精通”的金融人才，“特别要注意培养金融高端人才，努力建设一支宏大的德才兼备的高素质金融人才队伍”⑤。五是提高领导干部的金融工作本领。“领导干部特别是高级干部要努力学习金融知识，熟悉金融业务，把握金融规律，既要学会用金融手段促进经济社会发展，又要学会防范和化解金融风险。”⑥

（2）金融是国家重要的核心竞争力，切实维护国家金融安全

在2017年第五次全国金融工作会议上，习近平总书记站在建设社会主义现代化金融强国、为实现中华民族伟大复兴保驾护航的高度，对金融的地位予以高度肯定，提出“金融是国家的重要核心竞争力”。因此，新时代的金融要“不断提高金融业竞争能力、抗风险能力、可持续发展能力”⑦，特别是“提高参与国际金融治理能力”⑧。

同时，习近平总书记高度重视国家金融安全问题。早在2013年习近平总

---

① 习近平．习近平在中共中央政治局第四十次集体学习时强调：金融活经济活金融稳经济稳做好金融工作维护金融安全［N］．人民日报，2017-04-27（1）．

② 习近平．习近平在全国金融工作会议上强调：服务实体经济防控金融风险深化金融改革促进经济和金融良性循环健康发展［N］．人民日报，2017-07-16（1）．

③ 习近平．习近平在中共中央政治局第十三次集体学习时强调：深化金融供给侧结构性改革增强金融服务实体经济能力［N］．人民日报，2019-02-24（1）．

④ 习近平．习近平在全国金融工作会议上强调：服务实体经济防控金融风险深化金融改革促进经济和金融良性循环健康发展［N］．人民日报，2017-07-16（1）．

⑤ 习近平．习近平在全国金融工作会议上强调：服务实体经济防控金融风险深化金融改革促进经济和金融良性循环健康发展［N］．人民日报，2017-07-16（1）．

⑥ 习近平．习近平在中共中央政治局第四十次集体学习时强调：金融活经济活金融稳经济稳做好金融工作维护金融安全［N］．人民日报，2017-04-27（1）．

⑦ 同上。

⑧ 习近平．习近平在中共中央政治局第十三次集体学习时强调：深化金融供给侧结构性改革增强金融服务实体经济能力［N］．人民日报，2019-02-24（1）．

书记在俄罗斯圣彼得堡举行的二十国集团领导人峰会上就谈到要继续加强国际金融市场监管，使金融体系真正依靠、服务、促进实体经济发展。要建设稳定、抗风险的国际货币体系，改革特别提款权货币篮子组成，加强国际和区域金融合作机制的联系，建立金融风险防火墙。2017 年在中央政治局就维护国家金融安全进行第四十次集体学习时，习近平总书记再次指出，金融安全是国家安全的重要组成部分，是经济平稳健康发展的重要基础。维护金融安全，是关系我国经济社会发展全局的一件带有战略性、根本性的大事。金融活，经济活；金融稳，经济稳。必须充分认识金融在经济发展和社会生活中的重要地位和作用，切实把维护金融安全作为治国理政的一件大事，扎扎实实把金融工作做好。维护金融安全，要坚持底线思维，坚持问题导向，在全面做好金融工作基础上，着力深化金融改革，加强金融监管，科学防范风险，强化安全能力建设，不断提高金融业竞争能力、抗风险能力、可持续发展能力，坚决守住不发生系统性金融风险底线。

（3）服务实体经济，为实体经济发展创造良好的金融环境

习近平总书记对实体经济的发展非常关注，准确把握了金融与实体经济之间的辩证关系，指出："经济是肌体，金融是血脉，两者共生共荣。"① 因此，金融服务实体经济是其天职，两者密不可分。

与此同时，习近平总书记还为金融服务实体经济指明了方向：一是要"为实体经济发展创造良好金融环境，疏通金融进入实体经济的渠道"②。"要以金融体系结构调整优化为重点，优化融资结构和金融机构体系、市场体系、产品体系，为实体经济发展提供更高质量、更有效率的金融服务。"③ 二是疏通金融支持渠道。"加强信贷政策指引，鼓励金融机构加大对先进制造业等领域的资金支持。"④ "增强资本市场对科技创新企业的包容性，着力支持关键

① 习近平．习近平在中共中央政治局第十三次集体学习时强调：深化金融供给侧结构性改革增强金融服务实体经济能力［N］．人民日报，2019－02－24（1）．

② 习近平．习近平在中共中央政治局第四十次集体学习时强调：金融活经济活金融稳经济稳做好金融工作维护金融安全［N］．人民日报，2017－04－27（1）．

③ 习近平．习近平在中共中央政治局第十三次集体学习时强调：深化金融供给侧结构性改革增强金融服务实体经济能力［N］．人民日报，2019－02－24（1）．

④ 习近平．习近平在中共中央政治局第四十次集体学习时强调：金融活经济活金融稳经济稳做好金融工作维护金融安全［N］．人民日报，2017－04－27（1）．

核心技术创新，提高服务实体经济能力。”① 三是要节约实体经济成本。“促进金融机构降低经营成本，清理规范中间业务环节，避免变相抬高实体经济融资成本。”②

（4）健全金融监管体系，防范系统性金融风险

与改革之初相比，我国俨然已成为金融大国，金融业的体量和规模庞大，特别是近些年，随着互联网金融等新型业态的层出不穷，使我国金融监管面临着巨大挑战。因此，习近平总书记强调：“健全金融监管体系，守住不发生系统性金融风险的底线。”③

习近平总书记多次谈到金融监管问题，其中，在 2017 年全国金融工作会议上习近平总书记就指出，要强化监管，提高防范化解金融风险能力。要以强化金融监管为重点，以防范系统性金融风险为底线，加快相关法律法规建设，完善金融机构法人治理结构，加强宏观审慎管理制度建设，加强功能监管，更加重视行为监管。加强金融监管协调、补齐监管短板。增强金融监管协调的权威性、有效性，强化金融监管的专业性、统一性、穿透性，所有金融业务都要纳入监管。金融管理部门要努力培育恪尽职守、敢于监管、精于监管、严格问责的监管精神，形成有风险没有及时发现就是失职、发现风险没有及时提示和处置就是渎职的严肃监管氛围。要健全风险监测预警和早期干预机制，加强金融基础设施的统筹监管和互联互通，推进金融业综合统计和监管信息共享。

（5）深化金融体制改革，促进金融结构优化

当前我国社会主要矛盾发生深刻变化，金融领域加快改革步伐以适应和满足经济高质量发展和人民群众对美好生活的需要。因此，习近平总书记在敦促金融回归服从服务于经济社会发展的本源的同时，也强调不断深化金融体制改革。十九大报告中就提出：“深化金融体制改革，增强金融服务实体经

① 新华社．习近平主持召开中央全面深化改革委员会第六次会议［EB/OL］．（2019－01－23）［2021－4－30］．http：//www.gov.cn/xinwen/2019－01/23/content_5360657.html.

② 习近平．习近平在全国金融工作会议上强调：服务实体经济防控金融风险深化金融改革促进经济和金融良性循环健康发展［N］．人民日报，2017－07－16（1）.

③ 习近平．决胜全面建成小康社会夺取新时代中国特色社会主义伟大胜利［N］．人民日报，2017－10－28（1）.

济能力，提高直接融资比重，促进多层次资本市场健康发展。健全货币政策和宏观审慎政策双支柱调控框架，深化利率和汇率市场化改革。”①

为了更好深化金融体制改革，促进金融结构优化，习近平总书记强调：一是“要把发展直接融资放在重要位置”②，要求“建设一个规范、透明、开放、有活力、有韧性的资本市场”，逐步“构建风险投资、银行信贷、债券市场、股票市场等全方位、多层次金融支持服务体系。”以改变长期以来间接融资占主导的现状。二是要积极“推动国有大银行战略转型，发展中小银行和民营金融机构”③，逐步“构建多层次、广覆盖、有差异的银行体系”④ 从而改变长期以来我国国有大银行主导下中小银行机构发展不充分的现状。三是要完善金融产品体系，“积极开发个性化、差异化、定制化金融产品”⑤，以满足人民群众对金融产品多样化需求。

（6）*以新五大发展理念推动金融高质量发展*

习近平总书记在中共中央政治局第十三次集体学习时强调：“深化金融供给侧结构性改革必须贯彻落实新发展理念，强化金融服务功能，找准金融服务重点，以服务实体经济、服务人民生活为本。”⑥ 这无疑提出了新时代中国金融高质量发展的实践方略和实施路径。

习近平总书记指出，所谓金融创新发展，就是“要适应发展更多依靠创新、创造、创意的大趋势，推动金融服务结构和质量来一个转变”⑦，要“通过体制机制改革创新，提高金融服务实体经济的能力和水平”⑧，“要消除价

① 习近平．习近平谈治国理政（第三卷）［M］．北京：外文出版社，2020：27.

② 习近平．习近平在全国金融工作会议上强调：服务实体经济防控金融风险深化金融改革促进经济和金融良性循环健康发展［N］．人民日报，2017－07－16（1）.

③ 习近平．习近平在全国金融工作会议上强调：服务实体经济防控金融风险深化金融改革促进经济和金融良性循环健康发展［N］．人民日报，2017－07－16（1）.

④ 习近平．习近平在中共中央政治局第十三次集体学习时强调：深化金融供给侧结构性改革增强金融服务实体经济能力［N］．人民日报，2019－02－24（1）.

⑤ 习近平．习近平在中共中央政治局第十三次集体学习时强调：深化金融供给侧结构性改革增强金融服务实体经济能力［N］．人民日报，2019－02－24（1）.

⑥ 习近平．习近平在中共中央政治局第十三次集体学习时强调：深化金融供给侧结构性改革增强金融服务实体经济能力［N］．人民日报，2019－02－24（1）.

⑦ 同上。

⑧ 习近平．习近平主持召开中央财经领导小组第十五次会议：听取关于中央财经领导小组工作报告研究推动落实经济领域重点工作［N］．人民日报，2017－03－01（1）.

格、利率、汇率等经济杠杆的扭曲……形成有利于创新发展的财税、金融体制"①，从而更好地服务实体经济。"要引导金融机构加强和改善对企业技术创新的金融服务，加大资本市场对科技型企业的支持力度"②，"组建国有资本运营公司或投资公司，设立国有资本风险投资基金，用于支持创新型企业包括小微企业"③，从而紧跟金融与科技融合的大趋势，鼓励互联网金融创新发展。同时，习近平总书记强调金融创新要服从和服务于国家战略需求，要求"推进'一带一路'建设金融创新，搞好相关制度设计"④。

习近平总书记在用协调理念谋划金融发展新格局，强调要通过"创新和完善宏观调控……健全财政、货币、产业、区域等经济政策协调机制"⑤。鼓励用绿色理念拓宽金融发展新路径，指出"发展绿色金融，是实现绿色发展的重要措施……要利用绿色信贷、绿色债券、绿色股票指数和相关产品、绿色发展基金、绿色保险、碳金融等金融工具和相关政策为绿色发展服务"⑥。主张用开放理念打开金融发展新局面，持续加大金融开放，"提高金融业全球竞争能力，扩大金融高水平双向开放，提高开放条件下经济金融管理能力和防控风险能力，提高参与国际金融治理能力"⑦。要求用共享理念指引普惠金融新方向。"发展普惠金融，目的就是要提升金融服务的覆盖率、可得性、满意度，满足人民群众日益增长的金融需求，特别是要让农民、小微企业、城镇低收入人群、贫困人群和残疾人、老年人等及时获取价格合理、便捷安全

---

① 习近平．习近平主持召开中央财经领导小组第七次会议强调：加快实施创新驱动发展战略加快推动经济发展方式转变［N］．人民日报，2014－08－19（1）．

② 中共中央文献研究室．习近平关于科技创新论述摘编［M］．北京：中央文献出版社，2016：59．

③ 中共中央文献研究室．习近平关于科技创新论述摘编［M］．北京：中央文献出版社，2016：65．

④ 习近平．习近平在全国金融工作会议上强调：服务实体经济防控金融风险深化金融改革促进经济和金融良性循环健康发展［N］．人民日报．2017－07－16（1）．

⑤ 习近平．习近平谈治国理政（第三卷）［M］．北京：外文出版社，2020：26－27．

⑥ 习近平．习近平主持召开中央全面深化改革领导小组第二十七次会议强调：强化基础注重集成完善机制严格督察按照时间表路线图推进改革［N］．人民日报，2016－08－31（1）．

⑦ 习近平．习近平在中共中央政治局第十三次集体学习时强调：深化金融供给侧结构性改革增强金融服务实体经济能力［N］．人民日报，2019－02－24（1）．

的金融服务。”①

7.3.2 面向未来的金融廉政文化建设

自改革开放以来，我国金融业发展取得了历史性成就。特别是党的十八大以来，我们有序推进金融改革发展、治理金融风险，金融业保持快速发展，金融改革开放有序推进，金融产品日益丰富，金融服务普惠性增强，金融监管得到加强和改进，金融作为国家重要的核心竞争力的地位不断巩固。

然而客观审视当下我国金融廉政文化建设，喜忧参半。随着网络媒体发展和舆论监督的加强，金融领域成为腐败的重灾区，金融系统出现的腐败案件不断成为社会关注焦点，甚至一些腐败大案要案的曝光，严重损害了金融行业的廉洁形象，不仅严重败坏党风政风，触犯法律，也使人民群众利益遭受严重损失。因此，金融行业必须深刻认识当前经济社会高质量发展对金融业提出的新要求，深刻认识金融行业内外部环境面临的新矛盾新挑战，增强机遇意识和风险意识，树立底线思维，趋利避害，奋勇前进，为实现中华民族伟大复兴的中国梦做出应有的贡献。

7.3.2.1 面向未来的金融廉政文化建设的现实之痛

金融是现代经济的核心，是“国之重器”。习近平总书记高度重视金融安全，多次强调“金融安全是国家安全的重要组成部分”“坚决守住不发生系统性金融风险底线”。而金融腐败往往与金融风险交织在一起，金融反腐是保障金融安全乃至国家安全的重要一环。因此，我们必须时刻攥紧反腐铁拳，以“零容忍”态度惩治金融领域腐败，才能营造金融领域良好政治生态，才能有力防范金融风险、保障金融安全。

党的十八大以来，金融领域反腐持续保持高压态势，反腐败斗争取得重大突破。项俊波、姚刚、杨家才、张育军、赖小民等一批金融领域腐败分子受到严肃查处。十八届党中央还完成了对 15 家中管金融企业巡视全覆盖。然

① 习近平．习近平主持召开中央全面深化改革领导小组第十八次会议强调：全面贯彻党的十八届五中全会精神依靠改革为科学发展提供持续动力［N］．人民日报，2015－11－10（1）．

而，从中央巡视和查处案件情况来看，金融领域腐败问题仍比较突出。①

（1）金融腐败典型案例

案例1：藏在金融土特产里的权钱交易

——中钞国鼎原党委书记龚士良严重违纪违法案剖析

日前，天津市河东区人民法院对中钞国鼎投资有限公司（以下简称中钞国鼎）原党委书记、董事长龚士良作出判决。判决提到，龚士良受贿财物包括新世纪纪念钞、奥运钞各100张，2005年熊猫金币1套、2015年生肖羊年5盎司彩色金币1枚等。

受贿财物中为何出现大量纪念钞币？受贿财物背后，反映了金融领域腐败现象哪些特点？金融“土特产”又如何成为行贿受贿的工具？是否与所在行业有关？带着这些问题，记者对龚士良严重违纪违法问题进行深入了解。

“大家共同发财”的想法使他在不知不觉中越了底线

中钞国鼎直属于国家法定货币生产企业——中国印钞造币总公司。作为一家集贵金属产品和人民币衍生品研发制造与销售、钞币鉴定评级、钞币及进出口贸易于一体的国有企业，因其没有抢占主业企业的业务份额，故享有绝对的自主权。“这意味着小到产品定价，大到业务拓展、项目承接，均可由龚士良和他的领导班子成员拍板。”办理该案的中央纪委国家监委驻中国人民银行纪检监察组工作人员说。

2014年3月，龚士良从上海造币厂调入中钞国鼎，此后直至案发，先后担任该企业董事、总经理、董事长、党委书记等职务。

从上海到北京，用龚士良的话来说，“变化是巨大的”。

上海某集币收藏有限公司与中钞国鼎素有业务往来。在一次交谈中，该公司实际控制人吴某听闻龚士良的孩子在国外读书，就承诺帮忙解决一部分学费。这一承诺在2015年7月兑现了。

“整整十万美元，我原以为他就给个一两万美元。”龚士良回忆起自己收钱时的感受，他给自己找了个理由，“大手笔也说明这行钱好挣，‘大家共同发财’嘛！”

---

① “探头”升级靶向惩治金融领域腐败［N］. 中央纪检监察报，2019-01-18（1）.

此后，“大家共同发财”的想法在龚士良脑海中生根发芽，迈过了思想关卡，他与关联方的交往也更加频繁。据查，2017 年至 2019 年，他多次让中钞国鼎上海销售中心准备高档接待酒，用于宴请有关商业银行贵金属部负责人，而宴请费用由中钞国鼎分销商支付，其中不乏被他“顺”回家的几瓶茅台。

“我的行为严重损害了国家和公司的利益，影响商业活动的公平公正，破坏了公司形象。”龚士良在忏悔书里写道，走到今天这个地步，怪不得别人，是自己享乐主义滋生和私欲严重膨胀，产生了超越现有条件和能力的想法，才让金融“土特产”成了滋生腐败的温床。

纪念钞币成了权钱交易筹码

2016 年春节，为在中钞国鼎一生肖贺岁钞招投标项目中中标，获得生肖贺岁钞的销售权，某钱币投资有限公司法定代表人谢某向龚士良承诺，中标后给予等值于人民币 1000 万元的纪念钞。

豪爽的诺言让龚士良动心了。

同年 3 月 7 日至 9 日，谢某通过龚士良同乡好友王某等人的个人账户，多次向龚士良账户转账，共计 1000 万元。这是龚士良以炒股用款为由提出的借款，谢某答应得十分爽快。

“吃人嘴软，拿人手短。”为使该公司中标，龚士良指使中钞国鼎负责招标的工作人员，按照该公司特有资质制定了招标方案，最终让该公司以绝对高分中标。如愿以偿的谢某一句“1000 万元借款不用归还”，兑现了承诺。

作为钱币及贵金属投资行业的参与者，纪念钞币既是龚士良牟利的筹码，也是他受贿的渠道。经查，龚士良在任职期间，为某公司承揽黄金质押代销等业务提供帮助；帮助上海某集币收藏有限公司使用中钞国鼎的销售渠道，销售产品累计额达 2.8 亿元；龚士良还擅自做主，将公司多个贵金属纪念章生产项目交由上海某纪念币制造有限公司生产，支付生产费用 1700 余万元。他利用职务便利换来的，是受益公司以现金、纪念钞币形式回馈的“谢礼”。

整治金融“土特产”，完善特有货币发行资源管理机制

金融“土特产”带有明显的货币金融行业特性。驻人民银行纪检监察组工作人员说，“人民银行、外汇局系统持有货币金银等特殊资源，从已查处的案件看，相当一段时期内系统内人员对外交往会送些纪念钞、纪念币等金融‘土特产’，甚至存在少数人员利用职务便利倒卖大规格贵金属纪念币谋取私

利的情况。”

据了解，人民银行、外汇局系统利用纪念钞币、金银币等特有货币发行资源谋取私利的问题，在2015年底中央专项巡视中已有提及，称存在“利用货币发行权搞‘私人定制腐败’，以及纪念币、特殊连号钞的问题”。

针对利用名贵特产类特殊资源谋取私利问题，在中央纪委下发有关通知后，驻人民银行纪检监察组确定了一份名贵特产清单。记者发现，这份清单中包括迎接新世纪、中国航天和人民币发行70周年等5类纪念钞，而龚士良收受的金融“土特产”正包括在内。

调查发现，自2014年直至案发，龚士良的严重违纪违法行为始终没有停止过，甚至在开展领导干部利用名贵特产、特殊资源谋取私利问题专项整治后，依旧不收敛不收手。“龚士良的问题提醒我们，仅仅排查远远不够，必须从体制机制上切断源头，通过从严管理堵塞漏洞。”驻人民银行纪检监察组工作人员介绍，为从源头上预防利用纪念钞币、金银币谋取私利问题，驻人民银行纪检监察组在推动完善特有货币发行资源管理机制上持续发力。

记者了解到，该纪检监察组一方面根据货币发行特点，在实时更新特殊资源清单的基础上，开展清理排查“回头看”抓好督促整改；另一方面，督促相关部门加强纪念钞币管理，健全完善普通纪念钞币发行管理规定，修订完善《中国金币特许零售商综合业绩考核办法》，制定《贵金属纪念币零售指引》等，加强自销售量部分批发业务的审批权，打通贵金属纪念币互联网配售渠道，确保阳光销售、公平买卖。同时，要求系统内处级以上领导干部交易大规格贵金属纪念币必须报备。

此外，针对龚士良案暴露出的中钞国鼎自身建设、制度规范相对滞后等问题，驻人民银行纪检监察组已要求深入剖析、严肃问责，对黄金质押代销等相关业务予以规范。近期，该纪检监察组还将通过案情通报、组长讲授廉政党课等方式，发挥龚士良严重违纪违法案例警示教育作用，一体推进系统内各类企业党风廉政建设和反腐败工作。

——材料转自旗帜网①

---

① 陈瑶．藏在金融土特产里的权钱交易——中钞国鼎原党委书记龚士良严重违纪违法案剖析［EB/OL］．（2020－10－26）［2021－05－03］．https：//www.ccdi.gov.cn/toutiao/202010/t20201026_ 228011.htm.

案例2：地方中小银行为何监守自盗案件频发?

自审自批骗贷、盗窃ATM百万现金地方中小银行为何监守自盗案件频发?

银行业务风控要求尤其严格，通常是多重审核，层层把控。这些监守自盗的案件究竟是如何发生的，银行如何利用风控技术、制度规则防范员工的道德风险?

伪造材料骗取贷款、注册空壳公司骗贷、信贷员自审自批骗贷、通过APP转账窃取客户贷款资金、窃取ATM机里的现金……

近期，法院和金融监管部门公开了一些案件内容，银行内部员工监守自盗的案例屡屡出现。

21世纪经济报道记者对这些案件进行了梳理，近期公开的类似案例大都发生在相对偏远地区的城商行、农商行，虽然操作模式不尽相同，但有一个共同点，都是银行职员通过违规手法绕过了银行的层层风控。

银行业务风控要求尤其严格，通常是多重审核，层层把控。这些监守自盗的案件究竟是如何发生的，银行如何利用风控技术、制度规则防范员工的道德风险?

五花八门的骗贷手段

近几年来，监管对银行业的乱象十分重视，且毫不手软。这种乱象在地方中小银行表现得较为明显，今年银保监会组织了对部分地区的中小银行进行现场调查，着重强调了这些区域性中小银行在内部管理和控制上的突出问题。

金融监管部门主要针对银行作为机构展开合规检查和惩罚，司法部门受理了诸多具体个案，其中很大一部分是关于银行客户经理诈骗贷款的案件。

数日前公开的一份判决书显示，贵阳银行云岩支行客户经理何赣平在2019年2月至2019年5月期间，利用其作为贵阳银行工作人员的身份，通过秘密窃取或骗取的方式，将7名客户的贷款资金占为己有；同时还利用客户申请贷款的资料自行伪造“委托支付”资料向该行申请贷款。法院查明，何赣平秘密窃取他人财物552.35万元，虚构事实、骗取他人财产14万元并且侵占单位财产80万元。

何赣平的骗贷方式主要有两种：一是利用该行的APP转账功能，在代替客户操作APP的过程中，在客户不知情的情况下，将客户的还款资金或贷款资金转入自己个人账户。二是利用客户原有的贷款材料伪造“委托支付”等资料，向该行申请贷款，并放款至其伪造的委托支付方账户中。

伪造材料的方式在骗贷案件中屡见不鲜。前两日公布的河南罗山农村商业银行莽张支行案件中，该行信贷人员里应外合，以伪造个体工商户营业执照、编造虚假建筑协议的方式，虚报收入，夸大还贷能力，累计申请贷款278万元。

安徽潜山农商行的一名客户经理骗贷的方法则是“自贷自批”。9月22日披露的一则刑事判决书显示，安徽潜山农村商业银行一职工黄某平利用职务之便，冒用父亲、妹妹的名义以及使用本人的名义在潜山农商行黄柏支行和官庄支行共75次以自贷自批的方式，贷出共计750万元小额信用贷款。在风控要求上，小额信用贷款有数额和次数限制，如果超过了规定的数额和次数需要报总行授权。该支行行长的证言指出，黄某平之所以能完成70多笔贷款操作流程，主要因为他获得了黄柏支行其他信贷员的账号密码，加上信贷会计和贷审组两个账号的密码本来就归其自己使用。

据21世纪经济报道记者了解，银行信贷人员监守自盗还有一个更常见的手法，即成立空壳公司。比如近期公布第一个案件，汝州市农商银行的职工通过购买的空壳公司向银行申请贷款800万元，逾期后，该行还一再为其展期。

道德风险还是风控漏洞?

“正常来说，这种情况是不太可能发生的，至少在我们行很难出现这种情况。我们风控很严格，每笔业务都有很多道复核程序，只能说明区域性小银行管理太松了。”一位全国性股份制银行人士对记者表示。

一位银行对公人士告诉记者，一笔贷款业务的一般程序为：借款企业准备贷款申请相关资料；银行信贷员双人现场调查，通过后撰写授信申请报告递交风控部；风控部门组织人员对企业经营情况进行复核调查；银行内部召开授信评审会，审议对借款人授信与否及授信额度，通过后发布授信通知书；借款人根据授信通知书的要求落实放款条件，达标后，银行根据自身的贷款额度规模择机放款。

如果每个环节、每个部门的相关负责人都将风控要求落实到位，银行很难出现这种情况，“这种骗贷的案例，绝大部分都有里应外合的情形。”上述对公人士表示。

银行从业人员每天与大笔资金打交道，不可能依靠个人的道德管理来把控风险，因此银行在风控设计上往往有“双人”“多重复核”等要求，从而加大内部人员的作案成本——必须打通一笔业务链条上的所有相关人员。

但如果这个违法人员有足够大的权限，仍然有空子可钻。记者发现，这些骗贷案例中，当事人或者证人有不少类似表述：“这笔贷款是某某支行长安排的，所以我们没有去现场调查，材料是复印件”“我只是跑跑腿、送下材料”等。

虽然银行的风控原则上要求很严格，但很多时候难以防范，是因为每家银行的执行力度不一。另一位银行人士对记者表示：“比如帮助客户操作APP转账趁其不备转账至自己个人账户的案例，个人贷款受托支付的划款是由经办机构发起的，不会向客户要求复核，所以是有可能跳过客户的。”

不管是对公业务还是个人业务，信贷经理让客户在空白凭证或合同上签字的违规现象并不鲜见。

除了在公司管理上，对金融科技的运用程度不同，或许也是地方小银行监守自盗风险频发的另一个原因。“系统里每个人的权限是明确的，不大可能发生一个人掌握多个人的权限去操作业务的情形。但小银行很少花大成本在系统上，如果人工操作流程繁多，道德风险就更难控制了。”上述银行人士说。

加钞员窃取ATM机数百万现金

近日，裁判文书网还披露了一起银行加钞员侵占ATM现金的案件。建设银行渭南分行ATM管理中心加钞员，于2014年底，在两处ATM取款机共盗取现金190多万元，将其中一部分藏在一棵大树下，通知家属去取，另一部分随身携带。直到2019年底，该加钞员才被抓获，并于2020年4月8日由检察院向法院提起公诉。

另一起窃取ATM机内现金的案件中，加钞员每次从ATM机中取出数千到数万元不等，作案时间竟然长达一年，未被发现，一年中总共窃取了400余万元。

一位曾负责过银行相关业务的人士告诉记者，从银行的管理流程上来看，ATM 机的清点和加钞同样是要求至少两个人以上操作和复核轧差。但是在双人复核机制中，如果双人合伙，或者其中有一个人由于管理漏洞泄露了密码给另一个人，导致一个人就可以完成全部操作，那么双人复核机制就失效了。这种违规情况只有在上级大盘点或者人员轮岗的时候才会被发现。

——材料来源于财经网①

案例 3：赖小民伏法，贪腐没有“免死金牌”！

17.88 亿元，这是法庭审理查明的赖小民受贿金额，也是新中国成立至今受贿案件涉案金额的最高纪录。

经最高人民法院核准，这位华融公司原董事长 1 月 29 日被执行死刑，用生命为代价给刚开始的 2021 年留下一道令人警醒的痕迹。

近年来，全面依法治国、全面从严治党不断深化，反腐败斗争取得压倒性胜利并巩固发展。却有如赖小民之类的人心存侥幸，不仅不收敛、不收手，反而顶风作案、变本加厉，这种“迷惑行为”或多或少与他们幻想的“经济犯罪无死刑”有关。

实际上，对贪官判处死刑在新中国历史上并不少见，相信也不会是最后一次。

1952 年刘青山、张子善因贪污被判死刑，新中国反腐第一案轰动全国。2011 年被执行死刑的杭州市原副市长许迈永、苏州市原副市长姜人杰，二人涉案金额均破亿元……

我国当前的死刑政策，是“保留死刑，严格控制和慎重适用死刑”，确保死刑只适用于极少数罪行极其严重、社会危害极大、罪证确实充分、依法应当判处死刑的犯罪分子。

刑法规定，受贿数额特别巨大，使国家和人民利益遭受特别重大损失的，可以判处死刑。最高法、最高检 2016 年发布的司法解释，将贪污贿赂刑事案件适用死刑立即执行的情形进一步明确为“4 个特别”——

犯罪数额特别巨大。

---

① 21 世纪经济报道．地方中小银行为何监守自盗案件频发？［EB/OL］．(2020－09－25)［2021－05－03］．http：//bank. xinhua08. com/a/20200925/1956901. shtml.

犯罪情节特别严重。

社会影响特别恶劣。

造成损失特别重大。

贪腐从来没有“免死金牌”！赖小民的结局，从他背离初心使命乃至肆无忌惮之时就已注定。

还记得当年大火的电视剧《人民的名义》里赵处长的“别墅藏钱”么？相比之下，赖小民案的诸多细节，更会让你感慨“生活远比电视精彩”。

中央纪委国家监委打造推出的专题片《国家监察》这样披露：北京某小区一处房屋中，多个保险柜里存放的现金达两个多亿。赖小民要求行贿人用现金交付，收钱后他自己开车来这处房子，亲手放到保险柜里，路上还会特意多绕几圈，以防有人跟踪……

赖小民把这处房屋称为“超市”。他说：“拿了就往那儿一放，就像经常会去超市嘛，把这个名字叫超市。”

作为国有金融企业负责人，赖小民将国家权力与个人利益的置换视为家常便饭。他说：“金融行业天天跟钱打交道，而且接触的老板都是动不动几个亿、几十个亿、上百亿的，给你点钱对他来说小菜一碟，自己来说觉得我支持他这么大，都是帮他发展起来了，我自己也是觉得很正常的了。”

大量房产、黄金、字画，几十块名表，宾利、奔驰等豪车……赖小民把对物质的贪欲和对权力的滥用表现得淋漓尽致。在法庭认定的22起受贿犯罪事实中，有3起受贿犯罪数额分别在2亿元、4亿元、6亿元以上。

单次受贿金额就超过6亿，的确令人“瞠目结舌”。而眼花缭乱的贪腐情节背后，是金融领域职务犯罪给国家金融安全和金融稳定造成的严重危害。

比如，华融公司的主业，本应是经营处置国有银行的不良资产。而赖小民打着支持国家战略旗号，滥设机构、盲目发债，将募集资金投向国家政策明确限制的房地产等行业领域，严重偏离公司主业发展需要，最终从不良资产处置者异化为不良资产制造者。

讲排场、摆阔气，挥霍浪费国家财产；任人唯权、任人唯利、任人唯圈……中央纪委国家监委网站刊文指出，赖小民案反映的是金融领域腐败问题的突出特征。

近年来，金融领域反腐力度持续加大。2019年，全国纪检监察机关共立案审查调查金融系统违纪违法案件 6900 余件。当金融“内行”蜕变为“内鬼”，金融领域腐败往往与市场风险、政治风险交织，容易引发系统性风险。

无法外之人，无法上之权。赖小民已伏法，而反腐败斗争永远在路上。

——材料来源于“新华网”①

（2）新金融腐败的特点分析

2021 年 1 月 24 日，十九届中央纪委五次全会公报发布。从公报看，全会部署了 2021 年做好纪检监察工作八方面重点任务，从中可以看出金融领域是正风肃纪反腐的重点领域之一。

近年来，金融反腐力度持续加大。根据 2020 年中央纪委国家监委网站通报的案例，被查处的金融领域党员干部主要来自以下行业：

一是银行业，如中国进出口银行专职评审委员李泊言，中国农业银行四川省分行原党委委员、副行长吴锐，工行公司金融业务部原副总经理王英奎等；二是金融监管部门，如证监会重庆监管局原党委书记毛毕华，银保监会辽宁监管局二级巡视员刘文义等；三是非银行金融机构。如国机财务有限责任公司原党委书记、董事长李家俊，青海省信用担保集团有限责任公司党委委员、副总经理牛志刚等。

习近平总书记在中央纪委五次全会上强调，做好金融反腐和处置金融风险统筹衔接，强化金融领域监管和内部治理。公报提出，“深化金融领域反腐败工作，持续惩治国有企业腐败问题”。依托中纪委网站，我们搜集整理了近年来中管金融企业的腐败案件，不难发现近年来金融腐败表现出以下几方面特点：

①信贷审批腐败问题突出

从 2020 年中纪委查处的不少银行系统领导干部身上可以看到，他们都有一个突出问题，那就是利用信贷审批权谋取私利。如中国建设银行青海省分行原党委书记、行长郭继庄，交通银行河北省分行原党委委员、副行长马骁，国家开发银行原行务委员郭林，中信银行哈尔滨分行原党委书记、行长于成信等人，都在信贷审批等方面利用职务便利为他人谋利并收受巨额财物。

---

① 新华网．赖小民伏法，贪腐没有“免死金牌”！［EB/OL］．（2021－01－29）［2021－05－03］．http：//m. xinhuanet. com/2021－01/29/c_ 1127043006. html.

以贷谋私的一个主要表现，是与贷款客户私相授受、不正当往来。例如，郭继庄频繁接受信贷客户提供的高尔夫球活动，马骁接受贷款客户旅游安排，郭林以明显高于市场价格将自有房屋出售给分行贷款客户，于成信违规收受贷款客户礼金……贷款客户给好处，银行高管批贷款，形成“围猎”与被“围猎”的利益链条，而银行最核心的权力——授信审批，成为权钱交易市场上的“商品”。

这一些案件暴露出总行授权过大、某些岗位权力集中、分行重业务发展轻贷后管理等共性问题。

②金融监管失守问题值得高度警惕

“对有关被监管机构野蛮扩张大肆放水”“监管严重失守”，出现在去年一些金融监管内鬼的处分通报中。2020 年，中央纪委国家监委网站已发布中国银保监会福建监管局原党委书记、局长亓新政，原中国银监会山西监管局党委书记、局长张安顺等 10 名金融监管部门领导干部接受审查调查或受到党纪政务处分的消息。

少数金融监管干部同金融机构从业人员、不良企业主相互勾结，形成贪腐利益链。有人利用监管权力收受私营企业主财物、为一些不法金融行为“保驾护航”，例如亓新政滥用行政审批权力，违反许可条件和程序，为不法商人获取保险代理许可提供帮助，干预对保险机构违法违规经营行为的行政处罚。有人收受被监管机构的贿赂，监管严重“放水”，如中国银保监会内蒙古监管局原党委委员贾奇珍长期默许、纵容有关被监管机构野蛮扩张、违法违规经营，监管严重失守。

③靠行吃行、违规经商办企业等问题突出

靠行吃行、亦官亦商，是一些金融领域党员干部的突出问题，比如内蒙古银保监局原党委委员刘金明违规入股银行机构谋利，郭继庄违规在建行客户企业投资参股、兼职取酬。很多作案手段掩人耳目、穿上新马甲，由他人代持股份、股票、房产，如中国银行宁夏分行原总审计师刘富国违规经商办企业，借他人名义投资入股相关企业；亓新政收受干股由特定关系人代持。

（3）金融腐败的主要原因分析

客观冷静分析近些年金融领域的重大腐败案件背后深层次的主要原因，从廉政文化的角度来看，可以概括为以下几点：

①部分金融领域的领导干部思想观念淡薄，理想信念缺失，对党纪国法不知戒惧。

作为党培养的领导干部本应守牢底线，明确纪在法前、纪严于法，带头遵守党的纪律，但实际情况却令人发指。突出表现为对法纪制度底线红线的高频突破。说到目无法纪者，党的十八大后仍不收敛不收手，比如深耕国开行的姚中民，2013 年底退休，2015 年被中纪委通报违反中央八项规定精神，2016 年又披露出其不思悔改、顶风违纪、对抗组织审查，直到被法办时才认罪悔罪、积极退赃。再比如，对领导干部配偶和子女等经商办企业，党纪国法都有明文规定，但身处为国家掌管财权的高位后，以权谋财却是所有腐败高管的通病。无论是主动设法掩饰通过家人敛财，还是因亲属经商造成贪腐行为，包括借婚丧嫁娶红白喜事之机违反纪律规定大办操持收受礼金，因家风问题所形成的“家族式腐败”，竟是“金融八虎”共有的情节。①

②缺乏对权力的有效监督，使部分领导干部有机可乘，唯利是图、胆大妄为，视政治纪律政治规矩为儿戏。

很多腐败案件都有一个共同特点，那就是利用职务之便直接或经特定人索贿受贿，用公权力谋取个人私利，唯利是图、胆大妄为，以赖小民案最为典型，其违法违纪问题前所未有、世所罕见。他肆意开展政治投机无所顾忌，为谋求职务和地位提升，党内拉关系、建圈子，敢在人大选举中搞非组织活动，更在干部选拔上任人唯权、唯利、唯圈；党外搞美化、造声势、爱炒作，声称瘦了自己肥了华融；背地里还搞迷信、拜神佛，两面人的特质凸显。② 据中纪委网站通报，赖小民在监狱里忏悔自己的罪行，充满悔意地说：“脚上的泡都是自己走出来的……希望广大党员领导干部以我为戒，遵纪守法，远离腐败，牢记那句话‘手莫伸，伸手必被捉’。”③ 这是多么痛的领悟，而终归他要为自己对权钱的贪恋和胡作非为买单。

③失衡的薪酬激励激发了高管的冒险动机，对次生金融风险不知敬畏。

---

① 王新宇. 十八大以来中管金融企业腐败治理研究［D］. 长春：东北师范大学，2019：30.

② 王新宇. 十八大以来中管金融企业腐败治理研究［D］. 长春：东北师范大学，2019：35 – 36.

③ 中央纪委国家监委. 2018“打虎”简报［EB/OL］.（2019 – 01 – 03）［2021 – 05 – 03］. https：//www. ccdi. gov. cn/toutiaon/201901/t20190102_ 94509. html.

金融高管令人咋舌的高薪一直受社会诟病。2015 年我国实施《中央管理企业负责人薪酬制度改革方案》，限制国企高管薪酬。2018 年年报显示，6 大国有商业银行中只有 3 位高管年薪突破百万，执行董事的平均薪酬从 2015 年的 110 万元，下降到 58 万元。金融高管薪酬一般由基本工资和绩效工资组成。绩效工资根据企业经营效益、成长指标弹性变动。激励系数越高，激励效应越大，高管们业绩冲动越强，冒险概率也越高。宋清华、曲良波（2011）选择 2000—2010 年中国 13 家商业银行非平衡面板数据，经过实证研究指出，我国金融高管的薪酬与风险承担呈倒 U 形关系，高管薪酬激励在提升银行绩效的同时也加大了银行风险。有的高管为了拿到高薪酬，热衷于开展杠杆率高、风险大的业务，对于蕴含的风险置若罔闻。不合理的薪酬激励机制激发了高管自私贪婪的本性，也为其追求高收入提供了合理外衣。①

④信息的不对称为内幕交易、监守自盗提供了腐败的土壤。

信息不对称会诱发机会主义行为，增加从业人员铤而走险的决心，产生逆向选择和道德风险。现代金融市场的交易方式大量采用信用交易，其产品的衍生性，业务操作的复杂性，金融知识的专业性，使得其天生就具有信息不对称的特性。特别是，近年来金融科技创新不断，第 3 方支付、互联网金融等新兴金融业态快速发展，不少金融业务跨市场、跨行业运行，信息不对称现象更加严重，信息犯罪的隐蔽性更强。而国内尚不健全的信息管理办法，加剧了信息不对称现象的产生。银行内部工作人员往往掌握了大量信息，是信息优势方，甚至是信息的提供者、发布者，如果他们职业道德败坏，只顾一己私利，就会利用信息优势，进行内幕交易、监守自盗，从而导致金融犯罪。

7.3.2.2 面向未来的金融廉政文化建设之路

改革开放以来，我国金融业高速发展。目前银行业规模全球第一，股市规模全球第二，债市规模全球第三。加强金融系统党的领导和党的建设，加大金融领域反腐败力度，对于我国经济金融健康发展意义重大。金融廉政文化建设是金融业党风廉政建设和反腐倡廉的基础工程。

---

① 刘树新．金融行业高管道德风险成因与防范探析［J］．海南广播电视大学学报，2020，21（03）：81－86．

任何社会现象背后都有产生和发展的文化背景。面对近年来查处的项俊波、杨家才、赖小民等严重腐败窝案，暴露出的金融系统诸多深层次问题，也都与廉政文化建设问题息息相关。面向21世纪，面向未来的中国特色的金融强国之路，必须加强金融廉政文化建设。这不仅是全面从严治党，深化金融领域反腐败斗争的政治需要，也是营造风清气正的金融行业风气，为防范和化解风险、维护国家安全提供坚强保障的现实需要。

（1）聚焦金融廉政文化体系的内容建设

金融廉政文化围绕什么展开，批判什么、弘扬什么，内容选择是关键。金融廉政文化建设作为中国特色廉政文化建设的重要组成部分，既要按照当前中国特色廉政文化建设的内在要求做好内容体系规划，同时也必须立足金融行业特色，把金融廉政文化内容植根于深厚的历史文化积淀、民族文化以及地域文化的优秀文化中，提炼具有行业鲜明特色的廉政文化内涵，从而使金融廉政文化建设更具有行业特色和现实针对性。要结合新形势变化的需求，力求使金融廉政文化建设把准时代脉搏，顺应时代潮流，基于当前金融领域腐败问题产生的根源及具体表现，从理想信念、职业道德、政治纪律和规矩等方面，设计具有金融特色的廉政文化教育的内容，厚植金融行业清正廉洁的文化土壤。

（2）加大培育金融廉洁从业理念的力度

理念的培育是文化建设的核心。新时代金融廉政文化建设必须在不断深化改革，创新经营的基础上积极培育金融从业人员的廉洁从业理念，防范和化解金融系统内道德风险和操作风险。

金融系统要在切实增强廉政文化的渗透性上下功夫。对金融系统的党员领导干部来说，就是要通过开展形式多样的廉政文化教育引导他们增强党性修养，增强政治意识、全局意识、核心意识和看齐意识，培养廉洁奉公、忠于职守的优良品德，发挥榜样引领作用。对金融系统的普通员工而言，则要通过喜闻乐见的方式将社会主义核心价值观融入他们的生活中，注重实践养成，重在养成惩恶扬善积极向上的良好风尚。从而建立一支爱岗敬业、勤勉尽责、诚实守信、严谨规范、忠诚廉洁的金融从业人员队伍。

（3）完善金融廉洁从业制度建设

制度是管根本、管长远的。金融廉政文化建设离不开法治的保障。只有靠制度管人管事，依法治理金融，规范经营管理行为，才能有效防止违规违法行为的产生，预防金融腐败。

要将廉政文化融入金融业管理制度建设之中，将内控合规管理机制与廉政文化建设有机融合、相辅相成，以廉政制度来规范权力运行，确保金融机构各项经营活动有规可依、有规必依，增强文化的免疫力。

要结合金融行业的特点，加强对重点岗位人员廉洁从业行为的规范、管理与监督，同时制定科学规范的廉洁考核制度，制定合理的奖惩机制；要规范用人制度，使隐性权力显性化、显性权力规范化，防止用人上的不正之风；要完善各级领导班子的议事决策机制，建立相应的决策失误追责制度，提升决策的科学化水平；要深入推进信息公开的制度化、长效化，让权力在阳光下运行，从而促进领导干部增强廉洁自律的自觉性。

(4) 巩固和拓展金融廉政文化阵地的建设

廉政文化阵地是培育廉洁从业理念、开展廉政文化活动、接受廉政教育的重要载体。金融廉政文化要构建多层次、全方位的廉政文化阵地，从而形成以党建廉政为主题、以文化理念为背景、以金融为依托，积极打造金融廉政文化场所，营造崇廉尚洁的良好氛围，打造廉政生态圈。

一方面要创新金融廉政文化的载体，构建金融廉政文化建设平台。除了利用报刊、宣传栏、板报等传统阵地，还可以借助互联网软件和 App 搭建廉政文化建设平台，推动金融廉政文化建设的转型升级，打造新型金融廉政文化建设模式，采用人们喜闻乐见的形式和方式，将廉洁之风吹进金融业的每个角落，使广大干部员工在工作岗位上，在休闲娱乐中接受廉政文化的熏陶。另一方面要丰富金融廉政文化建设的形式，可以结合地方特色和具体行业特色开展富有特色的廉政文化创建活动，通过“媒体传廉、文化兴廉、读书思廉、教育倡廉、谈话促廉、典型导廉”等多种方式，不断拓展领域、力争做到形式与内容的统一、氛围与效果的统一，使廉政理念入脑入心，从而形成尊廉、崇廉、守廉氛围。

(5) 提升金融廉洁从业的监督水平

监督犹如一面镜子，是防止滋生消极腐败行为的重要手段。一方面要加强金融监管部门的内部管理，避免监管“失守”现象；另一方面要加强金融行业内部的监督管理。

在金融监管上，一是要加强组织领导，加强银行一把手“一岗双责”，充分发挥党委的监督主体责任作用，同时借助群众构建监督网络，实现纪检监察与金融业务工作齐抓共管的良好局面。二是切实增强纪检监察干部的责任意识，通过群众监督强化自身的责任感、使命感，让纪检监察工作在阳光下进行，在群众的监督中展开。三是健全责任体系，细化各岗位责任内容，量化岗位责任标准，硬化责任追究，不断提升制度执行力，以“零容忍”的态度惩治腐败。四是提升监督手段和技术水平，聚焦主业监督，对信贷投放、抵压资产处置、不良贷款及大宗物品采购等极易存在腐败的关键领域，进行重点摸排监管，同时密切关注互联网金融等创新领域的新动态，坚持底线思维，防止系统性金融风险的发生。

(6) 注重调动金融从业人员的广泛参与度和积极性

一个人的清正廉明，从根本上讲不能完全靠外部约束，而要靠自觉自律。构建风清气正的行业生态，需要全员的支持与维护。金融廉政文化建设的主体不仅仅是金融行业的领导干部，广大金融行业员工也是廉政文化建设的主体，是廉政文化不断丰富发展的源泉。

一方面金融行业的党员领导干部要提高政治站位，充分认识金融廉政文化建设的重要性和必要性，积极动员和组织开展形式多样的金融廉政文化建设活动。同时，个人要强化领导干部的廉洁守法意识，通过形式多样的廉洁教育活动，从知法、懂法、守法三个层面不断端正思想，时刻把法律的戒尺、纪律的戒尺、制度的戒尺、规矩的戒尺、道德的戒尺牢记于心，把宪法精神、公权属性、公私界限牢记于心，做到心有所戒、行有所止，守住底线、不踩红线、不碰高压线，建立和巩固“不想腐”的思想防线。

另一方面，要充分调动员工积极性，使其融入廉政文化建设中来。贴近员工、贴近生活、贴近实际开展廉政文化建设，立足广大员工的工作和生活的场域环境，科学规划和设计廉政文化教育内容，使广大员工深刻学习领悟党和国家的政策法律。同时引导好、保护好、发挥好广大员工参与廉政文化建设的积极性、主动性和创造性，为廉政文化建设奠定深厚的群众基础，使廉洁思想教育真正扎根于企业，营造风清气正的工作环境。

第 8 章　金融廉政文化修养与建设

要做到金融廉政，需要从业人员严格按照金融法律法规和相关政策规定，遵纪守法，清正廉洁，不违法乱纪。遵纪守法，对一个普通公民来说是一个底线要求，不一定要上升到进行特定文化修养的高度，对于受过党和金融机构培养教育的领导干部和相关工作人员来说，似乎理所当然，不足为奇。提出实现金融廉政需要加强金融廉政文化建设，和金融行业对人的更高诱惑有关，在我国金融管理岗位带来的巨大诱惑面前，在西方国家的金融霸权面前，古今中外很多曾经的贤良之士也难以独善其身，加强金融廉政文化建设很有必要。加强金融廉政文化建设，一方面每一位从业者要加强自身的职业道德建设，一方面要建立公正的中国特色金融廉政文化。

8.1　金融廉政文化修养是职业生涯的终始课题

8.1.1　职业生涯中始终进行金融廉政文化建设的依据

金融廉政文化修养是在职业活动中逐渐养成的，需要把金融文化修养和职业道德的修养结合起来。在我国，党的纪律、金融法律法规、国家的金融政策规定了在金融活动中，所必须严格遵守的各项具体规定。道德和法律的一个显著区别是，道德有一个度的范围，在适当的范围内都是道德允许的，但法律的界限非常清晰，一旦越过法律的红线，就没有回头的机会。加强职业道德建设，会帮助我们更好地树立金融廉政的信念，加强金融廉政文化修养，是我们实现金融廉政的防火墙，它能够帮助我们更好地做到金融廉政。

在近代西方国家政治制度的建构中，洛克、休谟的政治哲学发挥了重要的基础作用。在他们的政治哲学中，在分析归纳现实的人的基本情感状态的基础上，对那些和人的政治行为有关的自然本性提出了假设。为了让人们更好地理解政治权利的特征和它的起源，他们都提出了自然法的观念，并预设了人们的自然状态，他们认为这是人类的一种天然的状态。他们所预设的在自然状态下的人所具备的普遍的人性弱点，在进行金融廉政文化建设中，需要引起重视。

洛克重视理性的作用，他认为自然状态是“众人遵循理性一起生活，在人世间无有共同的长上秉威权在他们之间裁决，这真正是自然状态。这不是写蛮民的生活，这是些有德性的无政府主义者组成的空想社会，这帮人是绝不需要警察和法院的，那是因为他们永远遵从‘理性’，理性跟‘自然法’就是一个东西，而自然法本身又由那些发源于神的行为规律组成的”①。洛克认为，在他所设想的这种自然状态中，没有基于世俗权力所赋予人们的那种居于众人之上的地位和力量，人们按照人的自然本性生活，人们自由地规定自己的行为，保护自己的人身和财产安全是符合这种自然状态的，这种状态不受干预，不必获得许可，也不依从于他人意志。这样，反对偷盗是自然状态，而遵守交通规则就不属于这种自然状态。因为交通规则是有了社会公共权力以后的规定，反对偷盗在假定的自然状态和有了公共权力以后都可以存在。洛克主张，在自然法的状态下，人处在平等的状态下，人们具有同等的权力，大家对他人的支配权是平等的和对等的。但这种状态的弊端是每个人必须自己维护自己的平等权利，每个人都是自己讼案的法官。他认为，在自然状态下，主要依靠道德维护社会秩序，由于需要，人们才建立国家政权保护人们的权利。

自然状态和自然法的学说是西方资本主义早期的政治哲学和法学的基础，虽然这一学说不可追溯验证，但在此基础上设计并建立起来的资本主义制度却有一定的严密性。以往包括封建制在内的私有制社会，不论设立何种程度的严刑峻法，也难以遏制腐败问题。在资本主义以前的私有制社会里，虽然

① 罗素．西方哲学史（下卷）[M]．马元德，译．北京：商务印书馆，2015：170.

金融行业不够发达，但很难杜绝行业内的腐败现象。在资本主义制度下，某些发达的资本主义国家，因为有对权力的种种限制，他们的高官难以获得高于普通人的特权，一般没有导致腐败的“资源”，当代一些发达资本主义国家政府的腐败现象得到了较大程度的遏制。资本主义国家的金融机构拥有决定其他行业、其他企业生死荣辱的无上霸权，资本主义国家政权也成了维护金融资本霸权的工具，其他行业难以获得和金融行业平等的地位，政治、法律不能实现公正。金融行业攫取了其他行业应该享有的大量的利益，但在金融行业内部，管理者的权利受到了一定程度的限制，腐败行为得到了一定程度的遏制。

洛克、休谟等人讨论了自然状态会遇到的困境，提出了自然法的学说，他们认为道德律独立于成文法之外，主张把道德律作为评价法律良与恶的尺度，道德律能够评价人们的行为是否正当，他们认为自然法应该体现道德律的要求。“在没有政府的社会里，由自然法来决定哪种行为在道德上算正当，哪种行为不正当；成文法在可能范围内应该以自然法为指针，传自然法的精神。”洛克等人关于道德律和自然法的关系的观点具备一定的合理性，人们普遍接受法律来源于道德的观点，他们也设想了法律和道德比较具体的联系。

洛克的学说会让人发现一个矛盾，他把自然状态描述为人们都有德性。如果人们都遵守道德律，自然状态就是所有人都有德性的状态，但他又提出，在自然状态要抵御来自恶人的侵犯，这又说明自然状态的人并非人人有德。他所说的恶人性恶主要是对他人人身或财产的侵袭，他认为侵犯他人财产是没有德性的行为，对财产的关注在他政治学说中具有非常显著的地位。通过洛克的自然状态和自然法的学说，我们能够发现道德在法律和政治制度建构中的地位，也能说明不侵犯、占有他人的财产在金融廉政文化建设中的重要意义。在洛克和休谟的政治学说中，极其重视财产在道德律和自然法中的地位，也为我们加强金融廉政文化建设提供了一定的启示。加强金融廉政文化建设，就要能过金钱关，法律和职业道德注重规范人们对待他人财产和国家、社会财产的行为，金钱关也是腐败分子最难通过的三个考验之一。洛克设想的自然状态是人人平等的状态，如果人们的实际地位不平等，很难形成良好的道德环境，道德对高高在上的人和地位卑微的人要求并不对等，如果一个人身居显位有霸气，很难成为一个在公众眼中的有德之人。要想形成良好的金融文化，必须要过权力地位关。洛克和休谟等人都假定人是自私自利的人，在资本主义环境下，人确实具有自私自利的特征，一个自私自利的人要满足自己对财富和地位的欲望，也要满足自己对异性占有的欲望。在社会主义环境下，由于社会制度的设计和社会主义、共产主义理想信念的教育，很多人能够超越在私有制条件下的人的自私本性，但仍然有一定的从事金融行业的人在一定程度上，追求对异性的占有，赖小民等金融腐败分子也发生了生活作风糜烂的问题。要实现金融廉政，从事金融工作的人员要过美色关，在金融廉政文化建设中，要抵制糜烂或者不正当的两性文化。

为什么要把金融廉政文化作为从业者毕生的职业追求？单纯从个体的角度来讲，一个是能够保持职业资格的需要，另一个是实现职业理想，以金融职业为国家和社会做出贡献的需要。古今中外的思想家，都重视道德修养的长期性。洛克认为，“自我利益和全体利益一致只是就长远而言，所以要紧的是人应该尽可能以自己的长远利益为指南。也就是说，人当有远虑。远虑是仍待倡导的唯一美德，因为一切失德都是失于远虑”①。洛克强调远虑和新教伦理有一致性，它的初衷是资本主义的延续和发展的需要，是否有远虑，能够影响人的经济状况，有远虑的人更可能发财致富，没有远虑的人往往会贫困下去。洛克过于强调远虑的理论体系在理论上并不能完善自恰，但是他对获取财富的远虑，对我们毕生追求金融廉政修养，有一定的启发作用。从事金融腐败的人都是为了获得眼前的快乐，付出的代价是失去了长远的发展机会，虽然这个道理非常简单，但在实践中，却是许多人难以逾越的鸿沟。

8.1.2 进行金融廉政文化建设的重点环节

8.1.2.1 理性的意义和价值

每个人对同一个道德行为都可能形成自己独特的认知和评价，每个民族在不同的历史时期都会有独特的民族特征，例如俄罗斯民族会欣赏曾被他们战胜过的民族，日本会崇拜曾经战胜过他们的民族。在吸收世界各民族伦理学精华的基础上，形成适合本民族特点的，并能为世界上其他民族尊崇的伦

① 罗素．西方哲学史（下卷）［M］．马元德，译．北京：商务印书馆，2015：145.

理观念，对一个民族具有重要意义。如果把这些伦理观念转化成自己的内心信念，对金融廉政文化建设也具有重要意义。

唯理论和经验论在伦理学中也存在争论，经验主义者承认，通过对每一个具体事实进行大量观察，能够归纳出比较有限的结论；以莱布尼兹为代表的唯理论希望在一些原则的基础上，通过逻辑演绎，建立起一个大厦似的伦理体系。从学理的角度看，唯理论的观点似乎更容易建立庞大的体系，但出现风险的机会也更大，这个体系更像一个倒置的金字塔，一旦某个中间环节出现问题，大厦的稳固程度会发生动摇。经验主义者某个环节出现问题，更容易修复，承担的风险会较小。

康德希望调和经验论和唯理论的矛盾，他强调道德律令的无条件性，把道德律作为定言命令。假言命令是条件命题，一般的假言命题用如果，那么的形式，如果假言命题的前提或前件为真，那么命题后件也为真，假言命题是需要条件的。而道德律不需要条件就能够成立，实际上他更为重视理性的作用。康德认为，“一切道德概念都完全先天地寓于理性，发源于理性。人出于一种义务感而行动，才存在道德价值；行动像义务本可能指定的那样，是不够的。出于自私自利而诚实的生意人，或出于仁爱冲动而助人的人，都不算道德。”① 康德认为，道德是符合规律的，自然界会凭道德规律而运行，人类也会按照道德律而行动，道德律对人的意志具有强制性，也就是理性的命令。

经验论者没有权威主义的特征，他们的思想体系也是由进行考察过的个别片段组成。“他们规避一整块雕成的大纲领，宁愿就事论事，研究各个问题。他们在政治上如同在哲学上一样，带着试探和尝试的精神。”② 在现阶段中国的政治制度的设计过程中，我们也重视积极稳妥地进行尝试，并不急于把其他国家和民族中取得初步成效的经验进行普遍的推广，这也保障了我们的政治制度的稳妥性和有效性。洛克和休谟的经验论对英美国家政治制度的设计发挥了极其重要的作用，但有些国家试图把并没有普遍有效性的价值观念强行推广，具有唯理论的特征，唯理论的特征受到英美哲学家的广泛批评。

---

① 罗素．西方哲学史（下卷）［M］．马元德，译．北京：商务印书馆，2015：253-254.
② 罗素．西方哲学史（下卷）［M］．马元德，译．北京：商务印书馆，2015：180.

我们在进行金融廉政文化的建设中，在学习外国经验的过程中，要不断进行探索和尝试，因为金融领域地位重要，一定要稳妥第一，不可冒进。随着人类文明的不断进步，人类社会的制度设计越来越严密，伦理学在社会建构中也发挥着越来越充分的作用，每一个行业的规则规范也在不断完善化。金融廉政文化建设是在金融领域制度建设的基础上进行的，金融制度越来越合理严密，金融廉政文化建设也越来越需要理性的参与。但要把重视理性和唯理论区别开来，在金融廉政文化建设的过程中，重视被验证的成功经验的作用，重视理性和经验的有效性的条件和范围。

8.1.2.2 道德情感的重要地位

休谟提出“理性是情感的奴隶”，他认为，情感在道德行为和道德判断中居于核心地位。他提出，不适宜用研究自然科学的方法研究道德问题，道德问题是一种应然意义上的是非问题，而不是关于事实的真假问题，为此，他提出了事实与价值的二分法。他认为道德问题不是事实问题，而是价值问题。休谟的观点是，“人在怎样的义务下去从事道德行为，这才是道德哲学所探讨的不同于自然科学的关键问题”①。从休谟的论述来看，道德上的好坏善恶，不是基于理性，而是基于情感，这是休谟道德哲学的一个基本观点。休谟并不是完全否认理性在认识价值问题的能力，他只是对理性的作用持和缓的怀疑主义，他认为我们可以有一致的价值标准，可以有一致的正义和德性标准。和休谟同时代的苏格兰思想家哈奇逊认为人类行为能够表明，通过理性能够判断真假，但不能判断善恶，“人的行为动机中有相当一部分内容是由情感构成的，情感因素对于道德观念的形成起着决定性的作用”②。

休谟预设了人所处的是一个自然资源相对匮乏的环境，大自然提供的满足人类需要的物品，相对于人的欲望总是匮乏的。如果人类的欲望都能够完全得到满足，人类就没有必要组成社会，就没有必要关注社会正义问题。面对相对匮乏的环境，休谟预设了“人性的自私和有限的慷慨”。他认为，“在一个自然资源相对匮乏的状况下，正是上述人的本性使人们结合在一起，组

① 高全喜. 休谟的政治哲学［M］. 北京：北京大学出版社，2004：28.
② 高全喜. 休谟的政治哲学［M］. 北京：北京大学出版社，2004：92.

成了社会群体，并在合作中产生了个人与个人、个人与公共社会之间的利益分化、关联以及协调，进而形成一定的规则与制度，最终构成一个社会的政治共同体，实现人为的正义的美德”①。休谟认为，我们自以为的崇高品德，都与自私有关，甚至最慷慨的友谊，也是自爱的另一种表现形式。休谟假设人类在自私的同时，也有对他人的同情，具有有限的慷慨和仁慈的品格。“正是自私与慷慨的协调与平衡，即休谟所谓的共同利益感，构成了政治社会的产生机制。”② 这种假定符合人们的常识，确实有的人对他人比对自己还要慷慨，但这种情况属于个别情况。正常情况是爱自己胜于爱别人，人的自私和有限慷慨会有一定的张力，这也是进行社会政治制度设计时需要注意的人性的现实情况。人们一般把自己的物质财富供自己和自己最亲近的人享用，不同的亲近关系，不同的民族正常的物质方面的礼尚往来水准不一，人们普遍认为，对那些最亲近或最重要的人赠送自己认为最贵重的礼品。如果能够让一个人为自己做违法乱纪的事情，一般说，对方会拿出值得自己冒险的代价。当有的人为金融行业的人付出了正常交往的礼品、礼金时，金融行业的人一旦收受这些礼品、礼金或其他招待，已经踏出了金融腐败的一只脚。

休谟、斯密、哈奇逊等人都看到，如果仅仅听从人的本能和欲望等自然本性，在这类动物性本能引导下人类不能自然地形成道德情感、品格，不能在此基础上做出道德行为。哈奇逊在人类的情感中抽象出同情等情感，认为这种情感是道德的本源，“这种道德情感首先是一种情感，不是理性，但它们又不是本能的，而是超越了低级欲望而为人所独有的一种高贵的情感，它们便是同情、仁慈、博爱、怜悯等情感，正是这类情感才是道德的本源，决定着善恶德性”③。休谟反对哈奇逊把道德情感抽象化，他认为，这类道德情感依然是人的一种本能，同情、仁慈等情感属于人性的组成部分，它们中有的因素属于人的自然感情的组成部分，有的是在社会生活中自然生成的，有的是训练、培育出来的。斯密认为，即便是被众人视为极端自私的人，他也有关心别人的命运的本性，会因为别人获得幸福而高兴，哪怕他在别人的幸福时一无所获。

① 高全喜. 休谟的政治哲学［M］. 北京：北京大学出版社，2004：47.
② 高全喜. 休谟的政治哲学［M］. 北京：北京大学出版社，2004：49.
③ 高全喜. 休谟的政治哲学［M］. 北京：北京大学出版社，2004：92.

在休谟和斯密的政治哲学和伦理学中，都强调正义的基础地位，休谟和斯密都有一整套有关道德哲学和政治哲学的基本理论，都强调正义的普遍价值，他们重视人的同情、仁爱和互助合作等道德情操在建立市场的自发秩序的重要作用，以此克服经济人片面的自私本性，他们影响了英国古典思想，也影响了资本主义社会政治经济学的发展。

人们的人格类型不同，有的人富有同情心，主张人与人平等，他们往往关注人们的幸福，康德属于这种类型的哲学家；有的人认为自己天生高贵，强调强者的独特地位和利益，他们并不过多关心普通人的处境，尼采属于贵族类型的哲学家。按照普通人的内在状态来说，对于自己的不幸会感到比较强烈的痛苦和关注，对于熟悉的人的关注程度会降低，对于不熟悉的人的痛苦可能会很少在意。对于自己的幸福同对别人的幸福的感受程度也会有很大的不同。追逐权力欲望的人，往往会忽略别人的痛苦或幸福的感受，在发泄自己的权力欲时，会做出某种残酷的行为。人们的伦理观往往受到人的性格的影响，认为幸福是人生目的，富有仁慈心的人往往希望人们都能获得幸福。人的情感类型外在表现也不尽相同，卢梭让人感觉比较伤感，他的怯懦表现于外，他赞赏美德。拜伦也是比较忧郁的，虽然他表现得比较狂热，但他的内在是怯懦的，他赞赏那种霹雳般的爆裂的罪恶。人的情感类型不同，也决定了人格类型的差异。在进行金融廉政文化建设的过程中，每个人需要根据自己的情感特征，有意识地培育爱心、同情心、关注他人幸福等情感倾向。

浪漫主义者往往有着强烈的情感，他们对于他人的情感倾向往往表现出强烈的情感倾向，也容易理解和宽容别人的情感。卢梭是浪漫主义的代表人物，他把追求自由作为一个重要目标，浪漫主义者往往会打破习俗的束缚，从艺术的传统到人们的日常习惯，浪漫主义者都有突破的愿望，他们重视道德原则，但对传统的道德原则有独特的见解，对一些具体道德问题也会有自己的敏锐视角。浪漫主义者的一个突出特点是以审美的标准代替功利主义的标准，浪漫主义者对世俗的功利不是过于专注，但对自己对艺术或审美的偏好表现出极大的兴趣，他们也会有自己独特的审美体验。他们带有情绪化的倾向，但一般不会按照情感情绪去对待具体的人和事。浪漫主义也是人类天然的一种倾向，但有的人这种气质更加突出，人们之所以能够被浪漫主义吸引打动，和人性与人类环境的特定情境有关。人类需要组成社会，形成特定的社会组织和社会关系，但每个人都有自己独特的内心世界，这种内心世界在一定意义上是非常孤独的，人的内心世界既有和世界互动的需要，也有保持私密状态，不被他人干扰和察知的需要，人的内在状态需要公共道德来补充，也需要保持自己的独特性。人们有了远虑，会割舍眼前的满足，这也舍弃了很多人生的乐趣，人们也难以真的活在当下。浪漫主义的人们获得快乐的愿望被激发起来以后，人们会突破谨小慎微的社会习俗和道德规范的种种限制，压抑内心的冲突也会被突破。这种突破有的是合理的，每一个社会都有古老的没有合理性的传统，人们在突破传统的释放过程中也会获得飞扬的愉悦，但这种突破，不一定都具有合理性，也不一定符合社会的需要。

也有人主张把诗意的栖居这种美学倾向渗透到政治制度中，但也有政治哲学的研究者指出这种倾向的弊端。

罗素对卢梭的道德品德不以为然，也提出，“不喜欢发源于卢梭的滥弄感情的不逻辑”①。罗素不满意卢梭排斥理性而诉之于感情。笔者认为，美学倾向不适于加入社会政治制度的建构，但这种倾向能让人在一定程度上超脱世俗的功利性，在生活中，有的金融行业的权威人士具备良好的艺术素养，但会把书画等艺术技能作为变相受贿的手段，也有的人真的在做好领导工作的基础上，醉心于艺术世界，品德高尚，淡泊世俗名利。罗素认为，“浪漫主义观点一半因为是贵族观点，一半因为重热情、轻算计，所以万分鄙视商业和金融”②。

在从事金融行业的人中，需要培养人们的同情心，需要培养人们对他人福祉的关注度，需要克制自己身上可能具有的“贵族”气质，克服自己对他人的不良情绪，克服“憎恨、嫉妒、权力欲”等消极的情感，在此基础上，按照各项金融法律法规的规定，以金融服务报效社会。

8.1.2.3 道德意志的重要地位

现代西方哲学对传统的理性主义进行了批判，叔本华和尼采都强调人的意志对于理性的优先地位，叔本华认为意志在认识之先，“人是根据自己的欲

---

① 罗素. 西方哲学史（下卷）[M]. 马元德，译. 北京：商务印书馆，2015：236.
② 罗素. 西方哲学史（下卷）[M]. 马元德，译. 北京：商务印书馆，2015：223.

求和意志来认识事物的，先有欲求然后才去认识。他第一次大胆地说出了人的意志、欲望构成人的本质”①。叔本华认为认识是附属于、依从于人的意志的，人的性格、意志产生的欲求决定人的本质。尼采强调理性主义会消解人的生命意志，人的生命意志决定人的本质。

叔本华受到康德和印度宗教的影响，康德的很多继承者都抛弃了康德的物自体概念，叔本华保留了物自体，并把意志描述为物自体，他认为道德律根本就是和意志相关的，我们所感知到的我们的身体就是我们的意志，他认为善恶的差别在于意欲的差别，身体是一种外在的现象，它表现的是意志。叔本华认为人生的真相是痛苦，他认为所有的意志都是邪恶的，我们没有一个终极的固定目的，达到了这个目的意志就会得到满足，痛苦的根源在于意志，意志会让我们的人生陷入永无止境的痛苦。叔本华的意志和人的欲望是紧密相关的，因为人的欲望没有止境，人永远也不会获得满足，欲望不能得到满足人会痛苦，获得了满足人会更加贪得无厌，他说，欲望得到满足了人会觉着无聊。人的欲望不论是否得到满足，人都不会获得幸福。这是叔本华悲观主义哲学的基本内容。

为了解决这种问题，他的观点类似佛教的禁欲主义，他认为，人应该否定人的本性，“善人会实行完全守贞、自愿清贫、斋戒和苦行”。他认为意志是邪恶的，这种被编织起来的意志的全能的苦难之网会永远折磨我们，我们消减意志能够减少恶，但不会增进善。叔本华不是一个真诚的哲学家，他对和欲望有关的意志的剖析是深刻的，也有一定的合理性，但他本人并没有禁欲的倾向，他饮食考究，沉溺情色。不过，叔本华的思想对于金融行业的从业者是有借鉴意义的，欲望一方面是人类的动力，但过分的欲望会让人痛苦，跨越法律的欲望更会让人身败名裂。

尼采受了叔本华的直接影响，他同样重视意志的作用，但他和叔本华的一个显著不同是，叔本华试图否定并削弱人的意志，尼采则主张强力意志的意义和价值。尼采的哲学受到的争议很大，也确实有很多人受到了尼采很大的影响，但也有很多哲学家对尼采的哲学提出了尖锐的批评。

尼采对人性的恶有深刻的认识，也用恶性的眼光看待人类，他也看到了

---

① 戴茂堂，魏素琳. 现在西方哲学的“三大批判”［J］. 人文杂志，1999（2）：12.

人性的恶在人类进化过程中的必要性，他提出，“追求善胜利、恶灭绝这件事当成一种义务，是错误的”①。罗素提到了尼采对“你不愿意旁人对你做的事，你也不要对别人做”这种观点的批评，罗素感觉这句话似曾相识，这句话的意思应该是“己所不欲勿施于人”。尼采追求的是贵族的道德，他对苏格拉底用民主的观念影响雅典的贵族青年极不满意，他认为多数人是为展现极少数人的优越性服务的，单独地追求多数人幸福的权利是不合理的。尼采不容许己所不欲勿施于人的原则，他认为这么做人是互相效劳，人们的行为都是互相回报，这样，就可以认为人们之间的行为在价值上相似，尼采不认可他所谓的高贵的人和普通人有相同的价值。尼采反对普通人联合起来向高贵的人争取民主的权力，也不喜欢为无产阶级和贫苦的人而争取解放的社会主义者。他主张：“我们应该反对个体软弱者之间的一切联合，唯恐他们的集合力量会压倒个体强者的集合力量；另一方面，我们应该促进人口当中强韧而雄健的分子之间的联合。”②

尼采提倡主人的道德，反对奴隶的道德，他的另一个鲜明的特征是对基督教的批判，他反对基督教和反对奴隶的道德有直接联系。基督教主张崇拜服从神灵，他认为没有任何一种宗教说的是真理，高贵的人也不能向这种权威低头，他明确反对驯化人心的基督教。

尼采赞赏强力意志，希望增强意志抵抗和忍受痛苦与折磨的力量，他不责备人生的罪恶和痛苦，反而向往那种更大的罪恶与痛苦，以至于培养那种伟大的强力意志，培养超人的能够抵御一切苦难的能力。他表示超人的苦难比一个民族的不幸还要重要。

研究尼采的哲学的人普遍认为，尼采所强调的东西往往是他最缺乏的东西，他理想中的形象可能是他最缺少的素质。罗素认为，尼采设想的超人的权利意志是恐惧的表现，罗素认为有两类圣贤，一类是生来的圣贤，还有一种由于恐惧而来的圣贤。生来的圣贤对人类有天然的爱，因与人为善感到幸福才为他人奉献。因恐惧而成为圣贤是担心作恶会受到惩罚，尼采说上帝死了，上帝对人作恶的惩罚也不成立了，但他内心中的恐惧和憎恨，导致他难

① 罗素．西方哲学史（下卷）[M]．马元德，译．北京：商务印书馆，2015：314.
② 罗素．西方哲学史（下卷）[M]．马元德，译．北京：商务印书馆，2015：323.

以自发地去行善。尼采是因为恐惧而成为圣贤的，他不赞赏林肯对人天然的爱，却赞赏拿破仑的征服的力量。

尼采所强调的超人道德是有一定的积极意义的，罗素承认他和尼采有相同的主张，“我也觉得，某种高洁和自豪，甚至某类的自以为是，都是最优良的品格中的要素”①。人类对自己的崇高品德的自觉和追求是有积极意义的，但尼采的过于自负和主张强者对弱者的轻视不符合人类文明的主流。罗素对尼采的不满不完全是对尼采的强力意志不满，在一定程度上，罗素认可尼采的强力意志。但尼采的意志也是建立在一定的情感类型的基础之上的，尼采对普遍的爱是有异议的，罗素认为普遍的爱是实现他的理想社会形态的原动力，如果仅仅依靠爱的理想社会形态是一种奢望，但要想实现个人的幸福，从自我修养的角度来讲，确实是非常必要的出发点。

要加强金融文化修养，除了加强对金融廉政文化的认知，不断实践金融廉政文化，还要培养金融廉政文化的情感和意志。理性、情感和意志虽然有一定的区别，但它们也是紧密联系在一起的，在依靠理性，增强金融廉政的认知的基础上，会让我们主动地避免违法违纪行为；培养美好的情感，在美好的情感的基础上，发挥强大意志的作用，个体的金融廉政文化会形成更加强大的整体力量。

8.1.3 进行金融廉政文化建设的实践策略

在中国传统文化中，始终存在着知行关系问题的讨论，即道德认识和道德行为何者在先的问题，存在着知先行后和行先知后的争论。讨论道德认识和道德行为的关系，实际上是讨论理性在道德修养中的意义和作用。朱熹提出知先行后，行比知更为重要，他提出道德认识越清晰明确，道德实践越坚定诚恳，道德行为越诚恳，道德认识越明确。王阳明主张知行合一，并提出知是行之始，行是知之成的具体策略。古希腊的苏格拉底说美德即知识，他说无人有意为恶，之所以做恶事，是因为没有关于道德的知识，人有了关于美德的知识，人们也会自然从事道德行为。亚里士多德认为，道德行为比道德认识更为重要，如果一个人经常从事道德行为，一旦这种行为成为习惯，

① 罗素．西方哲学史（下卷）[M]．马元德，译．北京：商务印书馆，2015：321.

一个人的道德品行也就养成了。

在金融廉政文化的建设过程中，需要在实践中形成对金融廉政文化的认识，培育和激发对金融廉政文化的情感，锤炼抵御诱惑、恪守美德、遵纪守法的坚强意志。

在中国古代，人们重视自省、自律，孔子每日三省吾身，反省一些具体行为是否存在缺憾，逐渐积善成德。朱熹也提出了一整套修养的方法，他重视居敬穷理，居敬是对人心唤醒的活动和功能，朱熹把本心不明的人类比为昏睡状态，就像把一个昏睡的人唤醒一样，通过存心、收心、求放心，并通过格物致知，格物穷理的功夫，把人内在的符合朱熹的伦理观念之心唤醒。海德格尔也提出对人的情感的召唤，虽然他们所召唤、唤醒的对象不同，但他们都提出要从人的内在的本然状态中，呼唤出符合他们理想的精神品质。在找到自己的本心之后，朱熹主张，对于符合他的伦理观念的本性要涵养，使它们获得滋养而生长，对于不符合这种要求的人的过分的欲望，要不断省察、克制。在朱熹看来，天理和人欲此消彼长，互相克制，平时警惕自己的不安分的欲望，能够更好地滋养本性。朱熹的观点和叔本华对欲望的克制有相似性，但目的不同，叔本华希望通过节制欲望减少人生的痛苦，朱熹希望通过省察自身，成就道德人格，实现修身的理想。对于涵养和省察，“朱熹主张以涵养为先。只有在心未发之前居敬涵养，则其发处自然更合乎天理，省察起来，也非常明审，易为着力”①。

王阳明提出致良知，他所说的良知是每个人内心中都具备的良好的品质，这也是一个人进行修养的根基。王阳明说心即理，他不是一个泥古不化，刻板教条的人，他并不是两耳不闻窗外事，而是善于了解环境并顺应时代的变化。这种天理不是永远一成不变的金科玉律，而是会随着时代的发展而发展，它是能够被社会共同接受的良好的道德意识。在王阳明的心学中，廉是一种极为重要的道德品德。“‘廉’作为良知的重要内容，虽然人人先天具有，但其显现需要一个长期磨炼的致良知过程，亦即从知善知恶到为善去恶、扬善止恶的过程，在这个过程中，良知发用于己为廉洁，发用于众为廉明，发用

① 王敬华．朱熹的道德修养及其德育启示［J］．湖北社会科学，2009（7）：125.

于政为廉政。"① 在王阳明生活的环境中，善于写道德文章的人随处可见，但在利益和严酷的现实面前，很多人不能坚守本心，随波逐流，沽名钓誉。王阳明在科举考试受挫的时候，能够不动心，不以自己不第为耻，而以不第动心才为耻，在科举考试的名利面前，能够保持初心，坚守本心。在刘瑾权势最盛的时代，能够立场坚定明确，反对做"乡愿"那种老好人，他反对同流合污，也反对明哲保身。为此，他与当时的文坛领袖李东阳由亲近到疏远，最后绝交。

明朝大学士徐溥在求学期间，为了时刻检点自己的言行，在书桌上放两个瓶子，当他的言行失当，就在一个瓶子里放一颗黑豆；如果言行可嘉，就在另一个瓶子里放一颗黄豆，开始的时候黑豆多，他就不断反省激励自己，后来逐渐持平，后来黄豆多，黑豆微不足道。徐溥后来做官，也一直保持这一习惯，他也成了一代名臣。

海德格尔从存在论的角度研究人，他认为，我们的情绪能够显露出我们的存在。我们的不安、忧虑等情绪会让我们理解我们的存在状态，我们是在情绪之中才可能发现世界，海德格尔把情绪提高到了类似我思的情况。"只是在情绪当中，现存在才感到自己是存在于诸存在者之中的，是听凭世界摆布的。人对世界诸事件在情绪上的共鸣是个人与其他存在者之间的最深的、最根本的交往。同时，情绪又支撑着全部理性认识和理解的基础。"② 海德格尔也把情绪这种情感现象作为领会人的存在的线索，同时情绪也是人和人，人与世界相交往的根本渠道。他没有从修身养性的角度说如何培养情感，但说明情感对理解我们的存在的基础地位。为了找到人的本然存在状态，他说要用良心去召唤人走向本然的存在状态，被召唤的不是被规定的某种精神特质，而是唤醒我们去成为固有的自己。同时，存在主义认为人的本质不是被提前设定的，而是我们在实践中所生成的状态，如果我们从事金融行业，我们自身中具有天然的可以生成的廉政的因素，我们就可以把自己塑造成一个金融行业的廉政的人。

---

① 王伟. 王阳明心学廉政思想阐释及其当代价值［J］. 四川理工学院学报（社会科学版），2019（5）：30.

② 施太格缪勒. 当代哲学主流（上）［M］. 王炳文，等译. 北京：商务印书馆，1986：197.

8.2 建设中国特色金融廉政文化

习近平总书记指出："腐败这个执政党的最大风险仍然存在，存量还未清底，增量仍有发生。政治问题和经济问题交织，威胁党和国家政治安全。传统腐败和新型腐败交织，贪腐行为更加隐蔽复杂。"① 金融行业腐败的严重性和复杂性，也决定了金融廉政文化建设的重要性，在建设中国特色金融廉政文化的过程中，要吸取古今中外和金融廉政相关的文化资源。建设中国特色金融廉政文化，不仅依靠个人的自我修养、自我约束、自我激励实现个人的金融廉政，还需要从国家和社会的角度整体推进金融廉政文化建设，从政府和社会的廉政建设、金融机构的廉政建设、个人的廉洁自律等角度，进行整体性的金融廉政文化建设。

中国古代的朱熹、王阳明等人，不仅提出了和廉政有关的思想，而且能够言行一致，在实践中养成了廉洁的品德，在个人廉政修养方面值得学习借鉴。西方国家在个人的廉政的操守方面资源不太丰富，他们立足人性中的自私性和有限的合作精神，注重社会制度的建设，也有一定的启发意义。

西方资本主义国家没有解决金融廉政的问题，西方的思想家所提出的一些进步思想和私有制结合，只是在一定程度上能够遏制金融腐败现象，我们在发现他们理论中的问题和看到他们理论的一些积极因素的基础上，可以为中国特色的金融文化建设服务。

在英国圈地运动期间，不论是在封建王朝还是克伦威尔时期，每一块被圈占移交给地主的公有土地，都需要国会通过一个法令，操纵国会的贵族们就利用立法权损公肥己。

休谟认为政治社会的核心是财产权，他认为，"财产权即正义，人为德性的最重要的一种就是正义的财产权制度，这个制度为市民社会或经济社会奠

---

① 新华社．习近平在十九届中央纪委五次全会上发表重要讲话强调：充分发挥全面从严治党引领保障作用确保"十四五"时期目标任务落到实处［EB/OL］．(2021－01－22)［2021－05－30］．http：//www.gov.cn/xinwen/2021－01/22/content_5581970.htm?gov.

定了稳固的基础，没有财产权也就没有政治社会，没有政治德性”①。他认为正义社会的主要任务是能够有效地保障个人的财产，这样才能保障国民财富的增长。

休谟的政治哲学包含两个方面的内容：一方面是他的政治德性论，阐发了政治德性论和正义规则论，他希望正义能够体现在德性和规则之中，希望建立德性正义和制度正义。德性正义是古今中外的思想家一直广泛关注的问题，休谟和斯密最为关注的都是如何建立社会中的道德，关注道德情感在一个社会共同体建立形成的过程中如何发生作用，他们认为对于一个社会，最重要的不是善恶问题，而是正义问题。休谟认为，“正义犹如支撑整个大厦的主要支柱。如果这根柱子松动的话，那么人类社会这个雄伟而巨大的建筑必然会在顷刻之间土崩瓦解”②。

马克思主义对资本主义制度下的腐败的根源有深刻的揭示。马克思指出，私有制是一切腐败现象的根源，在资本主义制度下的正义是虚伪的，是保护私有者对无产者剥削的制度。马克思认为，“正义不能只是规范性的，而是贴近民众生活实践，因而正义要从生产关系的源头来考察，首要的便是生产的正义与分配的正义，共产主义最终的正义是指向‘各尽所能，按需分配’，其次，正义不仅要满足人民的生产、分配基本需求，还应该满足人的自我实现，即实现人的自由全面发展”③。

进行金融廉政文化建设，要在认真学习人类制度文明的基础上，吸取各民族廉政文化的具体经验。但重点是在充分理解中国特色社会主义理论体系的政治文明建设成果的基础上，使金融廉政文化建设体现出社会主义的核心价值观，体现出中国特色社会主义文化的基本精神。

---

① 高全喜. 休谟的政治哲学［M］. 北京：北京大学出版社，2004：86.

② 高全喜. 休谟的政治哲学［M］. 北京：北京大学出版社，2004：107.

③ 张学娟. 马克思主义廉政思想及其当代意义［J］. 中国福建省委党校学报，2018（2）：20.

8.3 金融职业初心与金融廉政规划

职业活动在人的一生中具有独特的意义，有的人对有的工作比较厌烦。工作只是为了谋生，在职业活动中很难有精神上的满足；有的工作本身比较有趣，也很能吸引人，工作会使生活变得丰富有趣味；能够为社会做出贡献的任何工作，只要能够热爱它，在职业活动中，我们都能够获得职业幸福感。一个人的人生价值，多数是在职业活动中获得的。罗素认为，“使工作有趣的因素主要有两个：第一是技能的运用，第二是建设性”①。那些有竞争性并需要技能的活动，能够给人带来乐趣。例如体育活动，还有棋牌等游戏，因为存在竞争关系，也需要精巧地运用技术来获得成功，这些活动的高手甚至能受到人们的关注，也使得这些活动令人陶醉痴迷。那些具有建设性的工作，人们开始并一定具有某种特定目的，但当这项工作成功时，会在人们心中竖立纪念碑式的东西。金融活动是对经济发展具有重大意义的职业，从事金融活动的人，如果在职业活动中，成为专家式的充分运用金融技能的人，并能通过创新性的工作获得巨大的金融业绩，能够收获精神上的幸福，也会获得巨大的物质回馈。

从事金融活动的大多数人，在进入这个行业之初，内心对这个职业会充满敬畏之情，都希望自己廉洁一生，一身正气。也希望在这个行业展现自己的才华，为这个行业做出自己的贡献，希望通过金融工作为社会造福，这是许多金融行业的从业者的初心。几乎不会有人在入职之初就希望在这个行业混日子，更不会有人希望在从业之初就去找腐败的机会，希望成为一个腐败分子。但很多人在各种诱惑面前，在廉政风气比较恶劣的小环境面前，往往会从表面上给人面子，但在实质问题上不参与腐败，到一步一步地走向腐败，最终一步一步地背离初心，走向泥潭。

从事金融活动的人，要想保持初心，做好一生的职业规划，首先要立志做一个金融行业的优秀从业者。成为一个金融学家的难度比成为一个腐败分

---

① 罗素．幸福之路［M］．吴默郎，金剑，译．北京：中央编译出版社，2011：158.

子的难度要大得多，但成为一个腐败分子获得的利益很有可能超过金融学家，有很多人对从业之初的职业理想很可能会淡薄，甚至遗忘。但成为一个合格的金融工作者和成为一个腐败分子，两者的性质会截然不同。罗素对比了建设性工作和破坏性工作的区别，他认为那些破坏性工作不会给人带来真正的快乐。

金融腐败可以归结为破坏性的工作，一些破坏性的工作也许会给人带来和建设性工作同样强烈的快感，“但它不能给人以深刻的满足，因为破坏的结果没有多少令人满足的成分”①。从事金融犯罪也需要一定的金融知识和技巧，逃避监督惩罚也需要非常熟悉金融活动的规则，但这种技能给人带来的只是物欲的快乐，不会给人带来高尚的精神生活带来的快乐。相反，那些建设性的工作能给人带来无限地走向成功的机会，让人期待的结局也没有终点，成为优秀的金融工作者的快乐要大于成为腐败分子的快乐。

从事金融活动的人，一方面要加强自身的修养。苏霍姆林斯基说过，教育那些有各种缺点的儿童，并不是儿童有什么缺点就改正什么缺点，把所有缺点改正以后才能成为一个好学生，而是让孩子找到正确的方向。他认为，一旦一个孩子走上了良好的方向，那么他所有的那些缺点就会一下子消失。在现实生活中，除了金钱、权力、色欲等社会角色带来的各种欲望的满足带来的快乐以外，还有更符合生命本质的追求。罗素认为，“美好的人生是为爱所唤起，并为知识所引导的”②。爱和知识对于美好的人生是不可或缺的，研究金融领域的知识，能够规避金融风险，创造金融效益，是在岗位上表达爱心，为社会服务的基础。爱可分为仁慈和喜欢两个方面，爱金融行业，可以理解为喜欢金融行业；也可以理解为对金融行业充满爱心，在国家政策许可的条件下，积极实施普惠金融活动，对每一位客户负责，不厌其烦地为他人服务奉献，即在一般业务上积极奉献。同时，积极研究金融业务，提供有创新性的便捷服务以及有创新性的高质量的金融服务。

作为金融行业的从业者，不论在何种岗位上，也要立志为建设良好的金融廉政文化服务。一是要从自我做起，把金融廉政文化建设与职业道德建设

---

① 罗素．幸福之路［M］．吴默朗，金剑，译．北京：中央编译出版社，2011：161.

② 罗素．幸福之路［M］．吴默朗，金剑，译．北京：中央编译出版社，2011：201.

相结合，与法制教育相结合。认真学习金融法律法规、党的廉洁自律的各项规定，积极树立良好的职业道德和社会公德，加强自我道德修养，抵制拜金主义和享乐主义，能够抵制各种贪欲。二是树立中国特色社会主义的共同理想，树立共产主义的远大的理想信念，积极提高自己的政治素养，提高自己的精神境界，树立为人民服务的观念。三是把金融廉政文化建设与中国特色社会主义文化建设相结合，在金融廉政文化建设中体现出社会主义政治文明的精神，体现出社会主义精神文明的要求。四是认真执行各项金融廉政的制度。避免出现以信任代替管理、以习惯代替制度，以情面代替纪律等错误倾向。建立良好的执行制度的环境，大家互相监督，互相把关，形成金融廉政的合力。